JN035116

総合判例研究叢書

刑　　法 (24)

放火罪の客体・行為および結果……高橋敏雄

住居侵入………………………………福田　平

有斐閣

序

フランスにおいて、自由法学の名とともに判例の研究が異常な発達を遂げているのは、その民法典が百五十余年の齢を重ねたからだといわれている。それに比較すると、わが国の諸法典は、まだ若い。最も古いものでも、六、七十年の年月を経たに過ぎない。しかし、わが国の諸法典は、いずれも、近代的法制を全く知らなかつたところに輸入されたものである。そのことを思えば、この六十年の間に極めて重要な判例の変遷があつたであろうことは、容易に想像がつく。事実、わが国の諸法典は、それに関連する判例の研究でこれを補充しなければ、その正確な意味を理解し得ないようになつている。

判例が法源であるかどうかの理論については、今日なお議論の余地があろう。しかし、実際問題として、多くの条項が判例によつてその具体的な意義を明かにされているばかりでなく、判例によつて特殊の制度が創造されている例も、決して少くはない。判例研究の重要なことについては、何人も異議のないことであろう。

判例の創造した特殊の制度の内容を明かにするためにはもちろんのこと、判例によつて明かにされた条項の意義を探るためにも、判例の総合的な研究が必要である。同一の事項についてのすべての判決を探り、取り扱われた事実の微妙な差異に注意しながら、総合的・発展的に研究するのでなければ、判例の研究は、決して終局の目的を達することはできない。そしてそれには、時間をかけた克明な努力を必要とする。

幸なことには、わが国でも、十数年来、そうした研究の必要が感じられ、優れた成果も少くないようになつた。いまや、この成果を集め、足らざるを補ない、欠けたるを充たし、全分野にわたる研究を完成すべき時期に際会している。

かようにして、われわれは、全国の学者を動員し、すでに優れた研究のできているものについては、その補訂を乞い、まだ研究の尽されていないものについては、新たに適任者にお願いして、ここに「総合判例研究叢書」を編むことにした。第一回に発表したものは、各法域に亘る重要な問題のうち、研究成果の比較的早くでき上ると予想されるものである。これに洩れた事項でさらに重要なもののあることは、われわれもよく知つている。やがて、第二回、第三回と編集を継続して、完全な総合判例法の完成を期するつもりである。ここに、編集に当つての所信を述べ、協力される諸学者に深甚の謝意を表するとともに、同学の士の援助を願う次第である。

昭和三十一年五月

編集代表

小野清一郎　宮沢俊義

末川博　我妻栄

中川善之助

凡例

一　判例の重要なものについては、判旨、事実、上告論旨等を引用し、各件毎に一連番号を附した。

二　判例年月日、巻数、頁数等を示すには、おおむね左の略号を用いた。

大判大五・一一・八民録二二・二〇七七（大審院判決録）

（大正五年十一月八日、大審院判決、大審院民事判決録二十二輯二〇七七頁）

大判大一四・四・二三刑集四・二六二（大審院判例集）

最判昭二二・一二・一五刑集一・一・八〇（最高裁判所判例集）

（昭和二十二年十二月十五日、最高裁判所判決、最高裁判所刑事判例集一巻一号八〇頁）

大判昭二・一二・六新聞二七九一・一五（法律新聞）

大判昭三・九・二〇評論一八民法五七五（法律評論）

大判昭四・五・二二裁判例三・刑法五五（大審院裁判例）

福岡高判昭二六・一二・一四刑集四・一四・二一一四（高等裁判所判例集）

大阪高判昭二八・七・四下級民集四・七・九七一（下級裁判所民事裁判例集）

最判昭二八・二・二〇行政例集四・二・二三一（行政事件裁判例集）

名古屋高判昭二五・五・八特一〇・七〇（高等裁判所刑事判決特報）

東京高判昭三〇・一〇・二四東京高時報六・二・民二四九（東京高等裁判所判決時報）

札幌高決昭二九・七・二三高裁特報一・二・七一（高等裁判所刑事裁判特報）

前橋地決昭三〇・六・三〇労民集六・四・三八九（労働関係民事裁判例集）

その他に、例えば次のような略語を用いた。

裁判所時報＝裁　時　　家庭裁判所月報＝家裁月報

判例時報＝判　時　　判例タイムズ＝判　タ

目　次

放火罪の客体・行為および結果

高橋敏雄

住居侵入

福田平

放火罪の客体・行為および結果

高橋　敏雄

はしがき

本稿は刑法典における「放火罪の客体・行為および結果」についての判例を検討することによつて、判例理論の解明を試みたものである。従つて特別法にはおよんでいない。そして、本叢書の趣旨よりして、学説にも触れているが、それは判例の理解にとつて必要と思われる範囲にとどめた。

この問題に関する判例は非常に多いが、判例集、新聞その他からできる限り蒐集してとり上げたつもりである。しかし網羅できなかつたのではないかとおそれている。又、本稿は筆者の都合により途中で中断したため、叙述の不充分・不統一の個所が多いと痛感している。大方の御批判を得て、他日補正の機会をもちたいと思う。

終りに、本稿に収録した判例の蒐集等について多大の協力をいただいた弁護士畑井博君および大阪市立大学大学院学生福永正三君に対し、記して感謝の意を表したい。

一　序　説

放火罪は火を放つて建造物その他の物件を焼燬する犯罪である。旧刑法は放火罪をもつて財産罪となしていたのであるが、現行法にあつては、火災がその性質上単に個人の財産を侵害するのみではなく、公共の危険を生ぜしめる点よりして公共危険罪の一種として規定されている。他人の財物を焼燬した場合のみでなく、自己の財物を焼燬した場合にあつても因つて公共の危険を生ぜしめたときは、放火罪の成立を認めるのはこれがためである（刑一〇九Ⅱ・一一〇Ⅱ。なお、ドイツ刑法は放火罪を「公共に危険な重罪および軽罪」という章に規定するが、フランス刑法は「財産に対する重罪および軽罪」という章に規定している）。

しかし、放火罪は構成要件上必ずしも具体的に公共の危険を発生せしめたことを必要とするものではなく、その行為自体が抽象的一般的にこのような危険を具有している限りそれは処罰に価するものとされ（刑一〇八・一〇九Ⅰ）、いわゆる具体的危険の発生を必要とするのは特別の場合に限られている（刑一〇九Ⅱ・一一〇）。すなわち、本罪は一般に抽象的危険犯であり、特別の場合においてのみ具体的危険犯である。しかしながら、いずれにしても本罪は公衆の生命身体財産に対して実害を生ぜしめたことを必要とせず、この意味において、本罪は公共危険罪であるが、「真正な公共危険」の惹起を必要としないのである。

なお、本罪の主たる本質が公共危険罪であるといつても、一面において個人法益たる財産に対する犯罪であることは否定し得ない。現行法が放火の客体の所有が他人に属する場合と自己に属する場合とにおいて科刑を区別している点より理解し得るところである（刑一〇九・一一〇参照。牧野・日本刑法下巻六八頁、泉二・日本刑法論下巻九八四－五頁、草野・刑事判例研究

一巻三八八頁以下、安平・各論下巻一六頁、江家・各論八八頁、井上・各論一七六頁、宮原「放火罪」刑事法講座四巻六八九―九〇頁）。

判例も、たとえば、罪数に関し、

【1】「人ノ住宅ヲ焼燬スルトキハ個人ノ財産的法益ヲ侵害スルハ勿論ナレトモ之ト同時ニ静謐ナル公共的法益ヲ侵害スルヲ以テ法律ハ右公共的法益侵害ノ点ニ重キヲ置キ財産ニ対スル罪ト其規定ヲ異ニシ放火罪トシテ之ヲ処分スルモノナリトス故ニ本件ノ如ク単一ナル放火行為ヲ以テ二箇ノ住宅ヲ焼燬シタルトキハ個人ノ財産的法益ノ侵害ハ二箇ナランモ一箇ノ公共的法益ヲ侵害シタルニ過キサレハ原院カ一箇ノ行為ニシテ二箇ノ罪名ニ触ルルモノトセス単純ナル一罪即チ一ノ放火罪トシテ之ヲ処分シタルハ正当ニシテ不法ニ非サルヲ以テ本論旨ハ上告ノ理由ナシ」（大判大二・三・七刑録一九・三〇六）。

となして、この点を明らかにしている。そして、このような放火罪の本質から判例はその理論を構成しているのである。以下において、本稿に与えられた項目「放火罪の客体・行為および結果」についての判例を順次叙述することとする。

二　放火罪の客体

本罪の客体は三種に分れる。第一は、「現ニ人ノ住居ニ使用シ又ハ人ノ現在スル建造物、汽車、電車、艦船若クハ鉱坑」である（刑一〇八）。第二は、「現ニ人ノ住居ニ使用セス又ハ人ノ現在セサル建造物、艦船若クハ鉱坑」である（刑一〇九）。この場合、自己の所有に属するときは、法定刑を軽くし、且つ公共の危険の発生を処罰の要件とする（同条Ⅱ、なお一一五参照）。第三は、第一および第二以外の物である（刑一一〇）。この場合も公共の危険の発生を処罰の要件とし、自己の所有に属するときは法定刑を軽くしている（同条Ⅱ、なお一一五参照）。

以下、これ等客体についての判例を検討してみよう。

一「現ニ人ノ住居ニ使用シ又ハ人ノ現在スル建造物、汽車、電車、艦船若クハ鉱坑」

（一）「現ニ人ノ住居ニ使用シ」の意義

(1)「人」の意義　ここに「人」というのは犯人以外の人を指称し、客体たる物の所有権が犯人に属すると犯人以外の者に属するとを問わない。これは通説、判例である（泉二・各論一四〇頁、一四七頁、木村・各論二一〇頁、小野・各論七六頁、安平・各論下巻一九頁、江家・各論八九頁、団藤・各論一一九頁、井上・各論一七八頁、福田・各論七六頁、宮内・各論講義中巻二一四頁等。これに対して草野博士は、「現ニ人ノ住居ニ使用シ」の意義について住居に重きを置き、「法に所謂『人ノ住居ニ使用シ云云』の人と云ふことも一派の学者の解する如く、必しも自己以外の他人などと解する必要はないことにならう。何となれば、自己の住宅と雖、それが住宅である以上、郵便配達人・出入商人の如きは其の家に去来するであらうからである。此の意味に於て第百八条、第百九条第一項の罪が抽象的危険罪なることが理解せられねばならぬ」と。同「放火罪に於ける焼燬の意義」研究一冊二九五頁。しかし、草野博士の理由とするところは、むしろ刑法一〇八条後段の「人ノ現在スル」の問題として考えるべきでなかろうか）。

判例はこの点に関し、

【2】「旧刑法第四百二条ニ人ノ住居シタル家屋及刑法第百八条ニ人ノ住居ニ使用シ又ハ人ノ現在スル建造物トアル人トハ犯人以外ノ人ヲ指称スルモノニシテ其家屋又ハ建造物ノ所有権カ犯人ニ属スルト犯人以外ノ人ニ属スルトハ問フ所ニアラス」（大判明四二・一二・六刑録一五・一七三五）。

と判示し、犯人のみの住宅焼燬に関し、

【3】「刑法第百八条ニ「現ニ人ノ住居ニ使用シ又ハ人ノ現在スル建造物」トアル人トハ犯人以外ノ者ヲ指称スルコト当院判例ノ示ス所ニシテ火ヲ放テ現ニ犯人ノミノ住居ニ使用シ又ハ犯人ノミノ現在スル建造物ヲ焼燬スルモ同条ノ放火罪ヲ成立セサルコト論ヲ俟タス」（大判昭四・六・一三刑集八・三三八）。

となし、最高裁判所も「人」に関し、

【4】「刑法一〇八条にいう「人」とは、犯人以外の者を指称する」（最判昭三二・六・二一刑集一一・六・一七〇〇）。

と判示する。所有関係に関する判例としては、犯人の住居する他人所有の建造物等放火に関し、

【5】「刑法第百八条ハ現ニ他人ノ住居ニ使用セラレ又ハ他人ノ現在セル建造物等ニ放火シタル場合ヲ規定シタルモノナルカ故ニ犯人カ自己ノ住居ニ使用スル他人所有ノ建造物等ニ放火シタルトキハ同法ノ適用ナク同法第百九条第一項ヲ適用スヘキモノトス」（大判昭七・五・五刑集一一・五九五、〔研究〕飯塚・論攷四五〇頁以下）。

他人の住居する自己所有の家屋焼燬に関し旧法時の判例であるが、

【6】「自己ノ家屋ト雖モ他人ノ住居スル家屋ニ放火シテ之ヲ焼燬シタルトキハ刑法第四百二条ニ該当シ同法第四百七条ニ該当スルモノニアラサルヲ以テ本論旨ハ理由ナシ」（大判明三五・三・一〇刑録八・三・一二、同旨、大判明三二・五・一六刑録五・五・四九）。

と判示する。

このように「人」とは犯人以外の人を意味するが故に、妻子眷族もこれに該当することは明らかである。

【7】「刑法第百八条カ現ニ人ノ住居ニ使用シ又ハ現在スル建造物汽車電車等ニ対スル放火罪ヲ人ノ住居ニ使用セス又ハ人ノ現在セサル建造物等ニ対スル同法第百九条ノ放火罪ヨリ重ク処断スル所以ノモノハ不定多数人ノ生命身体財産ニ対スル危険即チ公共ノ危険ノ大ナルモノアルカ故ナルヲ以テ従来ノ判例ニ於テ独居者カ自己ノ住居スル建造物ニ対シテ為シタル放火行為ヲ第百九条ニ問擬セルノ理ヲ推シテ妻子眷族ノ住居セル建造物ニ放火スル行為ヲ其ノ家族カ共犯者ナル場合ヲ仮想シテ第百九条ノ罪ニ問擬スヘシトスル所論攻撃ハ当ラス」（大判昭九・九・二九刑集一三・一二四五）。

なお、旧法時の判例としては、

【8】「刑法第四百二条ニ人ノ住居シタル家屋トアルハ親属他人ノ別ナク総テ人ノ住居ヲ指称シタルモノニシテ家族若クハ家長ヲ包含セスト謂フコトヲ得サルナリ」（大判明二八・三・二九刑録一・四・二二〇）。

がある。

(2)　「住居ニ使用」する建造物の意義　判例は住居に使用する建造物の意義に関して、

【9】「刑法第百八条ニ所謂現ニ人ノ住居ニ使用スル建造物トハ現ニ人ノ起臥寝食ノ場所トシテ日常使用セラルル建造物ヲ謂フモノニシテ昼夜間断ナク人ノ現在スルコトヲ必要トセス」（大判大二・一二・二四刑録一九・一五一七）。

と判示する。このように「住居ニ使用」する建造物を「現ニ人ノ起臥寝食ノ場所トシテ日常使用セラルル建造物」と解する見解はその後の判例によっても踏襲されているところであって（【12】、その他、大判昭一〇・三・二〇新聞三八三九・一二、高松高判昭三一・一・二五高裁特報三・一九・八九七）、学説上もこの見解が通説である（牧野・各論上巻八九頁、木村・各論二一〇頁、泉二・各論一四〇頁、安平・各論下巻一九頁、江家・各論八九頁、団藤・各論一二〇頁註五、植松・各論六五頁、大谷「放火罪」刑事法学辞典七〇七頁、宮内・各論講義中巻二一四頁、井上・各論一七八頁、日原・講義下巻一五四頁。なお、小野博士は単に「人の起臥寝食に使用することをい」うとされ、小野・各論七六頁、滝川博士は「日常生活のために使用する」とされ、滝川・各論二一七頁、福田教授は「人が日常生活をいとなむために占居する場所」と解する。福田・各論七六頁。これ等の見解は判例、通説よりも広く解するものといえよう）。これに関してはつぎの点に注意する必要がある。

（イ）住居に使用する建造物であれば放火の当時人の現在することは必要でない。旧法時の判例にあっても、

【10】「苟モ住家トシテ他人カ平常使用シ居ル建物ハ其住居者カ一時外出シテ不在ナルトキト雖モ尚ホ之ヲ刑法第四百二条ニ所謂人ノ住居スル家屋ト云ハサルヘカラス故ニ放火又ハ焼燬ノ当時之ニ他人ノ現在シタルヤ否ヤハ同条ノ犯罪構成ニ何等ノ影響ヲ及ホスヘカラサルヲ以テ……」（大判明三八・八・一七刑録一一・七九二、同旨、同明四一・七・一七新聞五一二・一一）。

と判示し、現行法になってからも、

【11】「刑法第百八条ニ所謂現ニ人ノ住居ニ使用スル建造物トハ現実ニ人ノ住居トシテ使用スル建造物ノ謂ニシテ放火ノ当時人ノ現在スルコトヲ必要トセス」（大判明四四・一二・二五刑録一七・二三一〇）。

と判示する。そして、この点に関する理由づけを放火罪の本質および法文の文理解釈に求めている。

【12】「刑法第百八条ニ於テ規定セル放火罪ノ物体ノ一ナル所謂現ニ人ノ住居ニ使用スル建造物トハ放火行為当時現ニ犯人以外ノ人ノ住居ノ用ニ供スルモノ即チ起臥寝食ノ場所トシテ日常使用セル建造物ノ謂ニシテ其ノ放火行為当時犯人以外ノ人ノ現在スルト否トヲ問ハサルコトハ夙ニ本院ノ判例トスル所ナリ蓋シ放火罪ハ主トシテ静謐ナル公共的法益ノ侵害ヲ保護スルト同時ニ半面ニ於テ人ノ生命身体財産ニ対スル法益ノ侵害ヲ保護セントスルニ在リテハ公共危険罪ノ一種ニ属スルヲ以テ苟モ現ニ犯人以外ノ人ノ住居ノ用ニ供セラルル以上ハ其ノ建造物ヲ焼燬スルノ行為ハ之ヲ一般的ニ観察シテ人ノ生命身体財産ニ対スル危険ヲ伴フヲ普通トスルハ言ヲ俟タサル所ニシテ仮令放火当時偶人カ現在セサリシトテ之ヲ以テ放火罪ノ保護セントスル人ノ生命身体財産ニ対スル危険性ヲ除却スルモノト謂フヲ得ス加之刑法第百八条ノ法文ニ徴スルニ現ニ人ノ住居ニ使用シ又ハ人ノ現在スル建造物トアリテ特ニ後者ニ付人ノ現在スルコトヲ必要条件ト為シタルニ顧ルモ前者ニ付テハ放火当時必スシモ人ノ現在スルコトヲ要セサルハ文理解釈上疑ヲ容レサル所ナリトス」（大判大一四・二・一八刑集四・五九）。

判旨の如く、公共危険罪たる放火罪の本質および法文の文理解釈よりして放火当時人の現在を必要としないことは明白であり、この点判旨は正当である（なお、【14】、放火当時人の現在不必要となす判例としては前述の判例のほか、大判昭四・二・二二刑集八・九五、同昭八・二・一〇新聞三五二二・一六、同昭一〇・三・二〇新聞三八三九・一二、同昭一二・六・二五評論二六刑法二四七、高松高判昭三一・一・二五高裁特報三・一九・八九七がある）。

（ロ）　現に人の住居に使用する建造物であれば足り、その本来の使用目的を問わない。この点に関しても、刑法一〇八条が「現ニ人ノ住居ニ使用シ又ハ人ノ現在スル建造物」とのみ規定するところより明白である（【14】、なお、木村・各論二一一頁註一二、団藤・各論一二〇頁、植松・各論六五頁、井上・各論一七八頁、福田・各論七七頁）。

旧法時の判例としては、被害者の住居する寺院を焼燬した事案に関し、

【13】「刑法第四百二条ニ人ノ住居シタル家屋トハ建物ノ本来ノ用法ノ如何ヲ問ハス現ニ人ノ住居用ニ供セラレタル建物ヲ指スモノニシテ……」（大判明三八・八・二四新聞三〇〇・一四）。

があり、現行法の判例としては、

被告人は燕温泉という料理店および浴場営業を経営し、既存の建物の裏手約八間を距てて二階建家屋一棟を新築して新館と称し、右新館の階下の一室を自己および妾大出ふじの住居に使用していたが、保険金を得るため大出ふじの不在を幸いとして右新館に放火しこれを焼燬した

という事実に関し、

【14】「事実ニ依レハ新館ノ一室ハ現ニ被告人及大出ふじノ住居ニ使用シ居リタルモノナレハ其ノ他ハ所謂客室ニシテ来遊浴客ノ休憩又ハ食事等ニ使用スルヲ以テ主タル目的トナスモ尚現ニ大出ふじノ住居ニ使用スル建造物ナリト謂フヘク建造物使用ノ主タル目的ニヨリテ左右セラルヘキモノニ非ス蓋シ刑法第百八条ニ所謂建造物ハ現ニ人ノ住居ニ使用シ又ハ人ノ現住スルモノナルヲ以テ足リ夫レ以上其ノ建造物使用ノ主タル目的如何ヲ以テ其ノ要件トナササレハナリ又現ニ人ノ住居ニ使用スル建造物タル以上放火当時其ノ人ノ現在スルコトヲ必要トセサルコト之亦同条前段ノ規定ノ解釈上疑ヲ容レス」（大判昭九・一一・一五刑集一三・一五〇二）。

と判示する。

(3)　人の住居に使用する建造物に該当する事例　　つぎに判例に現われた人の住居に使用する建造物に該当する事例をみてみよう。

（イ）　まず、学校の寄宿舎および宿直室はこれに該当する。

【15】「学校ノ寄宿舎ハ学生ノ住居ニ供スル建造物ナルヲ以テ之ニ学生ヲ収容シタル以上ハ其寄宿舎ハ刑法第一〇八条ニ所謂人ノ住居ニ使用スル建造物ト謂フヘク……」（大判大一二・四・三〇評論一二諸法一六八）。

【16】「宿直室ノ如キハ宿直員ノ起臥寝食ニ充テラレタル場所寄宿舎ノ如キ亦寄宿学生ノ前同一ノ用ニ供セラルル場所ニシテ苟クモ学校ノ閉鎖セラレサル以上反対ノ明示ナキ限リ当然宿直員ノ勤務在寮生ノ存在アルヘ

キモノト謂ヒ得ルカ故ニ二者何レモ現ニ人ノ住居ニ使用セラルル建造物ナリト云フコトヲ得」(大判明四五・三・一二刑録一八・二六六)。人の住居に使用する建造物は間断なく起臥寝食する必要がないが故に、寄宿舎、宿直室はこれに該当すると解し得ること当然である。又、待合業を営む家の母家と別棟の営業用の離れについても同様である。

【17】「原判決が証拠として挙示した第一審第二回公判調書中の被告人の供述、並に第一審第五回公判調書中の粕谷ツルの証言によれば、被害者粕谷方は君福という看板で待合業を営んで居り、被害家屋は粕谷ツルが住んで居る母屋とは別棟で所謂離れではあるが、同人の営業用に使用しているもので同建物には押入のある座敷があり、其押入には常に寝具を準備してあつて被告人も同建物内に数回寝泊りした事実、並に犯行のあつた晩も同離れには一人の客が来て使用した事実を認め得る。以上の事実により、同建物には昼夜間断なく人が現在するとはいえないが粕谷ツルの経営している待合業の為め日夜人が出入し、且つ起臥寝食の場所として使用している建物であることを認め得るから、被害建物は現に人の居住に使用して居ることの証拠がないとはいえない」(最判昭二四・六・二八刑集三・七・一一二九、〔研究〕中義勝・刑法雑誌一巻二号三四九頁以下)。

(ロ)　つぎに、建造物の一部が現に人の住居に使用されている場合においては、その部分と一体をなしている建造物全体が住居に使用する建造物となると解すること判例、通説である(木村・各論二一〇頁、小野・各論七六頁、安平・各論下巻一九頁、江家・各論八九頁、団藤・各論一二〇頁、植松・各論六五頁、日原・講義下巻一五五頁、井上・各論一七八頁、宮内・各論講義中巻二一四頁、福田・各論七七頁。但し、宮本博士は「同一建造物が部分を限つて住居と他の目的とに使用されてゐる場合に於ては、各部分について客体の性質を論じなければならない。従つて斯かる建造物に放火した場合に於ては、一個の行為をもつて住居たる建造物と然らざる客体とに放火したことになるのである」とされる。宮本・大綱四三一頁。しかし、前述の如く、住居に使用する建造物の本来の目的は問わないのであり、刑法一〇八条の目的性からみて通説、判例の如く解するのが妥当であろう)。

【9】の判例においてであるが、学校の校舎階下の一室が宿直室になつている校舎に放火した事案に

ついて、

【18】「学校ノ校舎ノ一室ヲ宿直室ニ充テ宿直員ヲシテ夜間宿泊セシムルトキハ其校舎ハ現ニ宿直員ノ起臥寝食ノ場所トシテ日常使用セラルルモノニシテ現ニ人ノ住居ニ使用スル建造物ナリト謂ハサルヘカラス」（大判大二・一二・二四刑録一九・一五一七、同旨、事務所の庁舎内に宿直室のある建造物に関する朝鮮高判大六・一一・二二判例三・四七）。

と判示する。これと同様な趣旨は【14】においてもみられる。

そこで、人の寝泊りしている劇場の一部をなす便所を焼燬する意思でこれに放火しても住居に使用する建造物の放火罪が成立する。

【19】「本件において、被告人が火を放つた所論便所は、劇場建物の東側に接着するものであることは、原判決の確定するところであり、原判決の挙示する証拠、殊に強制処分における判事の検証調書の記載、同調書添付の図面によれば、右便所は右劇場に接着して建設せられ、右劇場の一部をなすものであることがわかる。しかして、被告人が本件犯行にあたり、右便所を焼燬する意思のあつたことは、原判決挙示の証拠上明瞭であるから、これにもとずいて、原判決が、被告人は本件劇場に放火しようと考えた旨判示したのは、相当である。また、右劇場には、人が寝泊りしていることを被告人が知つていたこと、及び、放火の結果、既に独立燃焼の程度に達する焼燬のあつたことも、右証拠に照してあきらかであるから、原判決が、被告人の右の所為に対して、刑法第一〇八条の既遂罪をもつて、問擬したのは正当であつて、この点を非難する論旨は理由がない」（最判昭二四・二・二二刑集三・二・一九八）。

又、一棟の家屋が数戸に区劃されている場合その内一戸が住居に使用されていれば全体として住居に使用する建造物である。自己所有の二戸建平家一棟を焼燬しようとし、その内空家となつた家に放火した事案に関し、

【20】「一棟ノ家屋ハ縦令数戸ニ区劃セラルルモ一個ノ家屋ニ外ナラサレハ其内一戸カ現ニ人ノ住居ニ使用セラルルトキハ他ハ空家ナルモ右家屋ハ現ニ人ノ住居ニ使用スル建物ナリト謂ハサルヘカラス従テ其ノ家屋ヲ焼燬スルノ目的ヲ以テ放火シタルトキハ因テ焼燬シタル部分カ空家ノ部分ニ属シ人ノ住居ニ使用スル部分ニ及ハサルモ刑法第百八条ノ犯罪ヲ構成スルコト論ヲ俟タス」（大判昭三・五・二四評論一七刑法二五六、同旨、朝鮮高判昭一二・一一・二九評論二七刑法五四）。

となし、さらに、住居に使用する建造物と相接合して一体をなしている工場に放火した場合も一体をなしている建造物全体に対する放火行為と判示する。

【21】「之ヲ法律ニ照ラスニ被告人ハ判示住宅ト相接合シテ一体ヲ成セル判示工場ヲ焼燬スル意思ヲ以テ之ニ放火シタルモノナレハ其ノ一体ヲ成セル建造物ノ全体ニ対スル放火行為トシテ論スヘク即チ刑法第百八条ヲ適用スヘキモノナルヲ以テ……」（大判昭一六・二・一二新聞四六八三・八、評論三〇刑法一三〇）。

以上の判例に関しては学説上ほとんど異論はなく、判旨は妥当なものと解し得るのである。

（ハ）しかし、判例にあっては住居に使用する建造物に関して以上の見解よりさらに拡張して理解しているものがある。すなわち、起臥寝食ということが職務執行ということにもおよぶとなし（【22】）、又、宿直員の巡視を起臥寝食と同視している（【23】）。この点疑問である。

犯行当時犯人以外に何人も屋内に現在しない村役場に関し、

【22】「村役場ハ役場吏員カ其職務執行ノ為メ現ニ住居スル用ニ供サレタル建造物ナルヲ以テ之ヲ焼燬シタル被告等ノ行為カ前記法条ニ違背スルモノナルコト明カナリ但シ犯行当時ハ被告両名以外ニ何人モ同家屋内ニ現在セサリシコトハ原判文上明カナリト雖モ現ニ同役場吏員ノ住居ニ使用セラレツツアリ被告両名ハ宿直員トシテ同家屋ニ在リシ以上ハ適々被告以外ノ役場吏員カ同夜同役場内ニ現在セサリシトテ為メニ同役場ハ人ノ住居ニ使用セサル家屋ナリト云ヒ得ヘキモノニアラス」（大判明四五・四・六刑録一五・四〇二）。

となし、宿直室が別箇の建造物にある執務時限後の裁判所の庁舎に関し、

【23】「官庁等ハ執務時間以外ニ於テハ常ニ宿直員アリ而シテ宿直員ハ非常ヲ警戒スヘキ責任ヲ有スルヲ以テ執務時限後ト雖モ庁中ノ各部分ヲ巡視スルヲ通例ト為スカ故ニ宿直室カ庁舎ト独立シタル建造物内ニ在リタル場合ト雖モ庁舎ヲ以テ人ノ住居ニ使用セル建造物ナリト謂フヲ妨ケス」（大判大三・六・九刑録二〇・一一四七）。

と判示する。

【22】【23】に関しては牧野博士はこれを肯定されるのであるが（日本刑法下巻七一一二頁）、特に【23】に関しては多くの学者が疑問を提起している（肯定するのは牧野博士のほか安平・各論下巻一九頁、否定するのは泉二・各論一四一頁、江家・各論九〇頁、植松・各論六五頁、井上・各論一七八頁、宮内・各論講義中巻二一四頁）。【22】についてみると、人の住居に使用する建造物を「人ノ起臥寝食ノ場所トシテ日常使用セラルル建造物」（【9】）とする場合にあつて、判旨前段の如く、この起臥寝食ということが職務執行ということにおよぶとなすのは一般的用語の意味からして疑問である。ところが、判旨は後段において、「現ニ同役場吏員ノ住居ニ使用セラレツツアリ被告両名ハ宿直員トシテ同家屋ニ在リシ以上ハ」被告以外の役場吏員が現在しなくとも人の住居に使用しない家屋とはいい得ないとなしている。この判旨からすれば、建造物の一部が宿直員にあてられている場合にあつてはこれを人の住居に使用する建造物と解する前述の【18】および【19】と同様な見解がうかがわれないでもない。本判例の具体的事情は明確ではないが、村役場の一部が宿直員にあてられている事実が存するならば村役場をもつて人の住居に使用する建造物と解するのは妥当である。従つて、本判例にあつては、職務執行という点ではなくこの点を表面に打ち出すべきであると思う（この判例に関連して大場博士は、昼間事務を執り夜間は宿直員を宿泊させる公務所又は私人の事務所の如きを人の住居に供した建造物となすことに反対され、法文の住居に使用するに関し「一定ノ

人カ多少永久的ノ意味ヲ以テ正則ニ寝食スルノ用ニ供スルヲ指称スルハ通説」であるが故に、単に代替して宿直するに過ぎない場合は人の住居に使用される建造物ではないと解するのが文理上最も穏当な解釈である、とされる。大場・各論七二一―三頁。この見解からは前述【18】は否定されることとなるであろう。しかし、前述の如く通説はこれを肯定しているところである。これについては、代替して宿直するに過ぎなく又昼夜間断なく使用しないとしても、宿直員としての起臥寝食の場所として日常使用するものであつて、住居に使用するものと解するのが妥当である）。つぎに、【23】にあつては、巡視を起臥寝食と同視するのであるが、巡視の事実をもつてすれば、それは「人ノ看守スル」建造物であつて、当然に「人ノ住居ニ使用」する建造物と同義ではない（泉二・各論二四一頁参照）。本判例の事案は庁舎と宿直室とが別棟になつている場合であるが、この両棟が接近して一体をなしている場合には全体として住居に使用する建造物と解し得ることは【19】【21】より明らかである。従つて本判例にあつてはこの点の判断をなすべきであり、単に宿直員の巡視の事実をもつて庁舎を住居に使用する建造物と解するのは妥当ではない。

（二）「人ノ現在スル」の意義　ここにいう「人」とは（一）(1)において述べたと同様に犯人以外の人を意味する。従つて、「人ノ現在スル」とは犯人以外の人が存在することをいうのである。勿論事実上犯人以外の人が存在すれば足りるのであつて、存在する権利の有無を問わない（江家・各論九〇頁、宮内・各論講義中巻二五頁）。又、建造物の一部に人が現在すれば、これと一体をなす建造物全体が人の現在する建造物となると解すべきことは前述（一）(3)（ロ）と同様である。判例にはこの点に関するものがあるに過ぎない。

妻等と中学校の小使室に起居していた被告人は第三校舎倉庫内の動産に付してある保険金を得ようとその第三校舎に放火した。その時右校舎には人が現在しなかつたが、宿直教諭等の現在する「同校本館及前掲小使室等ニ廊下等ニヨリ連接シテ一体トナリ居タル同校舎」その他第二、第一校舎等を焼燬した

という原審の認定事実に関して、上告理由が、

予審判事の検証調書同附属書面について考え実地に照して考えると、「第三乃至第一校舎ト本館及小使室トヲ連接スル廊下トハ「バラック式」屋根ノミヲ以テ連接スル雨除ケ程度ノモノニシテ建造物ノ観念ヲ以テスレハ右校舎ハ本館及小使室トハ独立シタル建造物ナリ」。従つて人の現在しない建造物を焼燬したこととなると主張するのに対して、

【24】「原判決挙示強制処分ニ依ル予審判事ノ検証調書及同附属図面ノ記載ニ依レバ原判示第二記載第三校舎ハ同判示ノ如ク本館及小使室ト連接一体ヲ成シ居リタルコトヲ認ムルヲ得ベク既ニ斯ノ如ク一体ヲ成セル以上縦令右第三校舎ニハ人ノ現在スルモノナカリシトスルモ右本館及小使室ニハ夫々人ノ現在セシコト原判示ノ如クナルトキハ是等建物ハ一体トシテ刑法第百八条ニ所謂人ノ現在スル建造物ニ該当スル」（大判昭一四・六・六刑集一八・三三七、〔研究〕中西「接続せる二棟の建物と刑一〇八条」法協五八巻七号一二五頁以下）。

と判示する。

本判例にあつては具体的事情が明確ではないが、判旨の如く、第三校舎が本館、小使室と一体をなしていると判断し得る場合にあつては、全体として人の現在する建造物と解し得るし、又、本館には宿直教諭がおり、小使室は被告人が妻等と起居しているという点からして人の住居に使用する建造物とも解し得る（(一)(1)および(3)(ロ)参照）。しかし、数棟の建造物を一体としてみるには、それ等が廊下等によつて連接しているということのみでは不十分である。それ等を一体の建造物とみなし得るか否かは、中西氏が指摘する如く、「物理的の標準のみでは律し得られず、其の各個の用途・構造・広狭・接著の程度・主従関係の有無・連絡の設備及四辺の状況等諸般の事情を綜合して判断せねばならない」（前掲法協五八巻七号一二七頁）。

従つて、上告理由の如く、廊下がバラック式屋根のみで連接する雨除け程度のものに過ぎないという

廊下の性質のみで両建造物の一体性を否定するのは疑問であって、その他の諸般の事情の総合的判断によって決定すべきである（中西氏も上告理由と同様な見解で本判例に疑問を提出している。前掲一二七頁。なお、高等裁判所の判例としてはつぎの二つがある。まず、廊下の性質よりして両建造物の一体性を判断するものであつて、羽目板および壁をもつて他の部分と区劃されたいわゆる中廊下をもつて接続された数建造物は、全体として構造上不可分一体をなしており、そのいずれかの建造物に人が現在しているときは、建造物全体が人の現在する建造物となるが、柱と柱との間に羽目板もなく、単なる渡り廊下で接続された両建造物は一体をなした建造物とはいえないが故に、その一が人の現在する建造物であつても他の建造物は人の現在する建造物とならない、となす（東京高判昭二八・六・一八東京高時報四・一・刑五）。つぎに、前の判例とは異なり、数建造物の構造上よりその一体性を判断するものであつて、人の現在する機械仕上工場と組立工場との間に渡り廊下があつて接続しており、組立、鍛造、熱処理、木工の各工場は互に接続して順次連絡交通できるようになつていて、これ等は構造上一体をなす一個の建造物と認められる。機械仕上工場と組立工場との間の渡り廊下は柱がなく、ただ鉄骨の桁が渡してありトタンの屋根で雨や雪を防ぐようにしてあるだけで、その下をトラックが自由に往来できるようになつていても、前述の各工場がその構造上一個の建造物と認定する妨げにならない、となしている（東京高判昭三一・七・三一高裁特報三・一五・七七〇））。

（三）「建造物、汽車、電車、艦船若クハ鉱坑」

(1)　建造物

（イ）　建造物に関しては、建造物損壊罪に関する判例において「家屋其他之ニ類似スル建築物ヲ指称スルモノニシテ屋蓋ヲ有シ墻壁又ハ柱材ヲ以テ支持セラレテ土地ニ定著シ少クトモ其内部ニ人ノ出入スルコトヲ得ルモノ」（大判大三・六・二〇刑録二〇・一三〇〇）と判示しており、学説もこれを支持している（泉二・各論一四九頁、大場・各論下巻七五頁、宮本・大綱四〇七頁、木村・各論一九五頁、草野・要論二〇九頁、小野・各論二八六頁、安平・各論下巻一九―二〇頁、江家・各論九〇頁、植松・各論六四頁、宮内・各論講義中巻二一三頁、福田・各論七七頁）。放火罪に関する判例としては刑法一〇九条に関するものであるが、

【25】「刑法第百九条ニ所謂建造物トハ家屋其ノ他之ニ類似スル工作物ニシテ土地ニ定著シ人ノ起居出入ニ適スル構造ヲ有スル物ヲ云フ」（大判大一三・五・三一刑集三・四五九）。

がある。これは前記判例と同趣旨と解し得る。

（ロ）　建造物に該当する事例　（イ）において述べた要件を具備するものである以上、工作の大

小および材料の種類の如何を問わず（【26】）、又、一定の基礎の上に建てられたものであることを必要としないのである（【27】）。以下においては建造物に該当するとなす刑法一〇八条および同一〇九条に関する判例をあわせてみることとする。

刑法一〇八条に関する判例としては、一間半四方の藁葺藁囲の掘立小屋につき、

【26】「工作物ノ大小及其ノ材料ノ種類如何ハ建造物ノ概念ヲ左右スルモノニ非サルカ故ニ本件目的物カ所論ノ如ク一間半四方ノ藁葺藁囲ヲ以テスル掘立小屋ナリトスルモ之ヲ建造物ナリト認ムルハ不当ニ非ス」（大判昭七・六・二〇刑集一一・八八一）。

と判示する。

刑法一〇九条に関する判例としては、東西三間南北六間の木造藁葺の建築小屋を前述【25】において刑法一〇九条の建造物となしている（同旨、藁葺瓦乾燥小屋に関する朝鮮高判昭四・九・二六評論一八刑法二八九）が、その他につぎの如きものがある。

間口六尺奥行七尺の周壁のある杉皮葺竈場である掘立小屋、

【27】「刑法第百九条ニ所謂建造物トハ人ノ住居ニ使用セス又現存セサルモ人ノ出入ニ適シ且人ノ現在スルコトアルヘキ建造物ノ謂ナレハ地上ニ定著セル物件ナルコトヲ要スルヤ論ナシト雖モ其建造物タルニハ必ラスシモ一定ノ基礎ノ上ニ建設セラレタルコトヲ要セス所謂掘立小屋ノ如キモ同条ノ建造物タルコトヲ失ハス」（大判大元・八・六刑録一八・一一三八、同旨、同大九・三・一五新聞一七〇三・二二）。

間口二間奥行三間の板葺物置小屋、

【28】「刑法第百九条ニ所謂建造物中ニハ人ノ住居スヘキ建造物ハ勿論人ノ現在スルコトアルヘキ建造物ヲモ包含スルモノトス而シテ物置小屋ハ人ノ住居スヘキ建造物ニアラサルモ人カ其内ニ立入リ現在スルコトアル

ヘキ建造物ナルヲ以テ原院カ物置小屋ヲ焼燬シタル被告ノ所為ヲ刑法第百九条第一項ニ問擬シタルハ擬律ノ錯誤ニアラス」（大判明四一・一二・一五刑録一四・一一〇二）。

間口九尺奥行一二尺高さ七尺の麦藁葺平屋建籠堂、

【29】「原判決ノ認定スル処ニ依レハ本件籠堂ハ麦藁葺ノ屋蓋ヲ有シ六個ノ柱材ヲ以テ支持セラレ土地ニ定着スル間口九尺奥行十二尺高サ七尺ノ平家建建築物ナリト云フニ在リテ斯ノ如ク屋蓋ヲ有シ柱材ニ依リ支持セラレテ土地ニ定着シ人ノ起居出入シ得ル内部ヲ有スルモノナル以上縦令周壁及天井ヲ有セサルモ刑法第百九条ニ所謂建造物ニ該当ス」（大判昭二・五・三〇刑集六・二〇〇）。

間口三間半奥行二間半茅葺二階建納屋と間口二間奥行二間半茅葺平家建納屋、

【30】「納屋ハ現ニ人ノ住居ニ使用セス又ハ人ノ現在セサルヲ普通トシ其ノ存在ハ特別ノ場合ニ属スルカ故ニ特ニ現ニ人ノ住居ニ使用シ又ハ人ノ現在スルコトヲ明記セサル限リ現ニ人ノ住居ニ使用セス又ハ人ノ現在セサル建造物ナルコト自ラ明瞭ニシテ……」（大判昭一三・八・二二評論二七刑法一六九）。

なお、以上の他に、間口約三米七五糎奥行約八米三〇糎の藁、茅葺、杉皮囲の炭焼小屋を建造物となす高等裁判所の判例がある（広島高岡山支判昭三〇・一一・一五高裁特報二・二二・一一七三）。

以上の判例については学説上異論がなく、（三）(1)（イ）において述べた建造物の概念に適合しているが故に判旨は妥当なものと解し得る（高等裁判所の判例であるが、人の出入が可能であるが人の起居出入が全く予定されていない豚小屋、堆肥小屋等は刑法一〇九条にいわゆる建造物に該当しない、となす判例がある（東京高判昭二八・六・一八東京高時報四・一・刑五）。この判旨については疑問をもつている）。

しかし、旧法時の判例であるが、人の出入が不可能な奥行三尺幅二尺高さ三尺程の稲荷堂を建造物となすものがある。

【31】「凡ソ家屋ノ構造ヲ以テ一定ノ場所ニ建設シタル堂宇ノ如キハ堂宇其物ノ広狭大小ニ依リ建造物ナルト否トヲ区分スルヲ得サルモノトス故ニ本案稲荷堂ノ如キハ其形状ノ小且ツ狭ナルニモセヨ建造物タルコト言ヲ竢タサレハ原院カ被告ノ所為ヲ以テ刑法第四百三条ニ問擬シタルハ擬律錯誤ノ裁判トイフヲ得ス」（大判明二七・一〇・二二刑録一・三三三、刑抄録一・四二）。

このような「人ノ出入スルコトヲ得」ない小さい稲荷堂の如きは前述の如き建造物の概念に該当しないものであるが故に、建造物と解するのは妥当でない（江家・各論九〇頁、大場・各論下巻七五頁参照）。

（ハ）つぎに、畳、建具その他家屋の従物が建造物の一部をなすかという問題がある。これ等については、家屋を毀損しなければ取外しできない場合には建造物の一部であるとなすこと学説、判例である（泉二・各論九四八―九頁註四、宮本・大綱四〇七頁、木村・各論一九五頁、安平・各論上巻三八六頁、団藤・各論一二〇頁、江家・各論三五二頁、植松・各論二九三頁、井上・各論一六九頁、宮内・各論講義中巻二一三頁、福田・各論七七頁）。

布団およびその下に敷いてあった畳の一部を焼燬した事案に関し、

【32】「建具その他家屋の従物が建造物たる家屋の一部を構成するものと認めるには、該物件が家屋の一部に建付けられているだけでは足りず更らにこれを毀損しなければ取り外すことができない状態にあることを必要とするものである。従つて、判示布団は勿論判示畳のごときは未だ家屋と一体となつてこれを構成する建造物の一部といえないこと多言を要しない」（最判昭二五・一二・一四刑集四・一二・二五四八、同旨、建造物損壊罪についての判例であるが、大判明四三・一二・一六刑録一六・二一八八、同大八・五・一三刑録二五・六三二）。

と判示する（この判例と同旨の高等裁判所の判例であるが、根太の上に置かれただけでこれに釘付けされていない床板に関して、「家屋に取り付けられた床板はその後修理のため一部釘付けされない部分を生じたとしても、社会通念上、右畳、建具その他の家屋の従物とは異なり、全体として家屋の一部を構成するものというべきであ」るとなしている（東京高判昭三四・一一・五下級刑集一・一一・二三三四））。

(2)　汽車、電車、艦船および鉱坑　これ等については放火罪に関する判例は存しないが、学説上争がある。これについて簡単に触れることとする。

「汽車」とは蒸気力の作用によつて一定の軌道上を往来する交通機関であり、「電車」は電力によつて一定の軌道上を往来する交通機関であると一般に定義せられる。しかし、往来妨害罪に関する判例にあつてガソリンカーは汽車に含まれるとされている（大判昭一五・八・二二刑集一九・五四〇）。その他、無軌道電車、乗合自動車は汽車、電車に準ずると解すべきかについて問題がある（これを肯定するのは宮本・大綱四三〇頁、木村・各論二一〇頁、乗合自動車について肯定するのは植松・各論八三頁、又無軌道電車については肯定するが乗合自動車について否定するのは日原・講義下巻一八二頁）。今日にあつては汽車、電車は軌道を走るものに限らないと解するのが妥当であつて、これ等は汽車、電車に準じて含まれるものと解すべきである。

「艦船」とは軍艦その他の船舶をいうのであるが、小規模の船舶を含むか否かについては学説上争がある（小規模の船舶をも含むと解するのは、泉二・各論一四七頁、一八二頁、大場・各論下巻七七頁、木村・各論二一九頁、日原・講義下巻一八三頁。これに対して、汽車、電車に準じて考えられる程度の大きさを有することを必要とすると解するのは、牧野・各論上巻一〇八頁、小野・各論八四頁、滝川・各論二三二頁、江家・各論九〇頁、宮内・各論講義中巻二三八頁、福田・各論八七頁。安平・各論下巻四九頁は、可罰価値論からは後説を妥当とするが、一般的観念としては船舶の意義を制限的に解することにはにわかに賛し難い、とされる）。この点について判例は往来妨害罪に関して「艦船トハ其ノ大小形状ノ如何ヲ問ハス各種ノ船舶ヲ指称スルモノト解スルヲ相当トス」となしている（大判昭一〇・二・二二刑集一四・五七）。「艦船」については法文上別段の制限がないし、又、本罪の性質上小規模の船舶といえどもこれを包含するものと解すべきである。建造物について前述の如く掘立小屋、物置小屋等の如きも人の出入し得る限り建造物と解する立場よりしてもこの点肯定せられるであろう。

「鉱坑」とは鉱物採取のための地下設備をいい、炭坑も含まれると解せられる。

二　「現ニ人ノ住居ニ使用セス又ハ人ノ現在セサル建造物、艦船若クハ鉱坑」

この客体に関しては刑法一〇九条には「現ニ人ノ住居ニ使用セス又ハ人ノ現在セサル」と規定され

ているが、この「又ハ」は「且ツ」を意味すると解すべきであることは刑法一〇八条との関係から明白である。

（一）ここにおける「人」は一（一）(1)において述べた如く犯人以外の人を意味する。従つて、「現ニ人ノ住居セス又ハ人ノ現在セサル」建造物等とは、現に犯人以外の人が住居せず且つ現在しない建造物等のことである。犯人が独り住居する家屋（【3】【5】）および居住者殺害後の家屋（【33】【34】）がこれに該当することは明白である。

父母を殺害した後その家屋に放火した事案に関し、

【33】「原判示ニ拠レハ被告ハ其父母ヲ殺害シタル後其犯跡ヲ蔽ハンカ為メ即時秋蔵等ノ死屍ノ横ハレル家屋ニ放火シ之ヲ焼燬シタルモノニシテ原判決中該家屋ニハ他ニ住居スルモノナク又人ノ現在セル事実ヲモ認メアラサルヲ以テ右被告ノ所為ハ刑法第百九条ニ該当ス可キモノナルコト洵ニ所論ノ如シ」（大判大六・四・一三刑録二三・三一二）。

と判示する。旧法時の判例としては、独居の被害者を殺害しその家屋に放火した事案に関し、

【34】「被告カ放火シタルハ独居ノ被害者ヲ殺害シ財物ヲ搬出シタル後ニシテ当時他ニ住人ノ現存セシニ非サレハ被告カ放火セシ家屋ハ刑法第四百二条ニ所謂人ノ住居シタル家屋ト云フヲ得ス何トナレハ同条放火罪ノ目的物ト為り得ヘキ家屋ハ本件ノ如ク単ニ人ノ居住ニ供シタル家屋タリシヲ以テ足レリトセス住人ノ存在スルヲ必要トスレハナリ」（大判明三八・七・二〇刑録一一・七二八、同旨、同明四一・一〇・二二刑録一四・八七九）。

となすものがある（地方裁判所の判例であるが、老夫婦殺害後、放火前に、かねて老夫婦が預つていた幼女をその生家の両親の許に連れ帰らせた上その家屋に放火した場合には刑法一〇九条一項に該当するとなしている（松江地判昭三三・一・二一第一審刑集一・一〇・五））。

「建造物」については一（三）(1)において述べた。ここにおける客体である建造物として判例に現

れたものは、掘立小屋（【27】）、物置小屋（【28】）、籠堂（【29】）、納屋（【30】）、稲荷堂（【31】）等があることは前述のとおりである（一(三)(1)(ロ)）。

艦船および鉱坑に関しても一（三）(2)において述べた。

（二）以上の如き建造物等が自己の所有に属する場合については刑法一〇九条二項に規定されており、公共の危険の発生をその要件とする。これに関しては自己の所有の建造物であるか否かについて判示する高等裁判所の判例がある。被告人の所有地より盗伐した雑木を骨組として自己所有の藁、縄、杉皮を用いて被告人の所有地に造った炭焼小屋は民法二四三条により被告人の所有に属するとなしている。

【35】「右小屋に用いた雑木（骨組のすべて）や茅のすべては横田健二が右コソボソ地内に於て盗伐したものであることが認められるから、右小屋の材料の大部分は被告人の所有に属するものと認められる。従つて横田健二がたとえ同人所有の藁や縄や杉皮などをも使用して右小屋を造り上げたとしても、それらのものは被告人の所有に属する右の材料に対しては全く従たる部分の材料に過ぎないから、右小屋の所有権は横田健二にあるわけはなく、主たる材料の所有者である被告人の所有に属するものであることは民法の規定（第二百四十三条）に照らして明かである」（広島高岡山支判昭三〇・一一・一五高裁特報二・二三・一一七三。なお、本件にあつては公共の危険の発生がない点より刑法一〇九条二項の適用がないとなしている。この点については【109】参照）。

（三）なお、前述の如き建造物等が自己の所有物であつても、差押を受け、物権を負担し又は賃貸し若しくは保険に付したものを焼燬した場合には他人の物を焼燬した者と同じであることは刑法一一五条に規定されている。これに関しては火災保険に付してある自己の建造物についての判例がある。自己所有の火災保険の付してある漁業小屋に放火することを教唆し、これを焼燬した事案に関し、

【36】「原判決認定ノ要旨ハ被告人ハ予テ其ノ所有ニ係ル……漁業小屋（間口十間奥行四間亜鉛葺漁具等収容）ニ付東洋海上火災保険株式会社ト金四千円ノ保険契約ヲ締結シアルヲ奇貨トシ三沢富治郎ヲ教唆シ右建物ニ放火スルコトヲ決意セシメ同人ハ遂ニ之ニ放火シテ焼燬シタリト云フニ在レハ判示建物カ金銭ニ見積リ得ヘキ利益アルコト明瞭ナリ前記保険契約ニ付……商法上ヨリスレハ契約者ハ保険金ヲ取得シ能ハサルカ如キ事情ナリト仮定ストスルモ右建物ハ保険ニ付セラレタルモノニ非スト為スヘカラサルハ勿論刑法第百十五条ニ所謂保険ニ付シタルモノト為スニ妨ナシ」（大判昭一〇・一一・二二評論二五刑法四）。

と判示する。判旨の如く、被告人が保険金を取得し得ないとしても、民事上の効果と刑法上の意義とは別個のものであるが故に判旨は妥当である。

三　一および二以外の物

一および二以外の物とは、たとえば乗用自動車、馬車、門、橋、人の現在しない汽車又は電車、立木その他これに類する物等である（後述九七頁以下参照）。これに関する直接判例としてつぎの如きものがある。

自己所有の石油約一合を他人の炊事場東側壁および同所窓引戸に注ぎかけた上、その住家を焼燬する意思なく単に注ぎかけた石油を燃し直ちにこれを消し止める意思をもつてマッチで点火しこれを燃え揚らせたという事案に関し、

【37】「民法第二百四十二条ニ所謂不動産ノ附合ニハ不動産ト之ニ附合シタル物トノ間ニ主従ノ関係アルヲ要スルヲ以テ原判示ノ如ク被告人ハ日高久蔵ニ対スル畏怖ノ念ヲ懐カシムル目的ヲ以テ同人方住宅東側壁板及同所窓引戸ニ石油ヲ注キ掛ケ放火シタル事実ノミニテハ附合ノ要件ニ当ラサルコトハ所論ノ如シト雖原判文ノ全趣旨ヨリ見レハ被告人カ右石油ヲ注キ掛ケタル当時ニ於テ其所有権ヲ拋棄シタルモノト解スルヲ社会通念上適当トスヘキヲ以テ之ヲ燃焼セシメタル所為ハ即チ被告人以外ノモノノ燃焼ニ当ルカ故ニ因テ公共ノ危険ヲ生

セシメタル以上原審ノ如ク刑法第百十条第一項ヲ適用シタルハ結局正当ナリ」(大判昭五・五・三一新聞三一六九・一二)。と判示する。本判例は刑法一一〇条の一項に該当するか、二項に該当するかの問題であるが、本件の如く、石油を注ぎかけて点火した場合にあつては、その所有権を抛棄したものと解するのが常識的であり判旨は妥当であると解せられる。

三　放火罪の行為

放火罪の行為は火を放つて前述の客体を焼燬することである(刑一〇八以下)。火を放つとは焼燬に対して原因力を与えることをいうのである。以下においては、これと関連して問題となる、不作為による放火、実行の著手、未遂・予備および不能犯、故意、公共の危険の認識、についての判例を順次検討することとする。

一　不作為による放火

(一)　序説　放火罪は作為犯形式の類型であるが、消極的な不作為による放火罪の成立を認めるのが通説、判例である(牧野・各論上巻八六頁、宮本・大綱四三四頁、木村・各論二〇八頁、小野・各論七四頁、草野・要論二〇七頁、安平・各論下巻二二頁、滝川・各論二一五―六頁、江家・各論九一頁、団藤・各論一一六頁、植松・各論六六頁、井上・各論一七六頁、宮内・各論講義中巻二一五頁、日原・講義下巻一五七頁、福田・各論七五頁、飯塚・論攷三八三頁以下、宮原「放火罪」刑事法講座四巻六九六頁以下等。ドイツにあつては不作為による放火罪を認めた判例は見当らないが、学説はこれを認めている。たとえば、Welzel, Das deutsche Strafrecht, 6. Aufl., S. 373; Kohlrausch-Lange, Strafgesetzbuch, 41. Aufl., S. 577; Mezger, Strafrecht, Bes. Teil, 3. Aufl., S. 216; Schönke-Schröder, Strafgesetzbuch, Kommentar, 8. Aufl., S. 1072; Maurach, Deutsches Strafrecht, Bes. Teil, 1953, S. 411)。

さて、不純正不作為犯は刑法上困難な問題である。学説の初期の段階においては、不作為の因果性に疑問をもち、不純正不作為犯の問題点は因果関係にあると解されたのである。しかし、現在にあっては、不作為の因果性に関する疑問は解消し、その問題点に関しては、違法性に存すると解する説(牧野・総論一七四頁、同・不作為の違法性一二三頁、江家「不作為犯」刑事法講座一巻一七一頁以下、植松「不作為の可罰性と反倫理性」日本法学八号四一頁以下等。Mezger, Lehrbuch, 3. Aufl., 1949, S. 137; Sauer, Allgemeine Strafrechtslehre, 3. Aufl., 1955, S. 91)と構成要件の領域に存すると解する説(木村・総論一九五頁以下、小野・総論一〇三—四頁、団藤・綱要総論九九頁以下、井上「不作為犯」演習総論一五—六頁、藤木「不作為による放火罪について」警察学論集一二巻三号二頁以下等。Maurach, Deutsches Strafrecht, Allg. Teil, 1954, S. 170 ff.; Welzel, ibid. S. 181; Kohlrausch-Lange, ibid. S. 6; Schönke-Schröder, ibid. S. 172)とが対立している。しかしながら、不純正不作為犯の問題点を違法性にあると解する説にあっては、違法な不作為のみが不純正不作為犯を成立せしめるということから、いかなる場合に不作為が違法であるかを考察するのであるが、不作為が違法であるということは直ちにその可罰性を根拠づけ得ないという点よりして不純正不作為犯の成立には強度の違法性を必要とすると解するのである。このように解することは、作為と同一程度に強度の違法性をもつ不作為のみが作為犯の構成要件における実行行為となり得ると解するにほかならないのであって、結局において、不純正不作為犯の問題は構成要件該当性の問題であり、構成要件の解釈の問題であると解するにほかならない。従って、後説が妥当であり、現在にあっては後説が通説であるといい得る。ただ、不純正不作為犯にあっては、不作為は原則として作為と同一視され得ないが故に、その不作為が構成要件該当性をもつといい得るがためには、作為犯、純正不作為犯におけるとは異なり、その不作為の違法性の段階を考察せねばならないのである(江家前掲一七一頁、団藤・前掲書九九頁参照)。

不作為の違法性については、一般に学説は、結果発生防止の法律上の作為義務を負うこと、および、その作為義務履行の可能性という二つの基準を挙げている(木村教授はドイツにおける保証人説 Garantenlehre をとり入れこの二要件を構成要件該当性の問題と解され、木村・総論一九五頁以下、又、小野博士は不純正不作為犯を身分犯の一種と解されている。小野・構成要件の理論二四〇頁。又、特に可能性についてこれを因果関係の問題と解されるのは、牧野・日本刑法上巻二九一頁、同・総論二一五―六頁。市川・総論一二〇頁、八木・総論一七九頁）。そして、学説の関心は作為義務の面に向けられ、作為義務はそれが法令の明文に規定されている場合に限らず、契約その他の法律行為に根拠をおくものであっても差支えなく、その他、公の秩序善良の風俗（論者によっては条理、文化現象又は一般規範等といわれている）上期待されている場合にも作為義務が存すると解されている（この点は牧野博士が夙に説かれているところであって、牧野・不作為の違法性九五頁以下、同・日本刑法上巻一二四頁以下、その後一般に承認されている）。特に公の秩序善良の風俗に基づく作為義務としては、自己の先行行為に基づく結果発生防止義務が認められている。しかし、ここにいう法律上の作為義務はすべての法律上の作為義務を含むものではなく、不作為を作為と同一視するに足る程度の重大な作為義務であることを要するのである。いかなる作為義務がこのような強度性をもつかという点についてはなお問題が存するが（牧野・研究八巻六三頁、江家前掲一六三―四頁、一七一頁）、江家博士は、つぎの三つの場合を挙げている。一は、一定の法益が行為者の作為に依存して維持されている場合の作為義務、二は、先行行為に基づく防止義務、三は、管理者の防止義務である（江家前掲一七三頁）。

（二）　判例の態度　不作為による放火罪の成立を認めた重要な判例としては二つの大審院判例と最高裁判所判例が存する。不純正不作為犯の問題点をいかに解するかについては、最高裁判所はこれを明確に判示していないのであるが、大審院は【38】において「自己ノ故意行為ニ帰スヘカラサル原因ニ由リ既ニ叙上物件ニ発火シタル場合ニ於テ之ヲ消止ムヘキ法律上ノ義務ヲ有シ且容易ニ之ヲ消止メ得ル地位ニ在ル者カ其既発ノ火力ヲ利用スル意思ヲ以テ鎮火ニ必要ナル手段ヲ執ラサルトキハ此不作為モ亦法律ニ所謂火ヲ放ツノ行為ニ該当スルモノト解スルヲ至当ナリトス」と判示し、又、【39】において「自己ノ故意ニ帰スヘカラサル原因ニ依リ火カ自己ノ家屋ニ燃焼スルコトアルヘキ危険アル場合其ノ危険ノ発生ヲ防止スルコト可能ナルニ拘ラス其ノ危険ヲ利用スル意思ヲ以テ消火ニ必要ナル措置ヲ執ラス因テ家屋ニ延焼セシメタルトキモ亦法律ニ所謂火ヲ放ツノ行為ヲ為シタルモノニ該当スルモノトス」と判示する点よりして通説の如く構成要件の問題と解していることは明白である。

さて、大審院および最高裁判所の判例をみるに、両者にはその考え方において重大な相違が認められる。大審院判例はいずれも不作為による放火罪の成立要件として、「法律上の消火義務」および「消火の可能性」を挙げ、特に消火義務について公の秩序善良な風俗に基づく消火義務を認めている点において学説と同一見解に立っているのであるが、この二要件のほかにさらに「既発の火力又は危険を利用する意思」という主観的面を強調している（【38】【39】）。これに対して、最高裁判所判例はその成立要件として、消火義務および消火の可能性の二要件を挙げるにとどまり、「既発の火力又は危険を利用する意思」を要せず結果の認容があれば足りるとなしているのである（【40】）。従って、最高裁判所の見解にあつては不作為による放火罪の成立要件を大審院より緩和し、その成立範囲を一層拡大する傾向にあると解せられるのである。この点甚だ注目に価する。つぎに個個の判例について検討することとする。

(1)　まず、大審院の第一の判例における事実は、

被告人は、養父との間に不和を生じ、争闘をなした末、之を殺害したのであるが、殺害後死体の処置について考慮中、偶〻養父が争闘の際投げ付けた燃木尻の火が住宅内庭に積んであつた藁に飛散しその場所から燃え

上るのを認めたが、むしろ住宅とともに屍体および証拠物件となるべき物を焼燬して罪跡を掩おうとして、当時容易に消止め得べきにかかわらずことさらにこれを放置しよつて被告人以外に現在しない自宅を焼燬し且つ隣家の物置を類焼させた

というのであつて、原判決は不作為による放火罪を認めた。これに対して提出された、

被告人には防火について契約又は先行行為による義務のないことは勿論、法令上の義務も存しない。もし刑法の「火ヲ放テ……建造物ヲ焼燬シタル者ハ云々」という条規は、その反面に火を放つて建造物を焼燬すべからず、との命令を含み、従つて義務を生ずるものであるというのであれば大なる誤りである。もしこの理論をもつてすれば、「人ヲ殺シタル者ハ云々」の規定は、人を殺してはならないという義務を含むが故に、他人が人を殺すのを傍観した者はすべて不作為の殺人罪となつて不合理である。それ故に、不作為による放火罪の成立を認めたのは不法である

という上告理由に対して、

【38】「放火罪ハ故意ニ積極的手段ヲ用ヒテ刑法第百八条以下ニ記載スル物件ニ火ヲ放チ之ヲ焼燬スルニ因リ成立スルコト普通ノ事例ナリト雖モ自己ノ故意行為ニ帰スヘカラサル原因ニ由リ既ニ叙上物件ニ発火シタル場合ニ於テ之ヲ消止ムヘキ法律上ノ義務ヲ有シ且容易ニ之ヲ消止メ得ル地位ニ在ル者カ其既発ノ火力ヲ利用スル意思ヲ以テ鎮火ニ必要ナル手段ヲ執ラサルトキハ此不作為モ亦法律ニ所謂火ヲ放ツノ行為ニ該当スルモノト解スルヲ至当ナリトス然リ而シテ叙上物件ノ占有者又ハ所有者カ自己ノ故意行為ニ帰スヘカラサル原因ニ由リ其ノ物件ニ発火シ為メニ公共ニ対シ危害ノ発生スル虞アルニ際リ之ヲ防止シ得ルニ拘ハラス故意ニ之ヲ放任シテ顧ミサルカ如キハ実ニ公ノ秩序ヲ無視スルモノニシテ秩序ノ維持ヲ以テ任務トスル法律ノ精神ニ牴触スルヤ明ナルカ故ニ斯ノ如キ場合ニ於テ此等ノ者カ其発火ヲ消止メ以テ公共ノ危険ノ発生ヲ防止スルハ其法律上ノ義務ニ属スルモノト認ムルヲ正当ナリトス蓋シ此法理ハ民法第七百十七条等ノ規定ノ精神ヨリ推究スルモ其一端

ヲ窺フニ難カラサルナリ」（大判大七・一二・一八刑録二四・一五五八、〔研究〕牧野・不作為の違法性一五二頁以下、木村「不作為による放火罪」法学セミナー二七号四二―三頁、草野・刑法改正上の重要問題四三頁以下、飯塚・論攷四一八頁以下）。

と判示する。

本判例の結論については学説上ほとんど異論はない（木村前掲、牧野・前掲書、草野・前掲書、飯塚・前掲書、その他各教科書に引用されている。しかし、泉二博士のみ本判例の場合を鎮火妨害罪であるとされる。泉二・日本刑法論各論一四五―六頁、一六〇頁。鎮火妨害罪も不作為による場合が考えられるのであるが、放火罪になるか鎮火妨害罪になるかは勿論構成要件の解釈問題であつて、行為者の義務内容、因果関係、意思内容等客観的主観的要素を綜合して判断すべきである。宮原「放火罪」刑事法講座四巻六九七頁参照。この点よりして本事案の場合は通説、判例の如く不作為による放火罪の問題と解すべきであろう）。しかし、本判例の見解の中、特に、家屋の占有者又は所有者は、その占有者又は所有者であることからして、自己の故意行為に帰し得ない原因により発火した場合においては、これを消し止むべき法律上の義務があると解することについては疑問が提起されている。飯塚氏は「判例の主張に従へば、発火物件の占有者は兎も角としても、其の非占有的所有者迄が、『自己の故意行為に帰すべからざる原因』に由て発火した場合に、『為めに公共に対し危害の発生する虞あり』且『之を防止し得るに不拘故意に之を放任して顧み』ない場合には、不作為に因る放火罪に問はれねばならぬ事になつて居る。然し乍ら、かくては、例へば動産の火災保険金を騙取せんが為めに、家屋の賃借人が其の借家に火を放つたやうな場合に、之を覚知した家主が其の出火を鎮止し得るに不拘、故らに鎮火の妨害を敢てした場合に、果して如何なる犯罪が成立するのであらうか。積極的に鎮火の妨害を為した者が刑法第一一四条の責任を負担するに過ぎないにも拘らず、単に『放任して消火しなかつた者』が放火罪に問はれねばならぬと云ふのは、果して権衡の当を得たものと考へらるるであらうか」とされ、「私は本件に於ける被告の消火義務の根拠を其の火気の管理者たる点に求むることによつて、最も良く不作為に因る放火罪の成立を説明することが出来ると考へざるを得ない」と解する（飯塚・前掲書四二〇―一頁、四三一頁）。又、牧野博士は「なるほど、それも一つの理由と考え得るに相違ないが、……私は、寧ろ、被告が被害者に対し暴行を加へたること、其の結果、被害者が争闘を為し、其の争闘の方法として燃木尻を投付けたる事実に、之を求めたいと思ふのである」（牧野・前掲書一五七頁）と、先行為に基づく防止義務を認められ、木村教授も同様に「たとえ被告人による先行行為が直接の原因でなくても間接には被告人の争闘行為という先行行為が原因となつて発火したのであるから、被告人に対して結果発生の防止義務が当然あつたと解すべきであ」ると解される（木村前掲四三頁）。

いずれにしても、本事案にあつては、被告人は発火家屋の占有者であつて、飯塚氏のいわれる如く火気の管理者でもあり、又、牧野博士、木村教授の解される如く争闘の相手方であつたという意味において発火の原因を与えた者でもあるが故に、本判例の如く不作為による放火罪の成立は認め得るところである。

第二の大審院判例は第一の判例と具体的事実において若干の差異がある。すなわち、事実は、

被告人は、妻と死別した後、被告人所有の本宅には被告人のみが毎日三、四回行商の途次帰宅するにとどまり、住居に使用せず放置しておいたところ、偶々某日同家屋に止宿し、翌朝同家二階西南隅に設備した神棚に二基の燈明を献じて礼拝した際、うち一基は蠟燭立が不完全であつたため点火した長さ約二寸の蠟燭は神殿および多数の木製神符等を祭祀した方向に傾斜し顚落の虞があつたが、右家屋が建築後既に五十年を経過し時価七百円位に過ぎないのにかかわらず、当時保険金二千円の火災保険契約が附せられていることを想起し、右家屋を焼燬して保険金を取得すれば債務を弁済し得ることから、右家屋を放火焼燬の上、右燈火からの失火に装

い右保険金を獲得しようと決意し、前記燈火が神棚神符神殿等に移れば自ら同家屋の屋根に延焼しよつて同家屋を焼燬するに至るものであることを確認しながら、点火傾斜した蠟燭を前記の意思の下にその儘放置し消火等の措置をとらなかつたため右燈火から神符神殿等に燃え移りさらに同家屋に燃え移りよつて間もなく右家屋階上を全焼するに至らしめた

というのである。原審はこれに対して不作為による放火罪（刑一〇九Ⅰ・一一五）の成立を認めた。これに対して提出された、

　原判決において燈明台の蠟燭が顚落の虞があつたことを認定しているが、その火がいかなる特別事情によつて附近の神符等に燃え移つたかを説明せず、又、被告人がその特別事情を認識したことを明らかにしていないが故に、審理を尽さないものである

という上告理由に対して大審院は正面から答えることなく、不作為犯の成立を論じて、

【39】「放火罪ハ故意ニ積極手段ニ依リ行ハルルヲ普通トスト雖自己ノ故意ニ帰スヘカラサル原因ニ依リ火カ自己ノ家屋ニ燃焼スルコトアルヘキ危険アル場合其ノ危険ノ発生ヲ防止スルコト可能ナルニ拘ラス其ノ危険ヲ利用スル意思ヲ以テ消火ニ必要ナル措置ヲ執ラス因テ家屋ニ延焼セシメタルトキモ亦法律ニ所謂火ヲ放ツノ行為ヲ為シタルモノニ該当スルモノトス故ニ自己ノ所有ニシテ火災保険ニ付サレ而モ自己以外ノ人ノ住居セサル家屋ノ神棚ニ多数ノ神符存在シ其ノ前ニ供セル燭台ノ蠟受カ不完全ニシテ之ニ点火シテ立テタル蠟燭カ神符ノ方ヘ傾斜セルヲ認識シナカラ危険防止ノ措置ヲ為サス却テ該状態ヲ利用シ若シ火災起ラハ保険金ヲ獲得スルヲ得ヘシト思料シテ外出シタル為右燈火ヨリ神符ニ点火シ更ニ家屋ニ延焼スルニ至ラシメタルトキハ刑法第百九条第一項ノ犯罪ヲ構成スルモノトス蓋シ自己ノ家屋カ燃焼ノ虞アル場合ニ之カ防止ノ措置ヲ執ラス却テ既発ノ危険ヲ利用スル意思ニテ外出スルカ如キハ観念上作為ヲ以テ放火スルト同一ニシテ同条ニ所謂火ヲ放ツノ行

為ニ該当スレハナリ唯右ノ如ク不作為ニ依リ犯罪ノ責ヲ問ハルルカ為ニハ其ノ者カ其ノ之ヲ為ササルニ付義務違反ノ責ニ任スヘキ場合ナルコトヲ要スルハ本院判例ノ趣旨トスルトコロナルヲ以テ果シテ右ノ場合義務違反ヲ認メ得ヘキヤニ付考フルニ凡ソ不作為犯成立ノ条件ヲ成ス義務違反ハ必シモ各箇ノ法規上ニ明ニ規定セラレタル義務ニ反スル場合ノミニ限ラス具体的場合ニ於テ公ノ秩序善良ノ風俗ニ照ラシ社会通念上当然一定ノ措置ニ出テサルヘカラスト認メラルル場合敢テ其ノ措置ニ出テサルコトモ亦右ニ所謂義務違反ヲ以テ論スヘキモノトス蓋シ公ノ秩序善良ノ風俗トハ法ニ於ケル忠孝仁義ノ謂ニ外ナラスアラユル法律規定ハ之ヲ以テ其ノ基礎ト為シ如何ナル行為モ其ノ根本ニ於テ之ニ背馳スルヲ許サレス其ノ之ニ反スルモノハ法ノ保護ヲ受クヘカラサルモノトスサレハ私法ニ於テハ之ニ反スル目的ヲ有スル法律行為ヲ無効トシ権利ノ行使ト濫用トノ限界ヲ定メ刑法ニ於テハ違法性ノ基準ヲ之ニ求ムルモノ何レモ斯ノ観念カ法ノ基礎タルコトヲ示スモノトス思フニ我国俗ハ由来他ノ災厄ヲ見テ徒ニ坐視スルヲ怯トシ身ヲ挺シテ難ニ当ルヲ勇トス従テ公共ノ危険ノ発生ヲ防止スヘキ立場ニ在ル者カ之ヲ防止シ得ヘキニ拘ラス法規上義務ノ規定セラレサルヲ理由トシ徒ニ放置シテ他ノ困厄ヲ顧ミサルカ如キ行為ニ対シ其ノ責任ヲ問ハサルカ如キハ到底許スヘカラサルコトニ属スルカ故ニ不作為犯ノ条件タル義務違反モ亦其ノ標準ヲ前記ノ如キ公ノ秩序善良ノ風俗ノ観念ニ求ムルハ洵ニ至当ナリト謂ハサルヘカラス」（大判昭一三・三・一一刑集一七・二三七、〔研究〕牧野「最近の刑事判例」時報一〇巻一二号一四頁以下、同「不作為の違法性の段階」国家試験一〇巻一五号一頁以下、同「不作為犯に関する若干の考察」警研一〇巻三号一頁以下、小野「不作為に依る放火」法協五七巻二号一四六頁以下、木村「不作為による放火罪」法学セミナー二七号四三頁、草野「不作為に因る放火罪」新報四九巻六号九六頁以下、吉田「不作為に因る放火罪」新報四八巻一一号一一八頁以下、植松「不作為の可罰性と反倫理性」日本法学四巻八号四一頁以下、坂本「不作為に因る放火罪」法律論叢一七巻七号一四三頁以下）。

と判示する。

本判例についてもその結論には学説上異論はない。しかし、本判例において、公の秩序善良の風俗に反する作為義務違反があったという理由のみで不作為による放火罪を認めることは不十分である。木村教授の指摘される如く、被告人自身の点火という先行行為に基づく防止義務という点より（木村前掲四三頁）、或いは、本事案にあつては被告人は家屋の所有者且つ占有者であるが故に、管理者の防止義務という点より（江家前掲「不作為犯」一六九頁、一七四頁）、不作為による放火罪の成立を基礎づけるべきである。

さて、以上述べた如く、【38】および本判例は不作為犯成立の要件として、法律上の消火義務、消火の可能性および第三の要件「既発の火力又は危険を利用する意思」を挙げているのである。なお、同旨の判例としては福岡高等裁判所昭和二九年一一月三〇日判決（高裁特報一・一一・五〇九。本判例にあつては、自己の過失行為により発火したのであるが、「故らにこれを放置し、その既発の火力を利用して人の現在する判示伊藤嘉市方家屋を焼燬する意思を以て消火その他の方法を採らず不作為に出たとの事実は毫も認められない」として不作為による放火罪の成立を否定している）がある。この第三の要件については、従来、学説は充分関心をはらわなかつた。ただ、牧野博士は本判例の批評において、「不作為を各本条の適用において作為と同視するについては、単に『防止の措置を執らない』といふだけで足りるのである。特にかやうな主観的な要件を考察する必要はないのである。かやうな主観的要件は、犯意の成立を論ずるために必要なだけである」（牧野前掲「最近の刑事判例」一四一五頁）とされ、又、これに対して小野博士はやはり本判例の批評において、「作為によつて火を放つ場合にも勿論火を見ることは必ずしも必要でない。確実に発火するやうな装置をして其の場を立去つたならば、それはすでに『火を放つた』ものであらう。して見れば蠟燭立が不完全で、傾斜せる蠟燭の顚落することによつて、其から発火することが確実でないまでも、相当の危険、即ち蓋然性ある場合において明かにその危険を認識しつつ、しかもその危険を利用する意思を以て之を未然に防止すべき処置を講ぜず、其の場を立去るといふが如きは同様の評価を受けなければならぬであらう」。そして、「斯かる蓋然性を認識しつつ、しかも保険金が受取られるといふ希望によつて其の家屋が焼燬されることを欲した、少くともこれを認容したといふ点に故意の責任を帰せらるべき所以がある」と解され（小野前掲一四九頁）、「大審院はこの主観的要件を高調することによつて、無意識に、道義的責任を明かにすると同時に行為の定型性を見出さうとしてゐるのである」とされるにとどまつている（小野前掲一五三頁）。

(2)　右の判例【38】【39】に対して最近の最高裁判所判例はこの第三の要件を必要としない旨判示している。事実は、

　被告人は某電力株式会社の従業員で、某日、帳簿整理等のため営業所事務室において残業中、同日午後一一時過頃から同事務室で宿直員と飲酒し、宿直員が就寝した後独り事務室内自席において、原符三万七千枚位をボール箱三個につめて机下に保管してある縦および高さ二尺五寸、横約三尺五寸の四脚木机一個の下に縦、横、高さ各一尺位の内側ブリキ張り木製火鉢一個に多量の木炭をついで股火鉢をしながら執務していたところ、翌日午前二時頃気分悪く嘔吐感を覚えたので、右火鉢の炭火がよくおこり放置すれば炭火の過熱により右ボール箱その他周囲の可燃物に引火する危険が多分にあるのにそのまま放置してほかに誰もいない同所を離れて工務室において休憩仮睡し、仮睡から醒め自席にもどろうとしたとき、右炭火の過熱から右ボール箱入原符に引火しさらに自席の右机に延焼発燃しているのを発見したが、自ら消火に当り、又は宿直員三名を呼び起し、その協力を得るならば火勢消火設備の関係から容易に消火し得る状態にあつたにもかかわらず、このまま放置すれば火勢拡大して営業所建物に延焼焼燬に至るべきことを認識しながら、自己の不注意の喚起した不慮の失火を目撃した驚きと、自己の失策の発覚を恐れ慮るの余り、或は右焼燬の結果発生のあるべきことを認容しつつ、咄嗟に自己のショールダーバックを肩にかけ、そのまま営業所玄関より表に出て何らの処置をなさず同所を去つた。

火はそのまま燃え拡つて営業所一棟を全焼せしめたほか、隣接家屋数棟を全焼、さらに家屋一棟を半焼したというのである。原審が不作為による放火罪の成立を認めたのに対して、上告理由はつぎの如きものである。すなわち、

原判決は大審院の判例に反する判断をなし、刑法一〇八条の解釈を誤り、法律の適用を誤つている。すなわち、大審院の判例においては、(イ)法律上の消火義務、(ロ)消火可能性、(ハ)既発の火力又は危険の利用の意思の三つを要件として不作為を作為と同視すべき段階に到達するものとしている。消火義務違背についての法律上の責任を放火と同程度まで高めるのはこの「利用の意思」である。本件においては被告人は既発の火力を利用しようとする意思はなく、ただ結果を認容する意思があつたに過ぎないのであるから、これだけでは不作為を作為と同視せしめるに足らない。

これに対して、

【40】「……被告人は自己の過失により右原符、木机等の物件が焼燬されつつあるのを現場において目撃しながら、その既発の火力により右建物が焼燬せられるべきことを認容する意思をもつてあえて被告人の義務である必要かつ容易な消火措置をとらない不作為により建物についての放火行為をなし、よつてこれを焼燬したものであるということができる。されば結局これと同趣旨により右行為を刑法一〇八条の放火罪に当たるとした原判示は相当であり、引用の大審院判例の趣旨も本判決の趣旨と相容れないものではなく、原判決には右判例に違反するところはない」(最判昭三三・九・九刑集一二・一三・二八八二、〔研究〕藤木「不作為による放火罪について」警察学論集一二巻三号一頁以下、高橋「不作為による放火罪」法学雑誌六巻二号九七頁以下)。

と判示する(本判例の第一審判決は岐阜地判昭三一・四・二〇判時七八・二八であり、控訴審判決は名古屋高判昭三一・一〇・四高裁特報三・二〇・九六七である。両判決とも本判例と同旨である。なお、同旨の判例としては甲府地判昭三六・六・二九下級刑集三・五―六・五八五がある)。

本事案をみるに、火鉢の炭火の過熱によるボール箱入原符と木机への延焼は被告人の過失行為によ

るものであつて、自己の先行行為による消火義務は認め得るし、又、容易に消火し得る状態にあつたことも認め得るところである。上告理由は、本判例が「既発の火力又は危険を利用する意思」を必要としない点に関して、前述の大審院判例に違反すると主張している。しかしながら、前述の【38】【39】はこの意思が明確に認められた事案に関するものであつて、この意思がない場合にも不作為による放火罪の成立を認め得るか否かについては何ら判示していないのである。それ故に、直接に判例の牴触という問題は生じないのである。

なお、本判例と同旨の注目すべき仙台高等裁判所判例が存する。

【41】「自己の放火罪に該当しない行為に因つて火を発せしめた者は、その火が刑法一〇八条以下に記載の物件に延焼する虞ある場合には、之を消止めることができる限り、その火を消止める義務があることはもちろんで、そのような者がそのような火を、消火に必要な手段をとらないで之を放置したときは、その意図がその火力を利用してその物件を焼燬するにあるときはもちろん、特にその火力を利用するというほどの積極的な意図がなくとも、右のような結果の発生を認識しながらあえて之を認容する意思を以てした場合でも、放火罪は成立するものと解するのを相当とする」(仙台高判昭三〇・四・一二高裁特報二・八・二九五。本判例にあつては、具体的事案においてはこのような認識、認容が認められないとして放火罪の成立を認めていない。なお、同旨と解せられるものとしては、高松高判昭二六・五・二五特一七・一二がある)。

そこで以下において、不作為による放火罪の成立には「既発の火力又は危険を利用する意思」を必要とするか否かについて若干検討することとする。

(イ)　この問題に関する前述の牧野博士、小野博士の見解(前述三三一四頁)には充分な論証がなされていない。ところが、藤木助教授は【40】の判例についての研究において、特にこの「既発の火力又は危険を利用する意思」の重要性を認め、故意を主観的違法要素となす目的行為論の立場よりつぎの如く主張する。故意は行為の違法性を根拠づける要素の一つであるが故に、不作為による放火罪の故意が未必の故意で足るか、確定的故意を要するかが問題となる。不純正不作為犯を認めるか否かの問題は個々の構成要件の解釈に帰着するが故に、不作為による放火という概念は放火という概念の拡張解釈によるべきであつて、罪刑法定主義堅持の見地から、それは例外的、制限的であるべきである。勿論、不作為が作為と同視される程度はその時の法思想を反映して一定しない。今日の法思想は極端な個人主義でもなく極端な団体主義でもないが、いずれかといえば個人主義的思想が優位を占めているというべきであろう。従つて、不作為は相当の範囲看過放任されるべきである。そこで、「作為義務の重大性ということだけではなく、犯人の、結果に対する強い積極的態度が、不作為を強度の、作為と同視し得るだけの違法性あるものと認めるための要件であると解するには充分な合理的根拠があるというべきである。すなわち大審院が、消火義務、消火の可能性と並んで、既発の火力ないし危険を利用する意思をその要件に加えたのは、無用のことではなく、かえつて、すぐれた創見であり、あらためてその価値を再確認しなければならないように思われる。これを換言すれば、不作為による放火罪の成立を認めるためには、未必の故意では足りず確定的故意を要するものと解すべきではないかということである」(藤木前掲(一)四一五頁)と。この藤木助教授の見解をみるに、目的行為論については疑問をもつているが、それは措き、この意思を必要とするについての論証は充分なものであるとはいい得ないと思う。不作為が作為と同視される程度はその時の法思想を反映して一定でない点については夙に牧野博士および木村教授によつて指摘されたところであるが（牧野・刑法研究八巻四七頁、木村・刑法解釈の諸問題一八五頁以下）、現在の法思想は極端な個人主義でもなく極端な団体主義でもないのであつて、たとえ個人主義的思想が優位を占めているというべきであると解したとしても、不作為が作為と同視される範囲は相当広く認め得るのである。そして又、前述の如く、不純正不作為犯の問題は構成要件該当性の問題であり、構成要件の解釈問題である。構成要件の解釈は当該犯罪の本質を基礎とすべきである。放火罪の本質についてみれば、それは公共危険罪である。それ故、その点よりその構成要件を解釈すべきは当然である。従つて、その構成要件の解釈にあたつて、社会的利益を充分考慮に入れなければならないが故に、不作為を作為と同視する範囲は広く認め得ると解するのである。そこで、「既発の火力又は危険を利用する意思」を要件とすることなく、作為義務の重大性という点よりして不作為を作為と同視し得るだけの違法性あるものと認めることも合理的根拠がないとはいい得ないと解する。

つぎに、「既発の火力又は危険を利用する意思」と未必的故意との関係についてみることとする。前述の如く、藤木助教授は、この意思を不作為犯成立の要件に加えることは確定的故意を要するものと解すべきではないか、となすのであるが、この両者が必ずしも結合されるものではないことは前述の小野博士および【39】の判例よりして明白である。この意思と未必的故意との関係については、認識説の立場よりすれば未必的故意を認めるについてこの意思を必要としないであろうが、認容説をとられる小野博士は未必的故意の成立にはこの意思を必要とすると解されること前述のとおりである（前述三三―四頁。同旨、井上「不作為犯」刑法演習総論一三頁）。しかしながら、故意の成立には動機・目的の有無を問わないのであつて（木村・総論二〇六頁参照）、結果発生の可能性を認識し、その結果が発生しても構わないとして結果の発生を認容した場合に未必的故意の成立を認め得るのである。認容説の立場をとるとしてもこの意思が未必的故意の成立に必要であるとなす見解には疑問をもつている。

（ロ）なお、この【40】の判例において注目すべき点は「認容」という用語を最高裁判所の判例においてはじめて採用していることである。判例は従来未必的故意に関して、認識説をとつていたのであるが、認容説をとつていると解される判例も存する。たとえば、最高裁判所の判例にあつて、結果発生の可能性の認識があり、しかも「敢て」行為に出た場合に未必的故意あるとなす如く、認容説と同一の見解をとるものも存在する（最判昭二三・三・一六刑集二・三・二二九）。又、高等裁判所にあつても、「容認」を必要とするとなすものもあり（福岡高判昭二五・九・二六刑集三・四三八、名古屋高判昭三一・一〇・四高裁特報三・二〇・九六七）、さらに前述の【41】にあつては「認容」という用語を用い明らかに認容説をとつている。このような判例の傾向に対して、本最高裁判所判例が明白に「認容」という用語を採用し認容説に立つたことは重要な意義が存すると解されるのである。

二　実行の著手

放火罪の行為は、前述の如く、火を放つて客体を焼燬することである。この火を放つ行為すなわち焼燬に対して原因力を与える行為の開始が実行の著手である。実行の著手の概念をいかに解するかについては、学説上、客観的行為を標準として実行の著手を決定しようとする客観説と内部から行為者の主観を標準として決定すべきであるという主観説が対立しているが、判例は客観説に立つているといい得るであろう（詳細については大塚「実行の著手」総合判例研究叢書刑法(3)三頁以下参照）。放火罪の実行の著手に関する【42】以下の判例も客観説をとつていると解せられるのであるが、これ等判例に関しては学説上異論は存しない。

火を放つ行為は作為によると不作為によるとを問わないこと前述のとおりである。そして、不純正不作為犯にあつても未遂が成立することは認められている。その実行の著手は通常の作為犯と同様に解し得るであろう。前述の判例【38】【39】【40】【41】は実行の著手については直接論じてはいないのであるが、間接にこの点を明らかにしていると解し得る（一不作為による放火参照。なお、前述三三―四頁の【39】に関する牧野博士と小野博士の見解はそれぞれ実行の著手に関する主観説と客観説に基づいていると解し得る）。

なお、放火罪の既遂時期すなわち焼燬の概念に関しては、後述の如く、独立燃焼説、効用滅却説等学説、判例上争われているのであるが、これ等の見解はその著手の時期を論ずる場合にもおのずから相違を来すべきであろうが、実際上は特に論ぜられるところはない（安平・各論下三〇頁、大塚前掲二三頁参照）。

つぎに放火罪の実行の著手に関する判例を挙げることとしよう。

（一）　放火の目的で他人の住居に侵入しただけでは、放火の実行に著手したとはいい得ない。

【42】　「家宅侵入ノ行為ハ本件ノ如ク放火ノ目的ヲ以テ為シタル場合ト雖モ放火ノ行為トハ全ク異別ノ行為ニシテ其一部ヲ成スモノニアラサレハ……」（大判明四三・二・二八刑録一六・三四九）。

（二）　しかし、直接に目的物に点火することなくして、目的物焼燬の故意をもつて、間接に伝火すべき媒介物に点火して媒介物から目的物に延焼する可能性が生じた以上、現実にはなお延焼に至らなくても目的物の放火の著手が認められるべきである（泉二・各論一五二頁、宮原前掲「放火罪」六九七頁、大塚前掲二四頁参照）。これは放火罪が危険犯である性質から明らかなことであろう（【49】参照）。以下の判例はこのような趣旨を示したものである。

(1)　まず、発火装置が自然発火して、導火材料から客体に火力を及ぼすべき状態にある場合には、放火の著手があったものと認められる（宮原前掲六九七頁、大谷「放火罪」刑事法学辞典七〇八頁）。原審認定の事実は、

某居宅の八畳の部屋の押入上段に積重ねた布団の上に新聞紙二、三枚を丸めその上に燐寸の棒約三十本を載せ、煙草一本に燐寸で点火し、これを右の燐寸棒の硫黄に接続して並べて置き自然発火する装置を施した

というのである。これについて、

【43】「判示被告人ノ施シタル発火装置ハ放火ノ準備行為ナルモ自然ニ発火シテ導火材料ヲ経テ放火ノ物体ニ火力ヲ及ホスヘキ状態ニ在ルヲ以テ其ノ装置ヲ以テ放火手段ト認ムルモ何等理由不備ノ違法アル モ ノ ニ 非ス」（大判昭三・二・一七評論一七刑法一四六、新聞二八三三・一三）。

と判示する。

(2)　つぎに、建造物焼燬の目的で導火材料に点火して、その燃焼作用の継続により建造物に延焼する可能性を生じた場合には、建造物放火についての実行の著手が認められる。

住宅を焼燬し家具に延焼せしめようと企て、古綿および布切れに石油を注ぎ同住宅台所横板壁の外側の古竈上に載せ、燐寸でこれに放火したが、他人に消し止められて住宅焼燬の目的を遂げなかった

という事実に関し、

【44】「所論放火ノ手段カ家屋ニ伝火シ得ヘキモノタルハ物理上明白ニシテ刑法第百八条ノ犯罪ノ著手アリタルモノト謂フヘキハ亦言ヲ竢タス」（大判大三・一〇・二刑録二〇・一七八九）。

と判示する。その他、

【45】「直接ニ被告ノ目的トセル他人ノ住宅ニ放火セスシテ間接ニ導火材料ノ燃焼作用ヲ藉リテ目的タル住

宅ヲ焼燬シ得ヘキコトヲ認識シ導火材料ニ点火シ其燃焼作用ヲ継続シ得ヘキ状態ニ措キタル場合ニ於テハ未タ住宅ニ延焼セサルトキト雖モ刑法第百八条ヲ以テ論スヘキ罪ノ未遂ヲ構成スル」（大判大三・一〇・一三刑録二〇・一八四八）。

【46】「間接ニ導火材料ノ燃焼作用ヲ藉リテ其ノ目的トセル住宅焼燬ヲ企テ該材料ニ点火シテ其ノ燃焼作用ノ継続シ得ヘキ状態ニ措キタル以上ハ則チ犯罪ノ著手アリタルモノニシテ未タ該住宅ニ延焼セサルトキト雖放火罪ノ未遂罪ヲ構成スルモノトス原判決ノ認メタル第二事実ハ論旨所掲ノ如ク被告人ハ（中略）住宅ト店舗トノ間（両者ノ間隔ハ五尺七寸位）ニ設造セラレタル炊事場ノ一隅ニ在リタル木箱中ノ鉋屑ニ燐寸ヲ以テ放火シタルカ之亦発火後安部巌等カ直ニ発見シテ消火ニ努メタル為右鉋屑ヲ焼キテ鎮火シ焼燬ノ結果ヲ見ルニ至ラスシテ止ミタルモノナリト云フニ在リテ間接ノ導火材料タル鉋屑ニ点火シテ燃焼作用ヲ継続シ得ヘキ状態ニ措キタルモノト解スヘキヲ以テ放火予備行為ニ非スシテ放火未遂罪ニ該当スルコト洵ニ明ナリ」（大判昭七・四・三〇刑集一一・五五八、〔研究〕飯塚・論攷四五八頁。同旨、大判大二・一一・二一新聞九一四・二八、同大一四・二・一八刑集四・五九、朝鮮高判大五・九・七判例一刑事判例三四〇。なお、判例体系三二・二六一（5）参照）。

がある。

(3)　右と同様に現住建造物焼燬の目的でこれに近接する非現住建造物に放火して、その燃焼作用により現住建造物に延焼し得べき状態を生じた場合には、現住建造物に対する放火の著手が認められる（木村・各論二一〇―一一頁、小野・各論七八頁、団藤・各論一一四頁、江家・各論九一頁、福田・各論七八頁、宮内・各論講義中巻二一六頁、日原・講義下巻一五七頁）。

住宅に近接する物置の一部焼燬の場合、

【47】「人ノ住居ニ使用スル建物ヲ焼燬スルノ目的ヲ以テ他ノ建物ニ放火シ其ノ燃焼作用ニ依リ同住宅ヲ焼燬シ得ヘキ状態ニ措キタルトキハ未タ同住宅ニ延焼セサルトキト雖住宅焼燬罪ノ未遂犯ヲ構成スルモノトス」（大判大一二・一一・一二刑集二・七八一、同旨、同昭二・一〇・二五新聞二七六二・一一、同昭四・五・三一法律新報一八八・一六、同昭七・六・二九新聞三四六九・一二、同昭一四・二・二二判例全集六・七・五三、福岡高宮崎支判昭二六・七・二七特一九・一五九）。

住宅に近接する空家の一部焼燬の場合、

【48】「人ノ住居ニ使用スル建物ヲ焼燬スルノ目的ヲ以テ之ニ接近セル人ノ住居ニ使用セス又ハ人ノ現在セサル建物ニ放火シ其ノ火勢猶未タ人ノ現住セサル建物焼燬罪ノ未遂犯ヲ構成スルニ過サルトキト雖其ノ燃焼作用ニ依リ住宅焼燬ニ至ルヘキ状態ヲ惹起シタルモノナルヲ以テ住宅焼燬罪ノ予備ノ程度ヲ超エ住宅焼燬罪ノ未遂犯ヲ構成シ人ノ現住セサル建物焼燬罪ノ未遂犯ヲ構成スルモノニ非ス又其ノ火勢既ニ右人ノ現住セサル建物焼燬罪ノ既遂犯ノ程度ニ達シタルトキト雖右建物ハ住宅焼燬ノ媒介タルニ過サルヲ以テ住宅ニ延焼シ且之カ焼燬ノ程度ニ至ラサル限ハ猶住宅焼燬罪ノ未遂罪ヲ構成スルニ過スシテ人ノ現住セサル建物焼燬罪ノ既遂犯ヲ構成スルモノニ非ス」（大判大一五・九・二八刑集五・三八三）。

住宅に接続する倉庫壁板の一部焼燬の場合、

【49】「放火罪ハ公共的法益ニ属スル静謐ヲ侵害スル行為ニシテ所謂公共的危険罪ニ処スルヲ以テ現ニ人ノ住居ニ使用シ又ハ人ノ現在スル建築物ヲ焼燬スル目的ヲ以テ現ニ人ノ住居ニ使用セス又ハ人ノ現在セサル建造物ニ放火シ因テ未遂ニ終リタルトキト雖其目的物ハ各別個ニ観察スヘキニ非スシテ之ヲ包括的ニ観察スヘク其ノ所為ハ当然一罪ヲ構成シ刑法第百十二条第百八条ニ問擬シテ処断スヘキモノトス」（大判大一五・一〇・二七新聞二六四二・一五）。

住宅に接近した便所の一部燻焼の場合、

【50】「人ノ住居ニ使用スル家屋ヲ焼燬スル目的ヲ以テ之ニ接近セル便所ニ放火シ其ノ燃焼作用ニヨリ前者ノ延焼ヲ惹起スヘキ状態ヲ作為シタル以上刑法第百八条ノ放火罪ノ実行ニ著手シタルモノニ該当シ最早其ノ予備ノ問題ヲ生スル余地ナク而カモ斯ル場合ニ於ケル犯人ノ行為トシテハ便所ニ放火スルコトニヨリテ終了シ爾後ハ其ノ行為ニ因ル結果発生ノミノ問題トナリ延焼ヲ惹起スレハ其ノ既遂トナリ之ヲ惹起セサレハ其ノ未遂トナルモノトス」（大判昭八・七・二七刑集一二・一三八八）。

なお、以上の場合にあって、放火した非現住建造物と目的物である現住建造物との間に他の建造物が介在していたとしても、互に相近接している場合には、現住建造物に対する放火の著手が認められ

る（大塚前掲二六頁、日原・前掲書一五七頁）。

焼燬しようとする住宅に物置および他の住宅を隔てて隣接する納屋の壁際にある伝火材料に点火した場合に関し、

【51】「人ノ住居ニ使用スル建造物ヲ焼燬スル目的ヲ以テ人ノ住居ニ使用セサル附近ノ建造物ニ放火シタルトキハ右両建造物ノ間ニ二、三ノ建造物介在スルモ孰レモ互ニ相隣接スル場合ニ於テハ犯人焼燬ノ目的タル人ノ住居ニ使用スル建造物ノ延焼ヲ惹起シ得ヘキ状態ニ置キタルモノニ外ナラサレハ其ノ行為ハ刑法第百八条放火罪ノ実行ニ著手シタルモノト謂フヘキヲ以テ縦令犯人意外ノ障礙ニ因リ人ノ住居ニ使用セサル建造物スラヲモ焼燬スルニ至ラサルモ同条ノ放火未遂罪ヲ構成シ同法第百九条第百十二条ヲ適用処断スヘキモノニ非ス」（大判昭八・七・八刑集一二・一二〇四）。

と判示する。又、【46】と同一判例においてであるが、

【52】「現ニ人ノ住居ニ使用スル建物ヲ焼燬スル目的ヲ以テ人ノ住居ニ使用セサル建物ニ放火シ之ヲ焼燬シタルモ人ノ住居ニ使用スル建物ニ延焼セシムルニ至ラサリシトキハ人ノ住居ニ使用スル建物焼燬罪ノ未遂ヲ以テ論スヘキコト本院判例ノ存スル所ナリ（大正十五年九月二十八日判決）原判決ノ認メタル事実ニ依レハ被告人ハ（中略）昭和六年二月二十二日午前五時半頃三尺ノ路次ヲ隔テ被告人カ高木蔵太郎ヨリ賃借セル住宅ヲ焼燬センコトヲ企テ該住宅ト相対セル寿屋事大杉吉之助ノ居宅北東隅ノ下見板ニ石油ヲ注キタル上其ノ北側下見板ニ接着シテ築造セラレタル魚亀事久磯次郎所有ノ物置内ニ収納セラレ居リタル枯松ノ粗朶類ニ携ヘ行キタル燐寸ヲ以テ放火シタルカ幾何モナク他人ノ発見消止ムル所トナリテ該粗朶及下見板ノ一部ヲ燻焦セシメタルニ止マリ所期ノ目的ヲ遂クルニ至ラスト云フニ在リ而シテ導火材料タル粗朶ヲ焼燬シタル以上ハ後記説明ノ如ク放火未遂ヲ以テ論スルニ十分ナルノミナラス放火罪ニ於テハ放火ハ手段ニシテ燻焦ハ火力ノ作用ニ依リ燃焼物ノ炭化セル結果ヲ指斥セルモノニシテ刑法第百八条ニ所謂焼燬ニ外ナラスト解スヘキヲ以テ原判決ニ於テ右所

為ニ対シ刑法第百八条第百十二条ヲ適用シタルハ正当ニシテ所論ノ如ク法律ノ適用ヲ誤リタルモノニ非ス」（大判昭七・四・三〇 新聞三四二三・七）。

となしている（なお、本判例の後半部分において焼燬についての説示があるが、これについては後述四、一焼燬参照）。

三　未遂・予備および不能犯

（一）　未遂　　刑法一〇八条、一〇九条一項の罪に関しては、その未遂罪が認められている（刑一一二）。すなわち、刑法一〇八条、一〇九条一項の客体についての放火の実行に著手したが焼燬するに至らなかつた場合にその未遂罪が成立する。判例にあつては、後述の如く、焼燬について独立燃焼説をとるが故に未遂を認める余地が甚だ少ないこととなる（後述四、一焼燬参照）。

未遂について問題となるのは障碍未遂と中止未遂との区別である。障碍未遂は意外の障碍によつて焼燬に至らなかつた場合であり、中止未遂は「自己ノ意思ニ因リ之ヲ止メタ」場合である（刑四三但書）。行為者の意思に関係のない事情によつて焼燬に至らなかつた場合、たとえば、前述二実行の著手において挙げた【44】【46】【52】の如く、他人によつて消し止められて焼燬に至らなかつたという場合の如きは障碍未遂であることは明らかであるが、問題となるのは、行為者の意思が原因となつている場合をどのように区別すべきかという点である。

以下においてこの両者の区別に関する放火罪についての判例の態度を考察しよう（中止未遂に関する判例の詳細については香川「中止犯」総合判例研究叢書刑法(3)六三頁以下参照）。

(1)　障碍未遂　　中止未遂は、前述の如く、犯罪の実行に著手したが「自己ノ意思ニ因リ之ヲ止メタ」場合をいうのである。従つて、中止未遂であるためには、「自己ノ意思ニ因リ」と「止メタ」という二要件を必要とする。この要件を具備しない場合が障礙未遂である。そこで、この二要件をいかに解するかが問題となる。

（イ）「自己ノ意思」の意義　まず、中止未遂の成立には「自己ノ意思」すなわち任意に止めたことが必要である。任意性を定める標準に関しては学説上争がある。第一説は、外部的障礙の有無によつて任意性を限界づけようとし（小野・総論一八六頁）、第二説は、広義の後悔による場合のみが任意であるとなし（宮本・大綱一八四頁）、第三説は、「未遂ニ至レル関係カ、経験上、犯罪ノ既遂ト為ルコトニ、通常、妨害ヲ与フヘキ性質ノモノナリヤ否」によつて区別すべきであるとなす客観的立場である（牧野・日本刑法上巻三〇四頁）。なお、木村教授は「一般の経験上意思に対して強制的影響を与へるやうな事情がないとき、又は、さうした事情の表象がなくて為された行為が任意である」とされる（木村・全訂新版新刑法読本二五八頁）。このような客観的立場が通説である（学説の詳細については平野「中止犯」刑事法講座二巻四一二頁以下参照）。

放判例は第一説と同じ見解をとるものが多いのであるが（たとえば、大判大二・一一・一八刑録一九・一二一二、同大二・一二・一三刑集一・七四九、同昭一一・三・六刑集一六・二七二等）、火罪に関する判例は通説である客観的立場をとつている。犯罪の発覚を恐れて自ら消火した場合は任意性がないが故に障礙未遂であるとなす。

【53】「被告人清治カ放火ノ媒介物ヲ取除キ之ヲ消止メタルハ放火ノ時刻遅ク発火払暁ニ及フ虞アリシ為犯罪ノ発覚ヲ恐レタルニ因ルモノナルコトヲ認ムルニ足ルヘク犯罪ノ発覚ヲ恐ルルコトハ経験上一般ニ犯罪ノ遂行ヲ妨クルノ事情タリ得ヘキモノナルヲ以テ右被告人ノ所為ハ障礙未遂ニシテ之ヲ任意中止ヲ以テ目スヘキモ

ノニアラス」（大判昭一二・九・二一刑集一六・一三〇三、〔研究〕牧野「犯罪の発見を恐れたることと中止犯」研究七巻四五六頁以下）。

犯罪の発覚を恐れて中止した場合は、障礙未遂であるか中止未遂であるかについては学説が分れている（木村「中止未遂の概念」刑法の基本概念二五一頁以下、同・総論三六四頁註六参照）。牧野博士は「発見を恐れるということは、畢意、経験上一般に犯罪を不完成ならしめるものであつて、それだけでその場合に障礙未遂の成立を認めるのは当然であると考えるのである」（牧野・総論三五一頁、なお、同・前掲研究七巻四五六頁以下参照）、とされて判例を肯定される。これに対して、木村教授は前述の任意性に関する見解より「具体的場合において、発覚によつて『早晩』告発・逮捕・処罰を免れないと考えた場合と、発覚の『暁』は告発・逮捕・処罰等により社会的不名誉を蒙ることを虞れた場合を区別して論じ、前の場合が普通であり、その場合は障礙未遂と解し、これに対して、後者の場合は中止未遂と解すべきであろう」とされる（木村・総論三六四頁註六、なお、同「中止未遂の概念」二六七頁参照）。又、香川教授も本判例に関して「行為者の意識現象が客観的に評価されなければならない。……単純に発覚をおそれての中止だから、任意性を欠くとする判旨には疑問である」となしている（香川前掲九〇頁）。発覚を恐れて中止した場合は、普通一般には、一般の経験上意思に対して強制的影響を与える動機を原因とするが故に障礙未遂であると解せられるのであるが、木村教授の所説の如く、必ずしもそうであるとは限らない。「問題は、行為者が中止に至りたる動機の具体的内容を正確に認定し、その認定せられたる事情を基礎として、一般的経験の判断に従つて、右の事情の表象が普通意思に対して強制的影響を与へるものなりや否やを判定することによつて解決せらるべきで」（木村前掲「中止未遂の概念」二六七頁）あろう。この点判旨には疑問がある。

発覚の恐れで中止した場合以外に、放火罪に関する判例では直接論じたものはないが、恐怖驚愕による中止（【63】参照）或は嫌悪の情による中止等の場合も右と同様に解すべきである（香川前掲八八頁以下参照）。そして、犯行中止の動機については、その倫理性を必要としないと解するのが通説である（牧野・日本刑法上巻三〇六頁註一〇、滝川幸辰・犯罪論序説一九〇頁、木村・総論三六五頁、小野・総論一八六頁、安平・総論三一八頁、市川・総論一二六頁、団藤・綱要二七一頁、植松・総論二四三頁。M. E. Mayer, Strafrecht, 1923, S. 372; Schönke-Schröder, Strafgesetzbuch, Kommentar, 8. Aufl., S. 207-c; Welzel, Das deutsche Strafrecht, 6. Aufl., S. 172; Maurach, Deutsches Strafrecht, Allg. Teil, 1954, S. 451. 反対、宮本・大綱一八三頁以下）。

つぎに、任意といい得るためには、犯行の意思を終局的に放棄する必要があるかという問題がある。学説上、これを必要とする説（Welzel, ibid. S. 172）も存するが、これを必要としないと解するのが妥当であろう（牧野・前掲書三〇七頁註一二、宮本・前掲書一八四頁、木村・前掲書三六六頁、小野・前掲書一八六頁、市川・前掲書一二七頁。Maurach, ibid. S. 451f. なお、この問題は、任意性の問題としてではなく、「止メタ」か否かの課題として取り扱うべきであるともされている。平野「中止犯」刑事法講座二巻四一〇頁参照）。判例も、犯行の意思の放棄と任意性とは関連がないとしていると解せられる。

【54】「苟クモ一定ノ犯意ヲ以テ之カ実行行為ニ出テタル以上爾後犯意ヲ飜スコトアリトスルモ自己ノ意思ニ因リテ犯罪ノ実行ヲ中止スルカ又ハ結果ノ発生ヲ防止スルニ非スンハ行為者ノ責任ニ何等ノ消長ヲ来スモノニ非ス」（大判昭七・一〇・八刑集一一・一四四四）。

（ロ）「止メタ」の意義　「止メタ」とは著手した犯罪の完成を阻止する行為である。著手未遂にあっては行為者が実行中の犯罪をその終了前に止めることで足りるが、実行未遂は行為者がその結果発生を積極的に防止することを要する。そして、中止未遂は未遂の一態様であるが故に、中止未遂であるためには、結果の発生のないことを要する（木村・前掲書三六七頁、三六八頁註一三、小野・前掲書一八七頁、団藤・前掲書二七三頁、植松・前掲書二四六頁。これに対して、牧野博士および市川教授は、真摯な中止行為があった以上犯罪が完成しても中止未遂となるとされる。牧野・総論三六五頁、市川・前掲書一二八頁。又、江家博士も準中止未遂としてこの点を肯定される。江家・総論一六〇―一頁。なお、香川前掲六八頁参照。しかしながら、これ等の見解は立法論としてはともかく、解釈論としては無理であろう）。

この点に関して、判例は、放火現場におもむき、火が消えていると信じて消火行為をなさず、後に発火した、という事案に関し、

【55】「被告人カ所論ノ如ク放火後其ノ現場ニ到リ火ハ既ニ消エタルモノト信シテ消火行為ニモ出テス其ノ儘帰宅シタル事実アリトスルモ之ヲ目シテ犯罪ノ実行ヲ中止シ又ハ結果ノ発生ヲ防止シタルモノト為スコト能ハサルハ勿論」(大判昭七・一〇・八刑集一一・一四四四、【54】と同一判例である)。

と判示する。

又、中止未遂であるためには、自己の発意によつて結果の発生を防止することが必要である。この場合結果発生の防止は独力でこれをなすことを要するかが問題となる。この点に関し、判例は最初、

【56】「原判決ニハ被告人カ近隣ノ人々ト共ニ消防ニ尽力シタル事実ヲ認定セサルノミナラス縦令所論ノ如ク被告人カ近隣ノ人々ト消防ニ助力シタル事実アリトスルモ右ハ被告人自発ノ意思ニ因リテ放火行為ニ著手後其ノ結果ノ発生ヲ独力防止シタルモノニ非サレハ刑法第四十三条但書ノ場合ニ該当セス」(大判昭二・一〇・二五評論一六刑法三二二)。

と判示し、独力の防止を必要となした。このように解する立場よりは第三者の介入は中止未遂から一切排除されることとなる。しかしながら、その後、「少クトモ犯人自身之カ防止ニ当リタルト同視スルニ足ルヘキ程度」の真摯な努力を払う必要があるとその見解を拡張している。

放火の実行に著手後逃走の際、火勢をみて恐怖心を生じ、放火したから宜敷く頼むと叫びながら走り去り、その後他人によつて消火された、という事案についてつぎの如く判示する。

【57】「刑法第四十三条但書ニ所謂中止犯ハ犯人カ犯罪ノ実行ニ著手シタル後其ノ継続中任意ニ之ヲ中止シ若ハ結果ノ発生ヲ防止スルニ由リ成立スルモノニシテ結果発生ニ付テノ防止ハ必スシモ犯人単独ニテ之ニ当ル

ノ要ナキコト勿論ナリト雖其ノ自ラ之ニ当ラサル場合ハ少クトモ犯人自身之カ防止ニ当リタルト同視スルニ足ルヘキ程度ノ努力ヲ払フノ要アルモノトス今本件ヲ観ルニ原判決ノ確定シタル事実ニ依レハ被告人ハ本件放火ノ実行ニ著手後逃走ノ際火勢ヲ認メ遽ニ恐怖心ヲ生シ判示磯山隆男ニ対シ放火シタルニ依リ宜敷頼ムト叫ヒナカラ走リ去リタリト云フニ在ルヲ以テ被告人ニ於テ放火ノ結果発生ノ防止ニ付自ラ之ニ当リタルト同視スルニ足ルヘキ努力ヲ尽シタルモノト認ムルヲ得サルカ故ニ被告人ノ逃走後該磯山隆男等ノ消火行為ニ依リ放火ノ結果発生ヲ防止シ得タリトスルモ被告人ノ前示行為ヲ以テ本件犯罪ノ中止犯ナリト認ムルヲ得ス」（大判昭一二・六・二五刑集一六・九九八、〔研究〕牧野「中止行為の真摯性」研究七巻四四九頁以下、草野「放火罪と中止犯」法律論叢一六巻一一号七六頁以下、なお同旨、東京高判昭二六・一二・二四特二五・一一五）。

学説もこの判例の見解をとっている（木村・前掲書三六六頁、団藤・前掲書二七三頁、二七四頁註九、植松・前掲書二四六頁、日原・講義上巻一二三頁。牧野博士は、この点から「中止行為たるには、一定の行為が現に中止の結果を発生しただけでは足りないので、その行為自体において中止の能力あるものでなければならぬ」とされる。牧野前掲四五二頁）。このような見解の結論として、第三者の行為を利用する場合も中止行為となり得ることとなるのである。本事案にあつて、「放火シタルニ依リ宜敷頼ム」と叫んで逃走した行為は「防止ニ当リタルト同視スルニ足ルヘキ程度ノ努力」とみなし得るかについて、草野博士は「特別の知識技能を要する場合ならば格別、消火の如きは何人でも能くする所であるが故に、被告人に放火に因る焼燬なる結果発生防止の行為ありたりと認むるには、叔父磯山等と共に現場に立戻り消火其のものに与る所がなければならなかつた」とされる（草野前掲八三頁）。特別の知識技能の有無を問題とするのは疑問であるが、消火の依頼だけでは真摯な努力があるとはいい得ない（前掲、東京高判昭二六・一二・二四特二五・一一五は、恐怖のため、火事だと連呼しただけの場合であるが、これも当然真摯な努力があつたとはいい得ない）。

そこで、結果発生防止が行為者自身の発意による以上、他人の協力を得た場合も中止未遂である。

しかし、他人の発意にもとづく消火行為に行為者が協力したにとどまる場合は中止未遂でない（木村・前掲書三六六頁、三六七頁註九、植松・前掲書二四六頁、日原・講義上巻一二三頁）。事実は、店舗に放火したが、店員に発見され、被告人はその消火に協力した、というのである。

【58】「他人ニ於テ犯罪ノ完成ニ要スル結果ノ発生防止ニ著手シタル上犯人ニ於テ之ニ協力シ因テ右結果ノ発生ヲ防止シ得タル場合ニ於テハ右結果ノ発生防止ハ犯人ノ自発ニ出タルモノニ非スシテ他人ノ発意ニ基クモノニ外ナラサルニ依リ犯人ノ協力ハ最早障礙未遂犯ノ成立ヲ阻却スルノ効力ナク中止犯ヲ以テ論スルコトヲ得ス」（大判昭六・一二・五刑集一〇・六八八、〔研究〕飯塚・論攷四五六―七頁。飯塚氏はここで、「他人の消火に努むるを知るに先んじて既に犯行の中止を決意し、因て出火の現場に到りたる後、始めて他人の既に消火に努め居るを認めて之と協力消火したるものなるときは、被告に中止の利益を帰せしめ得べき場合が有り得やう。即ち、他人の活動のみを以てしては未だ結果を防止するに足らず、被告の協力を俟つて始めて能く其の防止に成功したるが如き場合である」とされるが、本事案に関しては判旨を正当とされる）。

又、行為者が積極的に結果発生を防止することを要するのであつて、結果の不発生が行為者の中止行為と関係のない場合は、中止未遂ではない。行為者が消火に努力したが効なく、他人によつて結果が防止された場合は障礙未遂である（木村・前掲書三六七頁註一〇、小野・総論一八七頁、滝川幸辰・序説一九一頁、滝川春雄・総論講義一六六頁、宮原前掲六九八頁、日原・前掲書一二五頁。これに対し、団藤教授は「結果の発生を防止する行為は、防止のための真摯な努力を示す行為でなければならない。そうして、かような中止行為がある以上、未遂に終つたことがその中止行為の結果であることは必要でないと解すべきではあるまいか」とされる。団藤・綱要二七三頁、二七四頁註一〇。なお、香川前掲八一頁参照。又、草野博士は、前出【58】および【59】に関してであるが、「行為者が一定の犯行に出でた後、他人に先んじて又は後れて結果の発生を防止するの行為に出で、而してよく他人の行為と相俟つて結果の発生を防止し得た様な場合は、なほ中止犯を以て解し得るのであるまいかと疑ふのである」と通説、判例に疑問を提起されている。草野・刑事判例研究一巻八三頁）。

【59】「刑法第四十三条但書ノ自己ノ意思ニ因リテ之ヲ止メタリトシテ刑ノ減軽又ハ免除ヲ為サンニハ犯人自ラ犯罪ノ完成ヲ現実ニ妨害シタル事実ノ存スルコトヲ必要トスヘク原判示ノ如ク被告人自ラ点火シタル麻縄ノ揉消ヲ試ミタルモ消火ノ効ナク被告人以外ノ者ニ於テ犯罪ノ完成ヲ現実ニ妨害シタル場合ニ在リテハ同条但書ヲ適用スルヲ得サルヲ以テ原判決ニ所論ノ如キ違法存セス」（大判昭四・九・一七刑集八・四四六）。

そして又、他人が消火をなした後において行為者が消火行為をなしたとしても中止未遂の成立はない。

【60】「原判決ニ依レハ被告ハ判示ノ如ク放火ヲ為シタルモ隣人等ニ於テ之ヲ発見シテ消止メタル為焼燬ノ目的ヲ遂ケサルモノナルカ故ニ障礙未遂罪ヲ以テ論スヘキコト当然ナリトス而シテ所論ノ如ク仮ニ被告カ隣人等ノ所為ニ因リ消火シタル後ニバケツヲ以テ水ヲ注ク等ノ行為ヲ為シタリトスルモ自己ノ意思ニ因リ実行ヲ止メタルモノト謂フコトヲ得サルカ故ニ中止犯ヲ以テ論スヘキ限ニ在ラス」（大判昭七・四・一八刑集一一・三八〇、〔研究〕草野「放火犯人の消火行為と中止犯」研究一巻七七頁以下、飯塚・論攷四五七―八頁）。

つぎに、中止未遂成立には結果発生のないことを要するが故に、既遂成立後は中止未遂はあり得ない。

【61】「他人ノ家屋ヲ焼燬スルノ目的ヲ以チ之ニ火ヲ放チ独立燃焼ノ力ヲ生スルニ至リタルトキハ放火罪ハ既遂トナルモノナレハ縦令其ノ後ニ於テ焼燬ノ意思ヲ飜シ消防ノ為メ救援ヲ求メタリトスルモ中止未遂ヲ以テ論スヘキモノニ非ス」（大判昭二・六・二九新聞二七一四・一〇、評論一六刑法二四四）（放火罪の既遂時期については学説、判例上議論のあるところであって、この点に関しては四結果一焼燬の項参照）。

なお、結果発生の防止は、結果全部の発生を防止することを要する。従って、一の住宅焼燬の意思で数箇所に放火した場合に、その一箇所について自己の意思によって消し止めただけでは中止未遂とならない（木村・前掲書三六七頁註一一、滝川春雄・前掲書一六六頁、一六八頁註八、日原・前掲書一二七頁）。

【62】「第一審第一回公判調書ニ於ケル被告人ノ供述記載ハ判示二箇所ニ放火シ其ノ一箇所ノミニ付被告人自ラ水ヲ注キ消火シタル旨ノ供述ヲ録取シタルモノニ外ナラス而シテ被告人ニ住宅焼燬ノ意思アリタルコト原判示ノ如シ斯ノ如ク一ノ住宅焼燬ノ意思ヲ以テ其ノ二箇所ニ放火シタル場合ニ於テ自己ノ意思ニ因リ之ヲ止メンニハ須ク其ノ雙方ノ燃焼ヲ消止ムルヲ要スルハ論ヲ待タサル所ナルカ故ニ其ノ中一箇所ニ付既ニ住宅焼燬ノ障碍未遂犯成立シタル以上ハ他ノ一箇所ニ付自己ノ意思ニ因リ之ヲ止メタル事実存スルモ右中止行為ハ最早其

ノ効ナク右放火行為ハ住宅焼燬ノ障碍未遂犯ヲ以テ之ヲ論セサルヘカラサルコト疑ヲ容レサル所ナリ」（大判昭七・六・二九刑集一一・九八五、〔研究〕飯塚・論攷四五八頁以下。飯塚氏は、「放火に用ひた煙草二本中その一方だけが燃え上り、其の他方が例へば自然に消火した為め、之を消すことが無用且不可能となつた場合などには、被告は現に燃え上つた一方の火を消すことのみに依て中止の利益に浴し得べきではあるまいか？　之は疑もなく肯定せねばなるまい。そこで更に煙草の両方が燃え上つた場合に於て、被告が其の一方を消し止めて居る間に、他人がその他方の火を消し止めたとすれば——而して、若し他人の消火行為が無かつたとすれば、被告が当然第一の火を消し止めた後、更に之をも消し止め得べかりしやうな場合であつたとしても、被告は恰かも其の他人の行為ありたるが為めに中止の利益を奪ひ去られねばならぬ訳なのであらうか？」とされている。本判例と同旨の判例としては大判昭一二・一二・二二刑集一六・一六九〇）。

(2)　中止未遂　中止未遂となり得るには、以上の如き要件を要するのであるが、中止未遂の成立を認めた判例としてはつぎの如きものがある。原審認定の事実は、

被告人は別居中の内縁の妻の病の療養費に焦慮して、自分の雇われている歯科医の診療所（他三名の雇人と共に宿泊していた）に放火し混乱に乗じて同家二階に蔵置してある金環を窃取しようと考え、直ちに放火の決意をして診療所階下二畳の間の棚上の古新聞紙に燐寸で点火したため、焔は天井板を燻焦するに至つたが、火勢の熾なのをみて恐怖の念を生じ、自ら火事だと連呼し他の雇人等を起し、一緒に消火に努めたため鎮火した

というのであつて、これに対して、

【63】「判示被告人自カラ火ヲ消シ止メ未遂ニ終リタル事実ハ前段援用ノ被告人ノ第一回予審調書中其供述トシテ自分ハ吃驚シテ火事タ火事タト云ヒテ書生等ヲ起シ一緒ニナツテ火ヲ消シタル旨ノ記載（中略）ニ徴シ之ヲ認ム法律ニ照スニ被告人ノ所為ハ刑法第百八条第百十二条ニ該当スルヲ以テ有期懲役刑ヲ選択シ中止犯ニ係ルヲ以テ同法第四十三条但書ヲ適用ス」（大判大一五・三・三〇判例拾遺一刑法二一）。

と判示する。

本判例をみるに、本事案は、自発的に他人の協力を得て消火に努めたのであるが故に、中止未遂の要件である「止メタ」に該当する。しかし、判旨は中止未遂の成立の根拠として「自分ハ吃驚シテ火

事タ火事タト云ヒテ書生等ヲ起シ一緒ニナッテ火ヲ消シタ」という点を挙げているのであるが、果してこのような場合、「自己ノ意思」によって止めたといい得るか、という点が問題である。恐怖驚愕による中止の場合は一般に任意性がないとされる。しかし、このような場合にあっても、前出【53】に関して述べた如く、動機の具体的内容を正確に把握して任意性の存否を検討すべきである。判旨においてこの点の考察なくして中止未遂の成立を認めたのは妥当でない。

（二）予備　刑法一〇八条又は同一〇九条一項の罪を犯す目的をもってその予備をなすことによって予備罪が成立する（刑一一三。なお、破壊活動防止法三九参照）。

予備は実行の著手以前の行為である（実行の著手については、三、二実行の著手の項参照）。放火罪の予備の成立に関する判例としては、燐寸をもって目的の住宅発見のための方法を講じた事案について、

【64】「犯罪行為成立ノ段階ニ於ケル予備トハ犯罪ノ決意ヨリ一歩ヲ進メタル準備行為ニシテ未タ実行ノ着手ニ至ラサルモノヲ謂ヒ其ノ実行ノ著手ニ接着セルト否トハ問フ所ニ非ス然ルニ原判示第一事実ニ依レハ徐遷竜ハ被告人ノ教唆ニ因リ李麟謙（原判示李謙済ト同一人）ノ住家ニ放火シテ之レヲ焼燬スヘキコトヲ決意シ其ノ目的ヲ以テ燐寸ヲ懐ニシ同人ノ居村ニ赴キテ右住家発見ノ方法ヲ講シタルモ遂ニ発見スルコトヲ得スシテ空シク帰宅シタルモノナレハ徐遷竜ノ該行為ハ放火罪ノ予備ト解スヘキコト論ヲ俟タス」（朝鮮高判昭六・四・二三評論二〇刑法一八九）。

と判示するものがある。

なお、前出【42】における、放火の目的をもって他人の住居に侵入したにとどまる行為も放火罪の予備の成立があると解せられる。

（三）刑法一一二条および一一三条と同一一五条との関係　刑法一一五条は「第百九条第一項及

ヒ第百十条第一項ニ記載シタル物自己ノ所有ニ係ルト雖モ差押ヲ受ケ、物権ヲ負担シ又ハ賃貸シ若クハ保険ニ付シタルモノヲ焼燬シタルトキハ他人ノ物ヲ焼燬シタル者ノ例ニ同シ」と規定しているのである。そこで、自己の所有に係る現に人の住居に使用せず又は人の現在しない建造物等であつて、刑法一一五条の所定事実がある場合、それに対する放火の未遂および予備は刑法一一二条および一一三条の罪を構成するか、が問題となる。判例はこの点肯定している。火災保険に付した自己所有の建造物に対する放火予備について、上告理由が、

刑法一一五条の法意は放火既遂の場合に限られることは、文理解釈上疑の余地のないところである。これを強盗予備罪の場合について考えると、刑法二四二条は「自己ノ財物ト雖モ他人ノ占有ニ属シ又ハ公務所ノ命ニ因リ他人ノ看守シタルモノナルトキハ本章ノ罪ニ付テハ他人ノ財物ト看做ス」とあり、窃盗および強盗の罪については既遂、未遂および予備等すべてに関して他人の財物とみなす旨を明らかにしており、同一一五条とはその趣旨を異にする。なお、刑法中公共危険罪および財物罪中、犯罪の目的物が自己所有に係る物であつて、差押を受け、物権を負担し又はその他の権利の設定をなしているものについて犯罪を構成する場合は、刑法二五二条二項、同二六二条の如く、いずれも既遂のみを処罰し未遂、予備等は処罰しないのであつて、一一五条と用文を同一にするところより考察するときは、自己の所有に係る火災保険を付した建造物に対する放火予備罪は成立しないことは明らかである

となすのに対して、

【65】「現ニ人ノ住居ニ使用セス又ハ人ノ現在セサル建造物ニシテ自己ノ所有ニ係ルモノニ放火シ之ヲ焼燬シタル場合ニ其ノ建造物ニ付刑法第百十五条ノ所定ノ事実存スルトキハ其ノ行為ハ同法条ニ依リ他人ノ物ヲ焼燬シタルト同一ニ取扱ハレ同法第百九条第一項ノ犯罪ヲ構成スヘク随テ其ノ未遂及予備ノ行為ニ付テハ同法第

百十二条及第百十三条ニ依リ夫々其ノ責ニ任セシムヘク右第百十五条ニ焼燬シタルトキトアル字句ニ拘ハリテ其ノ既遂ノ場合ノミニ適用ヲ限定セルモノト解スヘキモノニアラス」（大判昭七・六・一五刑集一一・八四一、〔研究〕草野「火災保険に付したる自己所有の建造物に対する放火予備罪」研究一巻一二五頁以下、飯塚・論攷四六一―二頁）。

と判示する。

通説も本判例と同様に解している（泉二・各論一五四頁、安平・各論下巻三一頁、日原・講義下巻一六三頁、飯塚・前掲書四六二頁）。これに対して、草野博士は「……弁護人の主張は、一応尤もであると云はねばなるまい。何となれば、単に字句の上から爾く解し得られるのみならず、刑法放火罪の規定の客体たる物件にして、現に住居に使用し又は現在するものでないときには、其の物件が犯人自身の所有に属すると否とによつて、其の取扱を異にして居るからである。即ち、右の如き物件にして犯人の所有に属するものであるときは、公共の危険の発生を必要として居るからである。然らば本件の場合に於けるが如く、仮令放火の客体たる物件が保険に付してあつた場合でも、それが犯人の所有に属し、而かも単に放火の予備の程度に過ぎない場合には、第百十五条は之を不問に付する趣旨であるとも解し得るのではあるまいか」と判旨に疑問を提起される（草野前掲一二九―一三〇頁）。しかしながら、刑法一一五条所定の事実のある自己所有の非現住建造物等は他人の法益と関連し、行為者以外の法益主体が並存している。従って、行為者のみを法益主体とする犯罪として取扱い得ないわけである。そこで、その焼燬は刑法一一五条により他人の所有物件を焼燬したと同一に取扱われ、同一〇九条一項の犯罪を構成するのである。それ故、右所有物件に対する未遂および予備行為も刑法一一二条および同一一三条の適用があると解すべきである。そして、刑法一一五条は同一〇九条二項を前提として理解せらるべき規定と解すべきではない（後出参照【100】）。上告理由の如く、字句のみに拘泥して、又、草野博士の如き論拠よりして、刑法一一五条を既遂の場合のみに適用があると解するのは妥当でない。判旨は正当である。

（四）　不能犯　　不能犯と未遂犯とを区別する標準如何に関しては、絶対的不能・相対的不能説、事実的不能・法律的不能説、事実欠缺説、具体的危険説、抽象的危険説、主観的危険説、純主観説等種々な見解が存する。大審院および最高裁判所は大体において、いわゆる「古い客観説」といわれる、絶対的不能・相対的不能説をとっている（不能犯に関する詳細な判例研究としては植松「不能犯」総合判例研究叢書刑法(3)一二三頁以下参照）。この説は抽象的・客観的危険の概念を基礎として、客体および手段にこのような危険が絶対にない場合を絶対的不能とし、相対的にない場合を相対的不能とし、絶対的不能の場合を不能犯とし相対的不能の場合を未遂とするのである。放火罪に関する判例もこの見解に立って判断するのであるが、不能犯の成立を認めたものはない。放火罪に関する判例は、【66】【67】【68】の如く、放火したが自然消火した場合すなわち手段に関する不能の問題についてである。

事実は、

> 小学校の教員室押入内に藁を入れて、これに点火し同小学校校舎を焼燬しようとしたが、火勢微弱で自然に消火した

というのである。上告理由が、

> 未遂犯は障礙がなかつたならば被告の点火行為は当然建造物を焼燬すべき事情にあることを要する。しかし、

原判決は火力微弱にして自然に消火した旨を認定している。かかる場合は被告の行為によつては絶対に建造物焼燬の結果を生ずる虞がないが故に、これを未遂犯であるとの論断は当を得ていない

となすのに対して、

【66】「刑法第四十三条ニハ犯罪ノ実行ニ着手シ之ヲ遂ケサルモノハ云云トアルヲ以テ遂ケ得ヘクシテ而モ遂ケ得サリシ場合ノミヲ未遂犯トナシ絶対ニ遂ケ得ラレサル場合ハ之ヲ包含セサルモノト解釈セサルヲ得ス換言スレハ犯人ノ意思実行ニシテ絶対ニ其予見シタル結果ヲ惹起セシメ能ハサルモノナルトキハ未遂犯ヲ以テ論ス可ラサルモ犯人ノ意思実行ハ其予見シタル結果ヲ惹起セシメ得可クシテ而モ之ヲ惹起セシメ得サリシ場合ハ常ニ未遂犯ヲ構成スヘシ而シテ本件ノ如ク建造物ヲ焼燬スル目的ヲ以テ之ニ火ヲ放チタルトキハ火力ノ微弱ナリシ為メ焼燬ニ至ラサリシトスルモ被告ノ意思実行ハ其予見シタル危険ヲ惹起セシメ得ヘキモノナルヲ以テ原院カ之を放火未遂に問擬シタルハ正当ニシテ本論旨モ亦理由ナシ」（大判明四四・一〇・一二刑録一七・一六七二）。

と判示する。本判例は現行刑法施行後の不能犯に関する最初のものである。

つぎに、

被告人は工場に放火して怨を霽そうと決意し、同工場に接続した動力室内の「ダイナモ」油約八升入鑵および「マシン」油約二升入鑵の中に油を浸した襤褸切れ手拭等に燐寸で点火したものを投入れて放火しその儘逃走したが、八升入油鑵の火は自然消火し、二升入油鑵の火は燃え上つたが附近の煉瓦壁等を燻したのみでこれも自然消火した

という事案に関して、つぎの如く判示する。

【67】「右判示事実ニ依レハ被告人ノ本件放火行為ハ絶対ニ其ノ予見シタル結果ヲ惹起セシメ能ハサルモノニ非スシテ該行為ニヨリ判示工場ヲ焼燬スル危険アリタルモ偶自然ノ消火ニヨリ被告人ノ予見シタル結果ヲ惹

起スルニ至ラサリシコト明白ナルカ故ニ本件ハ所論ノ如ク之ヲ所謂不能犯ト称スヘキモノニ非ス」（大判昭八・七・六刑集一二・一二四九）。

又、

被告人は、料亭において酒興に乗じ、心神耗弱の状態で右料亭を焼失させようと決意し、（一）二階茶室内東北隅中窓の障子際に積み重ねてあつた新聞紙に、（二）二階道具部屋入口の道路北側の古新聞紙貼りの板壁に、（三）その道具部屋北側窓下の椀箱内の紙屑に、（四）同道具部屋西南隅の膳箱内の紙屑に、順次放火したが、（一）は料亭の使用人が消し止め、（二）は被告人自ら消し止め、（三）および（四）は自然鎮火し、放火の目的を遂げるに至らなかつた

という事案について、不能犯が問題になつたのは（三）および（四）についてであるが、上告理由は、

「此ノ点ハ不能犯ナリ蓋被告人ノ供述ニヨルモ偶々アリタル紙屑ニ点火シ之カボート燃ヘタルノミニシテ消火セルコトヲ知ルニ充分ナリ斯ル椀箱又ハ膳箱ノ中ノ紙屑ニシテ「ボー」ト燃ヘテ直チニ消火スル程度ノモノニ於テハ絶対ニ予見シタル結果ヲ惹起セシメ能ハサルモノナリ現ニ被告人ノ眼前ニ於テ事実カ証明シ居ル所ナリ」

というのである。これに対してつぎの如く判示する。

【68】「原判示（三）及（四）ノ如キ場所ニ置キアリタル椀箱及膳箱内ノ紙屑ニ放火スルモ原判示家屋焼燬ノ結果ヲ生スル危険絶対ニナシト断スルヲ得サルコト原判決挙示ノ証人東豊蔵ニ対スル予審訊問調書ニ於ケル同人ノ供述記載ニ徴シ之ヲ推認シ得ヘキカ故ニ被告人カ右椀箱及膳箱内ノ紙屑ニ放火シタルヲ目シテ不能犯ナリト謂フヲ得ス」（大判昭一二・一二・二二刑集一六・一六九〇）。

以上の如く、判例は絶対的不能・相対的不能説により不能犯の成立を否定している。しかし、この

絶対的不能・相対的不能説に対しては、その絶対・相対の区別が確定的でなく不確定であり、その意味において区別の基準としては妥当でない、と批判され（牧野・日本刑法上巻三二一―三頁、木村・総論三五二頁、団藤・綱要一一五頁、市川・総論一三八頁、植松・総論二五六―七頁。なお、江家博士は、不能は常に絶対的なものであって、相対的不能ということはあり得ないはずであるが故に、この説は理論的に正しくない、と批判される。同・総論一六四頁）、現在においてはこの説をとる者はほとんどない。以上の判例をみるに、【66】は火力が微弱で自然消火した事案であるが、自然消火する程の微弱な火力であるならば放火既遂に達することが絶対に不能であるともいい得るし、又、【67】にあっても、事実関係を詳細に知り得ないが、附近の煉瓦壁等を燻したに過ぎないという事案であり、火の附近が煉瓦壁であったとするならば、この場合もまた既遂に達することが絶対に不能であるといい得るであろう。【68】は、これも事実関係は詳細に知り得ないが、木造家屋内の木製の箱の中の紙屑に放火したのであったならば、既遂になる可能性が十分あるであろうが、火の発展過程というものは一般にそのように容易にいい得るものではないのであって、絶対かどうかの判断は甚だ困難であり（植松前掲「不能犯」一五一頁参照）、上告理由にある如く、紙屑が「ボー」と然えただけで消火したという程度であったならば、結果発生は絶対に不能であったとも考え得るのである。以上の如く、判例のとる絶対的不能・相対的不能説にあっては、絶対的不能・相対的不能の区別は明確ではない。判例がなおこの説を維持しようとするならば、判断の基準を定立することが解決さるべき前提問題である。

四　故意（故意と客体および公共の危険の認識）

放火罪の故意は火力による客体たる物の焼燬を認識・予見し、それを実現しようとする意思である。放火罪の故意にあって特に重要なことは、公共の危険の発生についての認識が必要であるか否か、という点である。以下においてはまず故意と客体について述べ、つぎに公共の危険発生の認識についての判例を検討することとする。

（一）　故意と客体　放火罪の故意は、前述の如く、火力による客体たる物の焼燬を認識・予見し、それを実現しようとする意思であるが、必ずしも確定的故意を必要とせず、未必的故意をもって足りる。

(1)　現住現在建造物の認識　刑法一〇八条に関しては、本罪の故意が成立するには他人の現に住居に使用し、又は他人の現在する建造物であることを認識してこれを焼燬する意思のあることを必要とする。

【69】「刑法第百八条……ノ放火罪ハ犯人以外ノ者ノ現ニ住居ニ使用シ又ハ犯人以外ノ者ノ現在スル建造物ヲ焼燬スルニ因リテ成立スルモノニシテ其ノ行為ハ他人ノ生命身体財産ニ危害ヲ及ホス虞アルコト勿論ナルト同時ニ原審裁判長ノ所論説示ニ於テ放火罪ニ於ケル焼燬ト毀棄罪ニ於ケル毀棄トノ差異ニ付言及スル所アルニ依リテ観レハ所論説示ハ同条ノ放火罪ニ於ケル焼燬ノ意思ハ毀棄罪ノ場合ト異リ単ニ他人ノ建造物ナルコトヲ認識シテ之ヲ焼燬スル意思アルヲ以テ足ルモノニ非ス他人ノ現ニ住居ニ使用シ又ハ他人ノ現在スル建造物ナルコトヲ認識シテ之ヲ焼燬スルノ意思アルコトヲ必要トスル旨ヲ説示シタルモノニ外ナラスト解シ得ラレサルニ非サルヲ以テ所論ノ如キ違法アルモノニ非ス」（大判昭四・六・一三刑集八・三三八）。

しかし、現住建造物放火についての故意としては、現に人の住居に使用するという認識があれば足り、人の現在するという認識は必要としない（宮原「放火罪」刑事法講座四巻六九九頁）。

【70】「裁判所ノ建物ハ刑法ノ適用上人ノ住居ニ使用セル建造物ナルコト既ニ説明セル如クナルヲ以テ放火

ノ当時人カ現在セス又犯人ニ於テ当時人ノ現在セルコトヲ認識セサリシトスルモ苟モ人ノ住居ニ使用セル建造物ナルコトヲ認識シテ之ニ放火シタル以上ハ刑法第百八条ヲ以テ其行為ヲ問擬スルハ当然ナリ」（大判大三・六・九刑録二〇・一一四七。〔23〕と同一判例である）。

又、現住現在建造物についての認識があれば故意が成立し、他の建造物に延焼する虞れあることの認識を必要としない。

【71】「刑法第百八条ノ罪ハ自己以外ノ者ノ住居ニ使用シ又ハ現在スル建造物等ニ火ヲ放チテ之ヲ焼燬スルニ因リ成立スルモノニシテ他ニ延焼スル危険ノ有無ハ同条ノ罪ト為ルヘキ事実ニ属スルモノニ非ス従ツテ同罪ノ犯意モ亦自己以外ノ者ノ住居ニ使用シ又ハ現在スル建造物ナルコトヲ知リツツ火ヲ放ツテ之ヲ焼燬スルノ意思アルヲ以テ足リ他ニ延焼スルノ虞アルコトヲ認識スルノ必要アルモノニ非サルトコロ……」（大判昭・八・六・二九新聞三六〇二・七）。

(2)　現住建造物類焼の認識・予見　現住建造物に延焼せしめる意思をもって非現住建造物に放火した場合にあっては現住建造物放火罪の故意が認められること当然であって、この場合現住建造物放火の著手があったと解される点については前述三、二実行の著手【47】以下の判例について述べたとおりである。

【72】「人ノ住居セサル土蔵内部ニ放火シ其一部ヲ焼燬スルニ止マレルモ人ノ現在スル住居ニ延焼セシムルノ意思ニ出テタルカタメ刑法第百八条ノ罪ノ未遂トシテ処断セラレタルモノナルカ故ニ本件ニ於テ被告カ其住宅ニ延焼セシメントスルノ意思ハ重要ナル犯罪構成事実ニ属スルモノト謂ハサルヘカラス」（大判昭二・八・二五新聞二七四六・九）。

しかし右の如き場合、現住建造物放火の故意には現住建造物焼燬という結果を発生せしめる目的があることを要せず、非現住建造物に放火した場合に現住建造物に延焼すべきことの予見があれば足りる（木村・総論二〇六頁、二〇七頁註三、安平・各論下巻二三―四頁、日原・講義下巻一六一頁、宮原前掲六九九頁）。

【73】「刑法第百八条建造物焼燬罪ノ犯意ハ罪ト為ルヘキ事実ノ認識又ハ予見アルヲ以テ足リ必スシモ其ノ事実ヲ発生セシムル希望若ハ目的アルコトヲ要スルモノニ非サルヲ以テ苟モ犯人ニ於テ罪ト為ルヘキ事実ノ予見アルニ於テハ犯意アリト謂フヲ妨ケス……被告人ハ多賀太一方居宅焼燬ノ結果ヲ発生スヘキコトヲ予見シ同居宅ニ接続セル小屋附下ノ藁囲ニ放火シタルモ他人ニ発見セラレテ消止メラレタル為太一方居宅ヲ焼燬スルニ至ラサリシモノナレハ右所為ハ被告人ニ人ノ住居ニ使用スル建物焼燬ノ犯意アリテ放火ヲ為シタルモ同建物ヲ焼燬スルニ至ラサリシモノトシテ刑法第百十二条第百八条ニ問擬スヘキモノニシテ同法第百十条ヲ適用スヘキモノニ非ス」（大判昭四・六・二六新聞三〇二五・一五）。

【74】「放火ノ犯意ハ放火ノ行為ニ因リ焼燬ナル結果ヲ発生スヘキヲ予見スルヲ以テ足リ敢テ其ノ結果ノ発生ヲ目的トスルコトヲ必要トセス故ニ人ノ住居ニ使用セサル建造物ニ放火スルニ当リ之ニ放火セハ其ノ結果之ニ隣接セル住家ハ当然類焼ノ厄ヲ免レサルヘキコトヲ予見シ乍ラ放火シタルトキハ隣接住家ノ類焼ハ犯人ノ目的トスル所ニ非スト雖仍ホ人ノ住家ヲ焼燬スル罪ノ犯意アリト謂ハサルヘカラス」（大判昭八・九・二七刑集一二・一六六一、同旨、東京高判昭二六，二・一三特二一・二五、同昭三六・一一・七下級刑集三・一一・九七九、名古屋高金沢支判昭二八・一二・二四特三三・一六四、宮崎地延岡支判昭三三・一・一六第一審刑集一・一・一三、なお、後述〔76〕）。

なお、現住建造物類焼の認識・予見が当然認定される場合として、判例は【75】において現住建造物の庇下の積藁に放火した場合、および、【76】において莫蓙、紙屑、藁屑等に点火してこれを現住建造物に接着して置かれた塵芥箱又は葦簾に接触させた場合を挙げている。

【75】「所論は、原判決において認定した被告人三名が判示近藤清男の長男隆義外二名が住居に使用していた判示木造トタン葺建物並びにこれに隣接する右清男方住家に延焼することを認識しながら判示積藁に放火することを共謀したとの点に対する証拠はないと主張するのである。しかし、原判決に掲げている証拠を綜合す

れば、前記事実を原審が認定したことは当裁判所においても首肯し得るところである。なお建物の庇下に堆積されている藁に放火すればその建物及びこれに隣接する住家に延焼する危険があることは常識上認められる事柄であるから、特に所論滝義雄の供述のようなものがない場合でも、各被告人に建物に延焼の認識があつたものと認め得られるのである」（最判昭二六・三・二二裁判集刑四二・三五七、判例体系三二・二九三参照）。

【76】「建造物放火罪の犯意は、建造物焼燬の結果を発生すべきことを予見するを以て足りるのであり、敢てその結果の発生を目的とすることを要しないものと解するのが相当である。本件において被告人は原判示第一、第二、第四の各住家及び原判示第三の倉庫に放火する方法として、莫蓙、紙屑、藁屑等に所携の燐寸を以て点火し、これを右各住宅に接着して置かれた塵芥箱又は葦簾に接触せしめ、或は右倉庫内に投げ込んだことが、原判決挙示の証拠によつて認められるので、かような導火材料の燃焼作用により前示各建造物を焼燬するに至るべきことは当然予見し得べきところであるから、たとえ被告人にこれら建造物を焼燬しようとする積極的な意図が窺われないとしても、所論のように放火罪の犯意を欠くものということはできない」（東京高判昭三〇・一二・六刑集八・九・一一六二）。

なお、【79】参照。

(3)　建造物の一部又は現住建造物と一体をなす非現住建造物焼燬の意思　放火行為が一定の建造物の上に行われたときは、たとえその一部分のみを焼燬する目的でなした場合にあつても全体に対する故意を肯定し得る。他の客体に関しても同様である（安平・前掲書二四頁、日原・前掲書一六一頁、宮原前掲六九九頁）。この際、建造物焼燬の結果の認識・予見のある場合は建造物放火の故意の認められることは前述(2)より明らかである。

判例は【77】において放火罪が公共危険罪である点より、又、【78】において焼燬の概念について独立燃焼説をとる立場より（後述の四、一焼燬参照）この点を明らかにしている。

被告人は威嚇しようとして現住建造物の玄関に押入り、住宅焼燬の結果を予見しながら所携の揮発油の罎を投付け流出散乱した揮発油に燐寸で点火し、この燃え上るのを見て逃走したが、家人等が直に消火に努めた結果、僅に同室内の襖三枚、畳一畳の各一部を焼燬し天井杭鴨井の一部を焦燻させたにとどまつたという事案に関し、

【77】「放火罪ハ静謐ニ対スル犯罪ナルカ故ニ放火ノ所為カ一定ノ目的物ノ上ニ行ハレタルトキハ縦令其ノ目的物ヲ構成スル一部分ノミヲ焼燬スル目的ニ出テタルトキト雖仍其ノ成立ヲ妨クルコトナシ蓋シ一部分ヲ焼燬セントスル場合ト雖火ヲ放ツテ目的物ノ上ニ燃焼作用ヲ起サシムルニ於テハ全部焼燬ノ域ニ達スル虞アルヘク静謐ニ対スル危険ニ付テハ彼此差別ナケレハナリ原判決……ノ認定事実ニ依レハ被告人ハ久原邸焼燬ノ結果ヲ発生スヘキコトヲ予見シナカラ放火シタルモノナルカ故ニ仮令其ノ動機ハ労働争議ニ関シ資本家ヲ威嚇シテ労働者ニ有利ナル解決ヲ求ムルニ在リテ久原邸全部ノ焼燬ヲ目的トシタルニ非ストスルモ放火罪ノ成立スルヤ明カナリ」（大判昭三・二・一刑集七・三五、〔研究〕島田「放火罪ノ公共危険性ト既遂時期」法律学研究二六巻一号一八頁。同旨、大判昭四・一・三一評論一八・刑訴九八、なお、【19】）。

と判示する。

又、刑法一〇九条に関するものであるが、被告人はうらみをはらさんとして他人の住居しない新築家屋に接近して集積している木片鉋屑等に点火し、羽目板三尺四方を燻焦した事案に関し、

【78】「放火罪ニ於ケル焼燬ハ必スシモ当該建造物ノ全部若クハ主要部分ヲ焼失セシムルヲ要セス犯人ノ供用シタル媒介物ヨリ建造物ノ一部ニ延焼シ爾後媒介物ノ火力ヲ借ラサルモ独立シテ建造物燃焼ノ作用ヲ継続シ得ル状態ニ在ルヲ以テ足ルカ故ニ犯人カ建造物ニ延焼スルコトヲ認識シナカラ之ニ近接シテ集積セル木片鉋屑等ニ点火シタルニ於テハ其ノ欲スル所建造物ノ一部ノ焼失ニ在リトスルモ尚建造物焼燬ノ故意アリト謂フヲ妨ケス」（大判昭一〇・八・一二新聞三八八八・一六）。

となす。

つぎに、住宅と相接合して一体をなす工場を焼燬する意思で、それに放火した場合にあつてはその建造物全体に対する放火の故意が認められる。【21】もこの趣旨の判例である（なお、高等裁判所の判例であるが、住宅と一体となつている倉庫を別個独立の非現住現在建造物と誤信して、倉庫に放火すれば住宅に延焼することあるを予見しながら、右倉庫に放火しこれを焼燬したときは、刑法一〇八条の既遂である、となしている（名古屋高金沢支判昭二八・一二・二四特三三・一六四））。

(4)　現住建造物内における物件焼燬の意思　現住建造物内の物件を焼燬する意思でその物件に放火した場合にあつては住宅放火罪の未必的故意が認められる場合が存するのは当然である。これに関する判例は高等裁判所の判例であるが、未必的故意の認められる場合としては、つぎの如き事案に関してである。すなわち、被告人は意趣をはらす目的で実母方薪小舎から同人所有の枯松木二束を取り出し、その内の一束を同家十畳の間に置きこれに点火した事案に関し、

【79】「被告人の主たる意図は本件家屋を焼燬するにあつたものではなく、これを火災の危険にさらし家族等に恐怖心を与え被告人の意を迎えなかつたことに対する仕返しをなし引いては被告人の意思を無視しえないように仕向けるにあつたことは疑のないところであるが、その行動の過程において被告人において本件家屋焼燬の意思特に未必の故意があつたか否は前述の如き被告人の主たる意図又は目的とは別個に検討されなければならぬ事柄である。換言すれば被告人には所論にいわゆる本件家屋焼燬の確定的犯意はなかつたことは明らかであるが、確定的犯意がないからと云つて直に未必の故意も存しなかつたとは速断しえないものである」（仙台高秋田支判昭三一・八・二一高裁特報三・二四・一一五六）。

「被告人において、他人の現住する杉皮葺平家建家屋座敷内に十分乾燥した長さ五尺位の枯柴数十本を束にした物を同座敷の障子より約一尺二寸に近接した場所に置き、かつ、右枯柴と天井桁との距離は約六尺二寸あるに過ぎず剰え同人において家が焼けた場合に電線が切れて漏電をしては他家に迷惑がかかるかも知れないと

思い、予め安全器を外した上で所携のマッチで右枯柴に点火した場合は、仮令被告人の主たる目的は家人を脅迫するにあつたとしても右放火の点につき故意あるものと認めるのを相当とする」（同昭三一・八・二一刑集九・一〇・一〇八五）。と判示する（なお、同じく高等裁判所の判例としてはつぎの如きものがある。宿舎内で焚火をした者がそのまま放置すれば火が床板に燃え移り家屋を焼燬するに至ることを予見しながら、消火の措置をとらずそのまま放置して右家屋を出た場合は、放火の未必的故意がある（高松高判昭二六・五・二五特一七・一二）。又、被告人が土蔵が焼失する結果の発生を予見しながらその床板を焼いたときは、被告人の目的が専ら窃盗にあつたとしてもそれについての放火罪が成立する（大阪高判昭二七・一一・一八特二三・二二八）。

現住建造物放火罪の未必的故意の認められない事例としては、つぎの如き事案についてである。すなわち、

被告人は遊興の相手に対し、意地をはらす目的で煙草の火で遊興の際使用した布団を燃やしてやろうと考え、同日午後八時半頃相手方が同室を出た隙に煙草の火を敷いてあつた掛布団をまくり、その裏側の布団皮と綿との間に挿入して同家を立去つたが、情を知らない相手方が右布団を隣室の三畳女中部屋に搬入しておいたところ、同日午後十時頃までの間に前記掛布団の中央部横約二尺二寸、縦約一尺五寸並びに敷布団の角の部分横約五寸五分、縦約三寸五分を各焼燬した

という事案について、

【80】「いわゆる未必的な故意を認めることができるかどうかの点であるが、家屋の中にある布団に放火しそのまま放置すれば、その布団を焼燬し、布団を焼燬すればその附近の畳、建具その他の物件に延焼し、家屋の一部をも焼燬する結果を招くこともあり得ることは一般経験上予想せられるところであつて、特別の事情のない限り通常人は何人もこれを予見するものと認めるのが相当である。しかしながら記録によれば判示布団は女中岡田美佐子の専用として雇主から貸渡されているもので、客との遊興が終ればその都度別室に片付け、次の客があれば更にこれを持出して使用し、やがて自己が就寝するときはまたこれを使用するのであつて、遅くも同人の就寝時刻までには再びこれを寝間に敷き延べるもので、そのまま何時までも放置しておくものでないことが認められ、被告人に対する司法警察員の供述調書中被告人の供述として「又別な遊び客でもくればそん

なに大きくならないうちに発見して火事になるまでには何とか消し止めるんだろうと思つたので知らないふりしてその部屋を出た」との記載がある点に徴しても被告人としては右布団が火事になるまで放置されるものではないと考えていたことが窺われるのである。のみならず被告人は当時適量以上に酒を飲み良い気嫌で判示栄屋こと久田好雄方に行き女中岡田美佐子の勧めにより遊興したのであるが、原判示のように同女及び同家女将等の客扱いに不満を抱き、その意地はらしのため点火した巻煙草を掛布団の布と綿との間に挿入して立去つたことが認められるのであるから、かかる情況のもとにおいては被告人が右煙草の火が布団を焼燬し、更に畳、建具その他の物件に延焼し、家屋の一部をも焼燬する結果を招くかも知れないということを予見していたことは認め難い。……該掛布団及び敷布団の各一部を原判示の如く焼燬し、その儘放置すれば同家建物に延焼し大事に至るべき虞ありと思料せしめるに相当な状態を生ぜしめ、因て公共の危険を生ぜしめた事実を認めることができる。然らば被告人の本件所為は正に刑法第百十条第一項に該当する」（東京高判昭二九・一〇・一九高裁特報一・八・三六八、判タ四四号二四頁）。

と判示する。この判例は被告人の現住建造物焼燬の予見のないものとして、刑法一一〇条一項の建造物以外の放火罪の成立を認めているのであるが、この刑法一一〇条は具体的危険犯であつて、後述(二)の如く、公共の危険の認識を必要とするか否かについては争われているところである。本判例は、具体的危険犯において公共の危険の認識を必要としないと解する見地よりの判示であろうが、具体的危険犯において公共の危険の認識を必要とする見地よりは、本判例にあつては、現住建造物焼燬の予見もなく、判示よりして被告人において公共の危険の認識があつたとは考えられないので、この点批判されることとなろう（なお、現住建造物放火罪の未必的故意を否定するものとしては、東京高判昭三一・一・一二東京高時報七・一・刑三がある）。

(5)　現住建造物類焼の予見なく非現住建造物に放火し現住建造物に延焼した場合　現住建造物延焼の予見なく非現住建造物に放火し、非現住建造物を焼燬した場合には刑法一〇九条一項に該当することは勿論であるが、その非現住建造物に放火して現住建造物その他の物に延焼した場合はどうなるか、という問題がある。判例【81】はその場合刑法一一一条の如き特別規定がないが故に、同一〇九条一項のみを適用して処断すべきであるとなしている。事実は、

被告人は原大吉方の納屋に放火してこれを焼燬し、同人に対するうらみをはらさんと決意し、同納屋二棟を全焼させ、その上大吉方居宅の東側屋根約一五坪を焼失した

というのであって、上告理由が、

納屋については非現住建造物であるか否かを認定すべきであるのに、原判決が単に納屋を焼燬した事実のみによって刑法一〇九条一項を適用したのは法則の解釈を誤り、不当に法則を適用した違法がある。又、被告人には母屋を焼燬する決意のなかったことは原判決の事実認定により明らかであるが、納屋を焼燬し母屋に延焼したことは刑法一一六条の規定に該当する。従って、この場合は刑法一〇九条一項および一一六条の失火罪に該当する。原判決はこの点何等審理判断をなしていない

となすのに対して、

【81】「原判決挙示ノ各証拠ニ依レハ被告人カ判示事情ニ因リ原大吉方納屋ニ放火シテ之ヲ焼燬シ同人ニ対スル怨ヲ霽サンコトヲ決意シ判示日時及場所ニ於テ判示方法ニ依リ放火シ因テ同人所有ニ係ル判示納屋二棟ヲ全焼セシメ且大吉方判示居宅ノ東側屋根約十五坪ヲ焼失セシメタル事実ヲ認定スルニ十分ニシテ記録ヲ精査スルモ右事実ノ認定ニ重大ナル誤謬アルコトヲ疑フニ足ルヘキ顕著ナル事由ナク又納屋ハ現ニ人ノ住居ニ使用セス又ハ人ノ現在セサルヲ普通トシ其ノ存在ハ特別ノ場合ニ属スルカ故ニ特ニ現ニ人ノ住居ニ使用シ又ハ人ノ現在スルコトヲ明記セサル限リ現ニ人ノ住居ニ使用セス又ハ人ノ現在セサル建造物ナルコト自ラ明瞭ニシテ原判決ハ右趣旨ニテ判示事実ヲ認定シタルモノナリト認ムルヲ相当トスルカ故ニ此ノ点ニ関シ原判決ニ所論ノ違法ナシ又原判決ハ判示原大吉方ノ納屋ニ放火シ因テ同人方居宅ノ一部ニ延焼シタル事実ヲ認定シタルニ止マリ右

居宅ノ一部ノ焼燬ヲ失火罪ト認メタルニ非サルカ故ニ所論刑法第百十六条ヲ適用スヘキモノニ非ス而シテ原判示認定ノ如ク刑法第百九条第一項所定ノ物ニ放火シ因テ住宅其ノ他ノ物ニ延焼シタル場合ニハ同法第百十一条ノ如キ特別ノ処罰規定ナキヲ以テ右第百九条第一項ノミヲ適用処断スヘキモノトス原判決カ判示事実ヲ判示法条ニ問擬シタルハ正当ニシテ原判決ニ審理不尽擬律錯誤等所論ノ違法ナク論旨理由ナシ」（大判昭一三・八・二二新聞四三一七・一五、評論二七刑法一六九）。

と判示する。

本判例にあっては事実関係を明らかにし得ないが、本件の場合納屋と母屋とが近接して一体と考え得る場合には、前出【21】の如く現住建造物の故意の成立が認められるであろう。しかしこのような事情にない場合には、母屋に延焼したことに過失が認められるならば、上告理由にある如く、刑法一〇九条一項および同一一六条に該当することは当然である。しかし判示の如く、母屋延焼について過失を認めない場合にあっては同一一一条の如き特別の規定がない以上、一〇九条一項のみを適用するほかないであろう。

（二）　公共の危険発生の認識

(1)　序説　放火罪の故意は前述の如く火力による客体の焼燬を認識・予見し、これを実現しようとする意思であるが、さらに故意の要件として公共の危険発生の認識を必要とするか否かについては学説、判例上争われている（公共の危険の概念については後述四、二参照）。公共の危険発生の認識は公共の危険の発生を認識することであって、因果関係の認識とは区別すべきである。すなわち、自己の物（刑一〇九Ⅱ・一一〇Ⅱ）に放火する場合、現住建造物への延焼の予見ある場合には、現住建造物放火罪の故意が成立する（宮本・大綱四三三頁、牧野「放火罪と公共危険の認識」刑法研究四巻三六〇―一頁、宮原「放火罪」七〇一頁参照。なお宮本博士は、危険発生の故意は「故意としては特殊のものであつて、極めて抽象的な内容のものと考へなければならない。即ちこの場合の故意は、一般の場合の如く具体的に因果関係を予見した結果の故意でなくして、単に抽象的に危険な行為だと意識した程度の危険の故意である」（宮本・前掲書四三三頁）とされるのに対し、牧野博士は「宮本教授は、危険に対する故意をもつて、『故意としては特殊のもの』とされてゐるが、わたくしは、特に特殊視する必要を認めない。危険に対する故意は、その性質上、当然に、結果に対する不確定犯意とは区別せらるべきものである。これは、不確定犯意といはゆる認識ある過失との区別に関する学説を適用することに因つておのづから理解せらるべきことである」（牧野前掲三六一頁）とされる）。

公共の危険発生の認識を必要とするか否かに関しては大体において四種の学説がある。第一説は、抽象的危険犯（刑一〇八・一〇九Ⅰ）にあつては勿論具体的危険犯（刑一〇九Ⅱ・一一〇）にあつても故意の要件として公共危険の認識を必要としないとなす。たとえば大場博士は刑法一〇九条二項に関し、「物ノ性質、位置、風向其他ノ事情ヨリ予メ放火ノ当時ニ於テハ何等延焼ノ危険ヲ予想シ能ハサリシ場合ト雖モ其後風起リ又ハ風向ノ変更其他偶然ノ事柄ニ依リ公共ノ危険ヲ生スルニ至リタルトキハ犯罪ヲ構成ス可キモノト解ス可キナリ」とされる（大場・各論下巻一〇三頁。なお、安平教授もこの見解をとられる。安平・各論下巻二四頁）。判例もこの説をとる。この説は一種の結果責任を認めるものである。第二説は、具体的危険犯についてのみ公共危険の認識を必要とするとなすもので通説である（牧野・日本刑法下巻七〇頁、木村・各論二〇七頁、滝川・各論二二〇頁、草野・要論二一〇頁、同「放火罪と公共の危険の認識」刑事判例研究一巻一一七頁以下、団藤・各論一二二頁、江家・各論九六―七頁、植松・各論六九頁、福田・各論七三―四頁、井上・各論一七五頁、宮内・各論二一七―八頁、二一九頁。なお、宮本・前掲書四三二頁、泉二・各論一五〇頁もこの見解に立つと解せられる）。この説はつぎの如く解する。抽象的危険犯にあつては、一定の行為が行われたときは公共の危険が常に存在するとされる擬制的構成要件であつて、公共の危険は立法理由に過ぎず、構成要件の要素ではない。従つて行為者はこれを認識する必要はないが、具体的危険犯にあつては、公共の危険は構成要件の要素であり、それが放火罪を特徴づけるものであるが故に、これを認識する必要があるとなすのである。第三説は、抽象的危険犯にあつても具体的危険犯にあつても公共の危険の認識を必要とするとなす。たとえば尾後貫博士は「放火罪は公共危険罪である。……しかも、放火罪一般は故意犯である。此の見地に立て考へるならば、第百八条及び第百九条第一項の場合は云ふ迄もなきこと乍ら、第百九条第二項及び第百十条の如き具体的危険罪の場合に於ても、その故意として公共の危険の発生と云ふことに対する認識を必要とせぬばならぬと解すべきである」とされる（尾後貫「放火罪と公共の危険の認識」志林三八巻一号九三頁、九四―五頁）。なお、小野博士も、具体的危険犯においてだけではなく、抽象的危険犯にあつてもその抽象的危険性の認識を必要とするとされるが、刑法一一〇条は結果的責任であるが故にその認識は必要でないと解される（小野・各論七二―三頁）。第四説は、具体的危険犯にあつて、自己の所有物を焼燬する如き本来適法な行為については公共の危険の認識を必要とするが、他人所有物の焼燬の如き本来違法な行為についてはその認識を必要としないとなす（日原・講義下巻一六六頁）。

(2)　判例の態度　判例は前述の第一説の立場をとつている。

（イ）抽象的危険犯である刑法一〇九条一項に関しては、つぎの如き判例がある。上告理由が、

> 放火罪は公共危険に関する犯罪である。刑法一〇九条一項は抽象的危険犯であつて、その二項の如く具体的危険を必要とするものではないが、少なくとも一般的に放火罪には抽象的危険なる観念を包含することは疑ないから、現実に公共の危険を発生せしめなくとも、行為者においてこの点の認識がなければならない。しかるに、第二審判決の認定事実によれば、この点何等判断をしていなく、海岸所在の漁具小屋の如きはその附近の状況如何によつては必ずしも公共の危険を発生させるものでないから、附近の状況の如何を判示しない限り、被告人において右の認識を有していたと推認することはできない

となしたのに対してつぎの如く判示する。

【82】「刑法第百九条第一項ノ犯罪ハ火ヲ放テ現ニ人ノ住居ニ使用セス又ハ人ノ現在セサル建造物艦船若ク

ハ鉱坑ヲ焼燬スルコトニヨリテ成立スルモノナレハ以上ニ対スル認識アレハ足リ公共ノ危険ヲ生セシムル認識アルコトヲ必要トセス此ノコトタル同条第一項第二項ノ規定ノ対照解釈上ヨリ観ルモ之ヲ首肯スルヲ得ヘシ原判決ノ判示セルトコロハ論旨摘録ノ如クナルカ故ニ被告人ノ行為ハ刑法第百九条第一項ニ該当スルモノト謂フヘク……」（大判昭一〇・六・六刑集一四・六三一、〔研究〕尾後貫前掲「放火罪と公共の危険の認識」）。

（ロ）　具体的危険犯である刑法一一〇条一項に関するものとして、つぎの判例がある。上告理由が、

刑法一一〇条一項は公共の危険を生じたことをもつて犯罪の構成要件としているから本条の放火罪を適用すべき場合は犯人が公共の危険を生ずべきことを予見したことを要するが、被告人は何等この認識がない。従つて刑法一一〇条一項の犯罪とならない

となしたのに対してつぎの如く判示する。

【83】「刑法第百十条第一項ノ犯罪ハ火ヲ放テ同法第百八条第百九条ニ記載シタル以外ノ物ヲ焼燬シ因テ公共ノ危険ヲ生セシメタル場合ニ成立スルモノニシテ公共ノ危険ヲ生セシメタルコトヲ以テ該犯罪構成ノ要件トナセトモ火ヲ放テ同条所定ノ物ヲ焼燬スル認識アレハ足リ公共ノ危険ヲ生セシムル認識アルコトヲ要スルモノニ非サルコト同条ノ解釈上明白ナリ然ラハ公共ノ危険ヲ生セシムル故意アルコトヲ要スル趣旨ニ立脚スル本論旨ハ孰レモ其ノ理由ナシ」（大判昭六・七・二刑集一〇・三〇三、評論二〇刑法一七〇、〔研究〕牧野「放火罪と公共危険の認識」刑法研究四巻三五五頁以下、草野前掲「放火罪と公共の危険の認識」一一七頁以下、飯塚「放火罪に於ける危険と実害」論攷四三四頁以下。同趣旨の判例としてはほかに大判昭一八・一・三〇大審院判決全集一〇・一七・一四、法律時報一六巻三号五二頁）。

以上の判例をみるに、【82】は抽象的危険犯である刑法一〇九条一項にあつて、公共の危険の認識を必要としない理由については単に「同条第一項第二項ノ規定ノ対照解釈上ヨリ観ルモ之ヲ首肯スルヲ得ヘシ」となすにとどまつている。これは同条一項には規定上公共の危険なる語がないのに対し同条

二項にこの語があるということを指すと思われる。そのように解するならば、抽象的危険犯にあっては公共の危険の認識を必要としないが、具体的危険犯にあっては、その認識を必要とするというようにも解せられるのである。しかし、【83】においては、刑法一一〇条一項の具体的危険犯にあっても、この認識を必要としないとなしている。そして、その理由も単に「同条ノ解釈上明白ナリ」となすに過ぎない。これは同条一項が「因テ」なる語を用いているところより結果的加重犯の一種と解したと思われるのである。しかし、それを結果的加重犯としてみるならば、草野博士がこの点に関し、つぎの如く批判される。「結果的加重犯と称せらるゝ所以のものは、基本たる犯罪行為に定められて居る独自の刑が、重き結果の発生によつて加重せらるゝの点にあるのではあるまいか。然るに、第百九条第二項第百十条第一項の罪に付てみれば、其の基本たる犯罪行為には、右に云ふが如き独自の刑は定められてゐないのである。故に、私は、此の意味に於て、此等の犯罪を結果的加重犯と解することには、大に疑なきを得ない」(同前掲二二三頁)と。刑法一一〇条一項にあつて、公共の危険の発生がない場合には毀棄罪の成立がある。しかし、毀棄罪は個人的法益に関する罪であつて、公共危険罪である刑法一一〇条一項に対する基本的犯罪行為とは解し得ないであろう。又、判例の如く具体的危険犯にあつて公共の危険の認識を必要としないと解するならば、つぎの如き宮本博士の批判が妥当するであろう。「公共の危険の発生に関して問題となるのは、行為者に於てこの点について故意があることを要するかといふことである。我が国では消極説を通常とするやうであるが、積極説を可とする(牧野同説)。蓋し予の考へるところでは、もし公共の危険について全然故意を必要としないとすれば、一様に自己の所有にかゝる物の焼燬の場合であるのに、過失によつて公共の危険を生ぜしめたときには（例へば焚火によつて公共の危険を生ぜしめた場合）、重く一年以下の懲役又は百円以下の罰金に該るのに反して（刑、一一〇Ⅱ）、それが附近に延焼するに至れば、却つて失火罪（刑一一六）として軽く三百円以下の罰金に該るに過ぎないといふ奇観を呈するからである」（同・大綱四三二頁）と。いずれにしても以上の判例にあつては公共の危険の認識が必要か否かについて、十分な説明が必要であつたと思う。

抽象的危険犯とは一定の構成要件の内容を実現することをもつて常に抽象的に危険があるとするものである。従つて、抽象的危険犯にあつては公共の危険は立法理由であるのに過ぎないのである。抽象的危険犯はこのような特質を有するが故に、故意の成立には構成要件の内容についての認識のほかにさらに抽象的に公共の危険の発生についての認識を必要としないのである。しかし、具体的危険犯にあつては公共の危険は構成要件の要素であり、そして、前述の如くそれを結果的加重犯と解することは妥当でないが故に、故意の成立には公共の危険の認識を必要とすると解すべきである（木村・各論二〇六―七頁参照）。このように解することからして、牧野博士は「第一に、かくして、器物損壊罪と放火罪との区別が明かにされるわけであるし、第二に、第百十一条の延焼罪が結果的責任であるのに対して、第百十条の罪の如何なるかが、又、かくしておのづから理解され得ることになると考へるのである」（同・刑法研究四巻三五六頁）とされている。なお、具体的危険犯にあつて、自己所有物の焼燬の場合には公共の危険の認識を必要とするが、他人所有物の焼燬の如き本来違法な行為についてはその認識を必要としないとなす前述の第四説も上述のところよりして妥当な見解とはいい得ない。毀棄罪と放火罪とは区別されるべきである。他人所有物に対する放火行為はたしかに違法行為である。しかしそれは毀棄罪における違法行為であつて、公共危険罪たる放火罪にあつては直ちにそのようにはいい得ない。刑法一一〇条一項が結果的加重犯でないことは前述の如くであるが故に、この場合にあつてもやはり公共の危険の認識を必要とすると解すべきである。

四　放火罪の結果

放火罪の結果として考え得るのは放火行為より惹起された結果である焼燬と公共の危険の発生である。

一　焼　燬

（一）序説　放火罪は放火行為より惹起される焼燬によつて既遂となるのである。焼燬の概念については学説、判例上見解が分れている。

第一説は物理的壊滅説で、これは火力による物の壊滅、すなわち物が物理的にその存在を失うときをもつて既遂とする見解である（勝本・析義各論2四四六頁、岡田・講義三五三頁）。しかし現在、この見解を支持する学説はないとい い得る。第二説は独立燃焼説で、これは放火罪が公共の安全を危殆ならしめる罪である点からして、その既遂時期を定める標準を犯人の行為が公共の危険を具体化する状態を惹起したときであるとなし、火力が媒介物たる燃料を離れて客体に燃え移り、客体自体が独立して燃焼を継続しうる状態に達したときをもつて既遂、すなわち危険発生のときとする見解である（草野・要論二〇八頁、研究一冊二七八頁以下、斎藤・各論八九頁、吉田・各論二八頁、小泉・各論四三頁。なお、団藤教授は「『焼燬』は放火罪だけでなく失火罪の要件でもある。放火罪については未遂も罰せられるから、放火行為がある以上焼燬の結果を生じないでも処罰の可能性があるが、失火罪は焼燬の結果を生じないかぎり不可罰的である。そうして、効用喪失説や中間説は、おそらく失火罪の成立範囲をあまりにも狭くするものではないかとおもう。独立燃焼説には、……難点がないわけではないが、放火罪の基本的性格があきらかに公共危険罪であること、執行猶予の規定が改正された現在では、独立燃焼説によつても事案の解決として充分に具体的妥当をはかることができること、しかも独立燃焼説は失火罪についても妥当な結論を示すことなどを考えるとき、わたくしは、いまでは、判例を支持したいとおもう」とされる。同・各論一一八—九頁）。後述の如く判例はこの立場をとつている（ドイツにあつては独立燃焼説が通説である。Liszt, Lehrbuch, 24. Aufl., S. 520; Frank, Strafgesetzbuch, 11.—14. Aufl., S. 591; Mezger, Strafrecht, II Besonderer Teil, 1952, S. 216; Maurach, Deutsches Strafrecht, Besonderer Teil, 1953, S. 410 f.; Kohlrausch-Lange, Strafgesetzbuch, 39.—40. Aufl., S. 417; Welzel, Das deutsche Strafrecht, 6. Aufl., S. 373; Schönke-Schröder, Strafgesetzbuch, 8. Aufl., S. 1072. これはドイツ刑法の放火罪にあつては、「燃焼におく」(in Brand setzen) ということが既遂の要件とされているからである（ドイツ刑法三〇六・同三〇八））。第三説は効用滅却説で、これは火力によつて客体がその本来の効用を失う程度に毀損されたときをもつて既遂となし、物理的壊滅を必要としないが、独立燃焼の程度では足りないとする見解である。この見解にあつては大体三つの説が分れている。その一は一部損壊説で、放火罪は器物損壊罪の性質を併有するものであつて、建造物損壊罪（刑二六〇）においては一部損壊をもつて既遂とするから、これと同程度をもつて足りるとする見解である（江家・各論九二頁、宮本・大綱四三五頁、安平・各論下巻二三頁。大場・各論下巻七九頁も同旨と考えられる）。その二は折衷説で、これは物の重要部分が燃焼し始めたとき（いわゆる「燃え上つた」とき）をもつて既遂となす見解である（小野・各論七五頁、福田・各論七六頁、井上・各論一七七頁）。その三は効用毀滅（喪失）説で、客体の重要部分を失い本来の用を充すことができなくなつたときをもつて既遂となす見解であつて、これが通説である（牧野・各論上巻八五頁は、公共危険罪に属する溢水罪（刑一一九）における「浸害」の概念が効用喪失を必要とすることに対応せしめてこの説をとられる。木村・各論二〇八頁、同「放火罪の既遂時期」志林三七巻六号八三頁以下は、公共危険罪たる性質からこの説をとられる。又、滝川・各論二一六頁、植松・各論六六頁は、わが国の建造物の木造なる点よりしてこの説をとられる）。

（二）　判例の態度　判例は古く旧刑法時代から現在の最高裁判所の判例に至るまで終始一貫して独立燃焼説をとつている。すなわち、独立燃焼をもつて既遂となす根拠を放火罪が公共の安全を危険にする犯罪である点に求め、独立燃焼をもって公共の危険を発したものと解するのである。

旧刑法時の判例にあっても詳細に論じたものも多く、まず、独立燃焼をもって「人ノ身体財産ニ危害ヲ生シタルモノ」となして客体の全部又はその大部分の焼失を要しないとする判例としては、家屋水屋の庇に放火してその庇六尺四方ばかりを焼燬した事案に関し、

【84】「放火罪ノ既遂アリトスルニハ必スシモ家屋建造物ノ全部若クハ其著大ナル部分ノ焼失シタルコトヲ要セス犯人カ燃焼物ヲ使用シテ家屋又ハ建造物ノ一部ニ其火力ヲ通シ其火力カ犯人ノ使用シタル燃焼物ノ火力ヲ借ラス独立シテ家屋建造物焼燬ノ作用ヲ継続シ得ルノ状体ニ在ルトキ即チ犯人ノ使用シタル燃焼物ノ作用ニ依リ家屋又ハ建造物ノ一部分ニ火ヲ発シ燃上リタル時ヲ以テ放火罪ノ既遂アリトナスヘキモノトス何トナレハ家屋建造物ノ一部ニ伝ハリテ之ヲ燃上ラシメタル火力ハ爾後独立シテ焼燬ノ作用ヲ継続シ家屋又ハ建造物ノ全部ヲ烏有ニ帰セシムルヘキハ必然ナルヲ以テ此状体ニ在ル所ノ家屋又ハ建造物ハ即チ火災ノ厄ニ罹リタルモノニシテ人ノ身体財産ニ危害ヲ生シタルモノト謂ハサル可カラサルヲ以テナリ」（大判明三五・一二・一一刑録八・一一・九七）。

と判示する。同旨の判例としては、土蔵の上屋根焼燬の事案についての大審院明治三七年二月一二日判決（刑録一〇・二一六）、棟木長さ七尺ばかりと垂木および屋根板ともに約一尺五寸ばかり焼燬した事案についての同明治三九年一〇月一二日判決（刑録一二・一〇四六、新聞三八五・一二）、その他同明治三五年一〇月二七日判決（刑録八・九・一二四。これは建造物損壊の事案に関するものである）、同明治四一年一月二一日判決（新聞四七六・七）がある。

又、単に独立燃焼説を表示して客体の効用を喪失することを要せずとなしたものとして、

【85】「放火罪ハ犯人カ其使用シタル燃焼物ノ作用ニ依リ家屋又ハ建造物ノ一部ニ火力ヲ通シ其結果家屋建造物ヲシテ燃焼物ノ火力ヲ借ラス独立シテ焼燬ノ作用ヲ継続シ得ルニ至ラシメタルトキニ完全ニ成立スルモノ

ナルヲ以テ此時ヲ以テ同罪ノ既遂アルモノナルコトハ当院判例ノ認ムル処ナリ（明治三十五年(れ)第一九七〇号判決）故ニ如上燃焼ノ事実アル以上ハ家屋又ハ建造物カ尚ホ家屋建造物トシテ其効用ヲ保有スルト否トニ拘ハラス放火罪ノ既遂アルモノニシテ其未遂罪ヲ構成スルモノニアラス」（大判明四一・七・一七新聞五一二・一一）。

が存する。

現行刑法の下にあつても判例は終始独立燃焼説をとり、最高裁判所もこの見解を承継しているところである。そして、その見解の根拠も前述の旧刑法時代の判例と何等異るところがない。つぎに、独立燃焼と公共の危険との関係を判示する判例、および、独立燃焼の事例に分けて判例をみることとする。

(1) 独立燃焼と公共の危険　独立燃焼によつて公共の危険は既に生じているが故に客体の存在の喪失を必要としない。屋根長さ一尺七、八寸幅四尺程を焼燬した事案に関し、

【86】「放火罪ハ公共ニ重大ナル危険ヲ生セシムル犯罪ナルヲ以テ其危険ヲ生シタルヤ否ヤヲ以テ犯罪ノ既遂未遂ヲ区別スルノ標準ト為ササル可ラス犯人ノ点シタル火カ其使用シタル燃料ヲ離レ独立シテ燃焼作用ヲ継続スルトキハ既ニ公共ノ危険ヲ生シタルモノナレハ焼燬部分ノ如何ニ拘ハラス放火罪ノ既遂ト為ルモノニシテ其目的物カ焼燬ノ為メ其存在ヲ亡失スルコトハ放火罪既遂ノ条件ニアラス」（大判大五・九・一九新聞一一七六・三三）。

と判示する。

以上の趣旨からして客体の効用喪失を必要としない。空屋裏入口横の羽目板大部分その他を焼燬した事案について、上告理由が、わが刑法の如き立法にあつては、既遂となすには客体の燃焼では足りず、その効用を失わせることが必要である、となしたのに対して、

【87】「放火罪ハ静謐ニ対スル犯罪ナレハ苟クモ放火ノ所為カ一定ノ目的物ノ上ニ行ハレ其状態カ導火材料ヲ離レ独立シテ燃焼作用ヲ営ミ得ヘキ場合ニ於テハ公共ノ静謐ニ対スル危険ハ既ニ発生セルヲ以テ縦令其目的物ヲシテ全然其効用ヲ喪失セシムルニ迨ハサルモ刑法ニ所謂焼燬ノ結果ヲ生シ放火ノ既遂状態ニ達シタルモノト謂ハサルヘカラス」（大判大七・三・一五刑録二四・二一九）。

と判示する。本判例と文言もほとんど同一の同旨の判例としては、瓦葺平家の柱その他の家材を燃焼した事案についての大審院大正一四年一二月二三日判決（評論一五刑訴四九）、居宅軒の一部および便所の内部を焼燬した事案についての同昭和四年一月三一日判決（評論一八刑訴九七）、茅葺屋根および障子戸に燃え移らせ住宅の一部を焼燬した事案についての同昭和六年六月八日判決（新聞三二九〇・一三）、萱葺屋根の一部焼燬の事案についての同昭和七年六月一日判決（新聞三四四五・一一）、家屋の「ツマ」および屋根の各一部を焼燬した事案についての同昭和七年六月六日判決（刑集一一・七五六。この判例における上告理由はつぎの如くである。焼燬について、わが国固有の解釈に従うならば炎上を必要とする。ドイツ刑法にあつては独立燃焼説をとるが、犯人が火事の発見されるに先立つて、且つまた単に火をつけることによつて生じた損害以外の損害の発生するに先立つて火災を消し止めたときは無罪とする規定（ドイツ刑法三一〇）がある。このような規定のないわが国において独立燃焼説を一貫するならば、客体が独立して燃焼する状態になれば既遂であるから、犯人が任意にこれを消火しても中止未遂犯の取扱いを受けることができない。障碍未遂についても同様である。これは法の精神に適合しないと）、屋根裏一尺四方焼燬の事案についての同昭和八年三月二日判決（新聞三五六九・一四）がある。

又、客体の一部焼燬で既遂に達しているが故に、その全部若しくはその重要部分を焼失して客体の効用を喪失することは必要ではない。住宅台所柱、外囲板、屋根裏の一部焼燬の事案に関し、

【88】「放火罪ハ主トシテ公共的法益ナル静謐ヲ害スル犯罪ナレハ苟モ放火ノ所為カ一定ノ目的物ノ上ニ行ハレ導火材料ヲ離レ独立シテ燃焼作用ヲ営ミ得ヘキ状態ニ在ルトキハ公共ノ静謐ニ対スル危険ハ既ニ発生セルヲ以テ仮令其ノ目的物ニシテ一部焼燬ノ結果ニ止マルモ刑法第百八条ニ所謂焼燬ト云ヒ得ヘク放火ノ既遂状態

ニ達シタルモノトス」（大判昭八・九・一六新聞三六一五・一二）。

となし、又、住宅の柱、庇および庇受の一部を焼燬した事案について、上告理由が、

焼燬とは文字の構造からして火力による物の燬滅を意味する。或は放火の公共危険性から、わが国の如く建物の大部分が可燃物質から成る現状では独立燃焼説によるべきであるとの見解も立つであろうが、このように解するならば放火罪の未遂の範囲を過当に縮少し、放火罪の未遂犯を想定することは不可能となるであろう

となすのに対して、

【89】「人ノ住居ニ使用スル建造物ヲ焼燬スル罪ノ既遂タルニハ必スシモ該建造物ノ全部若ハ其ノ重要部分ヲ焼失シ建造物トシテノ効用ヲ喪失セシムルヲ要セス犯人ノ供用シタル媒介物ヨリ建造物ノ一部ニ延焼シ爾後該媒介物ノ火力ヲ借ラサルモ独立シテ建造物焼燬ノ作用ヲ継続シ得ル状体ニ在ルトキヲ以テ放火罪ノ既遂ナリト謂フヲ得ヘシ蓋火ハ建造物ノ一部ニ延燃シ爾後独立シテ焼燬ノ作用ヲ継続スルニ於テハ該建造物ヲ烏有ニ帰セシムルコト必然ナルヲ以テ此ノ状体ヲ出現シタルトキハ即チ公共的法益ヲ侵害スルモノニ外ナラサレハナリ」（大判昭九・一一・三〇刑集一三・一六三一、〔研究〕木村「放火罪の既遂時期」志林三七巻六号八三頁以下、草野「放火罪に於ける焼燬の意義」刑事判例研究一冊二七八頁以下、滝川「放火罪の既遂」刑事判決批評一巻二二五頁以下）。

と判示する。

(2)　独立燃焼の事例　前述の判例の如く、独立燃焼と公共の危険との関係を明示しないが、独立燃焼説より既遂を考察している判例も多く存する。

まず、客体の存在の喪失を必要としないとなすものとして、建造物の屋根横四尺縦一間位およびその屋根下桁木四尺余を焼燬したという事案に関し、

【90】「刑法第百八条ニ所謂焼燬トハ犯人ニ依テ点セラレタル火カ其媒介物タル燃料ヲ離レ焼燬ノ目的物タル建造物其他同条列記ノ物ニ移リ独立シテ其燃焼力ヲ継続スル事実ヲ指称スルモノニシテ叙上焼燬ノ程度ニ於

テ同条規定ノ放火罪ノ既遂トナルヘク其目的物カ焼燬ノ為メニ其存在ヲ亡失スルニ至ルコト換言スレハ其原形ノ大部分ヲ失フコトハ同罪ノ既遂トナル条件ニアラサルナリ」（大判明四三・三・四刑録一六・三八四）。

があり、客体の存在およびその効用を喪失することを必要としないとなすものとして、

【91】「放火ノ既遂罪成立スルニハ家屋其他放火罪ノ目的タル物体カ全然焼燼シ其存在ヲ失フカ若クハ家屋其他ノ物体カ各自ノ効用ヲ喪フヘキ状態ニ於テ焼燬セラルルコトヲ必要トセス犯人ノ点シタル火カ媒介物タル燃料ヲ離レテ目的物ニ移リ独立シテ燃焼作用ヲ遂ケ得ヘキ程度ニ達スルヲ以テ足ルモノトス」（大判大三・一二・二四新聞九二六・二八）。

がある。又、客体の効用を喪失することを必要としないとなすものとして、建造物の板壁約一坪を焼失したという事案に関し、

【92】「刑法第百八条ニ所謂焼燬トハ犯人ノ点シタル火カ其ノ媒介物タル燃料ヲ離レ建造物其ノ他同条列記ノ物ニ移リ独立シテ其ノ燃焼力ヲ継続シ得ル状況ニ達シタル事実ヲ指称シ此等目的物カ火力ノ為重要部分ヲ焼失シ其ノ効用ヲ失フニ至レルコトヲ要スルモノニ非サルコト当院判例ノ示ス所ナリ」（大判昭七・五・五新聞三四一〇・一八、評論二一刑法一七六）。

が存する。同旨の判例としては、建造物の階段附近の柱の一部、四疊半の間の根太、大引、椽木を焼燬した事案についての大審院昭和二年八月三一日判決（新聞二七五七・一一、評論一六刑法三一八）がある。

その他、押入の天井板三尺四方および上部の屋根裏約二坪を燻焦した事案に関し、

【93】「押入ノ天井板約三尺四方ヲ焼抜キタル外上部ノ屋根裏約二坪ヲ燻焦セシメタリト云フニ在リテ即既ニ導火材料ヲ離レ独立シテ燃焼作用ヲ営ミ得ヘキ状態ニ達シタルコト明白ナレハ被告人ノ行為ハ刑法第百八条ノ既遂ナリト為スヘク所論ノ如ク未遂ヲ以テ論スヘキモノニ非ス」（大判昭七・一二・九新聞三五〇八・一五）。

と判示する。同旨のものとしては、庇屋根を焼き抜き屋根裏に延焼した事案についての大審院大正四

年七月一五日判決(新聞一〇三七・二八)、屋根先幅約一間深さ約一尺を燃焼した事案についての同大正七年九月一九日判決(新聞一四七三・二六)、便所入口の板戸の経約二尺位とこれに取り付けてある約一寸角の柱の下方約一尺五寸程燃焼した事案についての同昭和六年二月一二日判決(新聞三二三七・一一)がある。

なお、建造物の一部が現に人の住居に使用されている場合、その部分と一体をなす建造物全体が現住建造物となることは前述のとおりである(二放火罪の客体参照)。従って、現住建造物の一部について独立燃焼の状態に達していれば、その箇所が現に人の住居に使用し又は現在する箇所でなくとも現住建造物放火の既遂であるとする。前述【20】に関してであるが、二戸建家屋一棟の内空家の蹴込板、床柱、横木等の一部を焼燬した事案に関し、

【94】「原判決ノ認定事実ニ依レハ被告人ハ所論原判示二戸建家屋一棟全部ヲ焼燬センコトヲ企テ其ノ内一戸ハ空家ナルモ他ノ一戸ニハ坂本庄之助カ住居スルニ拘ラス其ノ空家ノ方ノ台所ノ揚板下ニ遺留シアリタル苞苴藁ニ石油ヲ注キタル上燐寸ヲ以テ点火シ因テ之ニ近接スル右家屋ノ蹴込板床柱横木等ノ一部ヲ焼燬シタリト云フニ在ルヲ以テ被告人ハ刑法第百八条ニ所謂火ヲ放チ現ニ人ノ住居ニ使用スル建造物ヲ焼燬シタル者ニ外ナラサルニヨリ……」(大判昭三・五・二四評論一七刑法二五六)。

と判示する。

最高裁判所も従来の判例を踏襲し独立燃焼説をとる。家屋の押入内壁紙に放火し天井裏一尺四方を燃焼した事案について、上告理由が、独立燃焼説にあっては被告人が任意に消火しても中止未遂犯の取り扱を受け得ない不都合を指摘したのに対して、

【95】「右の事実自体によつて、火勢は放火の媒介物を離れて家屋が独立燃焼する程度に達したことが認め

られるので、原判示の事実は放火既遂罪を構成する事実を充たしたものというべきである」（最判昭二三・一一・二刑集二・一二・一四四三、〔研究〕大塚「放火罪の既遂時期（いわゆる焼燬の概念）」判例研究二巻七号五一頁以下）。と判示する。同旨のものとしては、前述の、人の寝泊りする劇場の一部をなす便所に放火し独立燃焼に達した事案についての【19】、および、住宅の一部である三疊間の床板約一尺四方並びに押入床板および上段各約三尺四方を燃焼した事案についての最高裁判所昭和二五年五月二五日判決（刑集四・五・八五四）がある（なお、最高裁判所の判例として、火焔瓶を投げ、そのガソリンの燃焼により乗用自動車の運転台座席被覆の一部を焼燬したが、自動車自体に燃え移り独立燃焼の程度に達しないときは刑法一一〇条の放火罪は成立しない、となすものがある（最判昭三三・九・一六家裁月報一〇・九・一一〇））。

なお、最近の高等裁判所の判例としてはつぎの如きものがある。

家族寮の一階居室の前廊下掃出口東側引戸の一部（縦約二五糎、横約二五糎）およびこれに接する畳の一部（縦約四五糎、横約三五糎）をそれぞれ燃焼燬損させたほか、右引戸に接する柱の部分を約一粍の深度に、右引戸の敷居南縁のうち前記柱より約二五糎西方に至るまでの部分を約三粍の深度に、同鴨居南縁のうち、右柱より約三四糎西方に至るまでの部分を約三粍の深度にそれぞれ炭化せしめたという事案に関し、

【96】「凡そ、放火による火勢が放火の媒介物を離れて、家屋が独立して燃焼する程度に達したときは放火の既遂をもつて論ずべきであつて、そのことは、既に最高裁判所屡次の判例が示すところである（最高裁判所刑事判例集第二巻第一二号一四四三頁、同第四巻第五号八五四頁参照）。そして一旦燃焼の程度が右の程度に達した以上、その後火が人為的に消火せられようと、或いは自然に鎮火しようと、それは放火既遂罪の成立に何ら消長を及ぼさないものと解するのが相当であつて、右の独立して燃焼する程度に達したか否かは、燃焼による物質的損傷の程度によつて認定せられるべきものである」（東京高判昭三七・五・三〇下級刑集四・五・三六五）。

となし、本件放火の既遂を認めている（同旨の高等裁判所の判例としては、屋根裏が全部で目測約二坪程焼けた事案についての東京高判昭三〇・二・二八高裁特報二・四・九七、家屋羽目板を焼燬した事案についての東京高判昭三二・七・四東京高時報八・七・刑一九八、屋根板二箇所、すなわち長さ約二三糎、幅約五糎の部分と長さ約八糎、幅約一〇糎の部分を焼燬した事案についての東京高判昭三四・二・二三東京高時報一〇・二・刑一二八、および、根太の上に置かれただけで釘付けされていない床板のほか床板の一部分および床の間の床框の一部を焼燬した事案についての東京高判昭三四・一一・五下級刑集一・一一・二三三四がある。なお、独立燃焼に達しないとなすものとしては、こたつ櫓・布団・畳などの建具類が焼失したほかは、なげし・壁代用のベニヤ板の一部をこがした程度で、その少部が僅かに炭火したという事案についての東京高判昭三二・一二・一九高裁特報四・二四・六六〇がある）。

以上の如く判例は終始一貫して、独立燃焼をもつて公共の危険を発したものと解し、独立燃焼説をとつている。しかし、このような独立燃焼説に対しては種々の面より批判がなされている。

まず第一に、公共の危険と独立燃焼との間には必ずしも必然的関係がないとの非難がなされている。飯塚敏夫氏は「……公共の危険は、第一に、目的物自体の独立燃焼に先立つて優に発生し得るのである。多量の媒介物に石油でも注いで風の強い晩に放火したならば、独立燃焼は扨て置き、点火行為自体に依て夙く既に公共の危険は具体化するのである。加之、第二に、公共の危険は目的物全部が灰燼に帰しても尚ほ発生し得ない場合が事実上屢々存在するのである。例へば、山中の炭焼小屋を焼き払ふが如く、……其の焼燬に因て徹頭徹尾何等の公共危険をも惹起し得ないこともあり得るのである。……而して、焼燬の事実が存するに不拘、公共の危険が具体的に発生せぬ場合の存在し得ることは、我が刑法典も亦た明確に之を承認して居るのである。刑法第百九条第二項、第百十条等の規定は之を示すものでなくして何であらう」とされる（飯塚・論攷三六九頁以下）。独立燃焼をもつて公共の危険の発生の一応の標準とすることは、必ずしも反対され得ないであろうが、それが果してもつとも当を得たものであるかについては疑問である。

そこで第二に、放火罪の規定の本質より効用喪失説が合理的であつて、独立燃焼説を排斥すべきであるとの主張がなされている。木村教授は「具体的危殆犯としての放火罪に在つては、公共危険が構成要件となつて居るが故に、放火行為の結果としての焼燬は公共危険を伴ふ程度のもの、換言すれば、具体的に他人の身体生命又は財産に対して危害を生ぜしめる程度のものでなければならぬことは当然である。従つて、焼燬ありと謂はれるには、単に、火が媒介物を離れて独立に燃焼し得る状態に達するを以つては足らず、物の効用を喪失せしめる程度に至らなければならぬ。故に、具体的危殆犯としての第一〇九条第二項、第一一〇条第一一六条第二項の焼燬は、その規定の本質上、独立燃焼説の立場において解せらるべきものではなく、当然効用喪失説の意味において理解せられねばならぬこととなるのである。問題は第一〇八条及び第一〇九条第一項における焼燬の概念である。……これ等の非本来的危殆犯においては、公共危険は、既に述べられた如く、単に、立法理由であり、擬制的構成要件であるに過ぎない。故に、この種の規定の解釈に在つては、立法理由と解釈とが能ふ限り一致せしめられ、擬制的要素が能ふ限り排除せられ、具体的には何等公共的危険の存在せざるが如き場合をも包含せしめるといふ結果が能ふ限り避けられねばならぬ。然るに、独立燃焼説では、焼燬の概念の中に、公共危険が具体的に存在せざる場合特に公共危険ありとせらる程度に至らざる行為が甚だ広汎に亘つて包含せられる可能性を持つのに反して、効用喪失説ではその可能性が最小限に還元せられ法律規定の目的と解釈とが適当に一致する結果とならしめられる。故に、かかる意味において、第一〇八条及び第一〇九条第一項の焼燬の意味も、合目的的見地からは、効用喪失説の意味に解せらるべきである」と主張される（木村前掲八八頁以下）。この点よりして独立燃焼説の欠点が明らかにされるに至るのである。

又第三に、独立燃焼説は実際的適用の面において放火未遂の範囲を甚しく縮小し、中止未遂の成立に対して甚だ酷な結果を生ずるという批判がなされている（前述の如く、この批判は【89】、【95】等の上告理由においてもみられる。なお、木村前掲九〇―一頁、滝川前掲二三一頁、同・各論二一六―七頁、江家・各論九二頁、植松・各論六六頁、井上・各論一七七頁、宮内・各論講義中巻二一七頁、福田・各論七五―六頁、大塚前掲六二―三頁）。大塚教授は「わが刑法は放火について予備（一一三条）、未遂（一一二条）、既遂（一〇八―一一一条）の三段階を認めそれぞれ異つた評価を予想している。しかるに、いま独立燃焼の程度で放火の既遂を認めるならば、放火未遂の適用範囲は甚しく減少する。これはわが刑法の趣旨に適つた解釈とはいい得ぬであろう。そうして、刑法上、未遂の刑は原則として既遂のそれと同一であることをおもえば（四三条）、独立燃焼の程度では、なお一般にこれを未遂としても格別の不都合はみられないであろうし、さように解することが、むしろ、刑法の各規定を生かして解釈する所以であると考える」とされ（大塚前掲六二頁）、又、木村教授は「放火罪について独立燃焼説を採る時は、結果発生を防止するにつき十分の努力を為したが障礙に因りその効なく甚だ微小なる部分につき焼燬の結果を成立せしめるに過ぎぬ場合においても、既遂の責任を論ぜねばならぬ。かかる場合、独立燃焼説が通説であるドイツでは、……中止犯の成立を特別に規定せるが故に（ドイツ刑法三一〇条）、或る程度まで不合理な結果が避けられることとなつて居る。之に反して、かかる中止犯に関する特別規定なき我が刑法の下において、中止犯につき結果の防止を必然的要件とする説と同時に独立燃焼説を採るにおいては甚だしく不合理な結果が生ずるに至るであらう」とされる（木村前掲九〇―一頁）。このような批判も妥当であつて、前述の如くドイツにあつて独立燃焼説が通説であるといつても、ドイツ刑法の規定と異なるわが刑法にあつては独立燃焼説は妥当な見解とはいい得ないと考える。

最後に第四に、独立燃焼説は、わが国と西洋諸国との建造物の性質の相違からも批判されている。滝川博士は、西洋諸国の建物は石、煉瓦等の不燃性の物質を材料とするものが多く、効用毀滅説によると放火の既遂を認めないというと同一であるが、わが国の建物は原則として木造であつて、一旦火が移れば当然に燃焼を継続し、対象全体を灰燼にする可能性がすこぶる多く、独立燃焼説によれば放火未遂罪をほとんど認めないことに帰着する、と主張されている(滝川前掲二三〇—一頁)。このような主張は独立燃焼説が放火未遂の範囲を甚しく縮小するという批判を別の面から理由づけるものであつて妥当であると思う。

以上の如き批判が独立燃焼説に対してなされているが、前述の如く判例は正面からこの点を判示したものはなく、最高裁判所に至るまで従来の主張を繰返しているに過ぎない。右の批判に対して独立燃焼説の確固たる理由づけを期待したい。

なお、独立燃焼説をとられる草野博士は右の如き非難に対してつぎの如く批判される。「惟ふに此の非難たるや、一応尤もな次第と首肯せられないではないが、然し爆弾投下を只管に怖れねばならぬ我が建造物の現状に於ては、苟くも建造物等に放火し、其の火が媒介物を離れて独立の燃焼を始むるに於ては、換言すれば、火が犯人の支配力の外に出で燃焼を継続して大事に至るべきことを予想せしむるに於ては、効用毀損の有無に拘らず、既遂を以て論じても必しも不都合がないのではあるまいか。従来、独立燃焼の非難を受くる所以のものは、火が媒介物を離れて独立に燃焼を始めた刹那に既に、既遂となると云ふやうに、極端な解釈を試み来つて居るからではあるまいか」（草野前掲二八八頁）。「私は、右の如き放火罪の本質論よりする燃焼に付ての効用毀損説に対しても、放火罪が公共危険罪であることと我国建造物の構造の実情とからして、矢張独立燃焼説は爾く排斥せらるべきものでないと信ずる。殊に独立燃焼といふことに一工夫を加へて、前述の如く解するに於て、然りである」（草野前掲二九三頁）と。このように草野博士は独立燃焼説を弁護されているが、この見解は従来の独立燃焼説とは異つた立場に立たれるものというべきであると思う。すなわち、独立燃焼に「一工夫を加へて」、「火が犯人の支配力の外に出て燃焼を継続して大事に至るべきことを予想せしむるに於ては……」と述べられている点に、独立燃焼説、効用毀滅説とは別個の立場を明らかにしていると思われるのである（大塚前掲六五一六頁参照）。又、団藤教授は前述の如く独立燃焼説をとられ、放火罪の基本的性格が公共危険罪であること、執行猶予の規定が改正された現在では独立燃焼説によつても事案の解決として充分に具体的妥当性をはかることができること、しかも、独立燃焼説は失火罪についても妥当な結論を示すこと、等をその根拠とされる（団藤・各論一八一九頁）。しかし、団藤教授も独立燃焼説に難点のあることを認めておられるところであり、その根拠とされる点のみをもつて上述の如き独立燃焼説に対する種々の批判が克服されるかは疑問である。

以上述べたところよりして、焼燬の概念について判例のとる独立燃焼説は妥当な見解とはいい得ない。その点効用滅却説は正当な見解と考えるのであるが、果して効用喪失説の如く厳格に解すべきかについては、現在疑問に思つている。この点についての詳細は後日に譲りたいと思う。

二　公共の危険の発生

（一）序説　放火罪の結果として焼燬のほかに公共の危険の発生が問題となる。公共の危険とは、一般的な意義においては、公衆の生命・身体・財産に対する危険をいうのである。わが刑法は放火罪の構成要件上必ずしも公共の危険の発生を要件としていないことは前述のとおりである。それを要件としない抽象的危険犯（刑一〇八・一〇九Ⅰ）は一定の構成要件の内容の実現をもって常に抽象的に公共の危険があるとするものである。従って抽象的危険犯にあっては公共の危険は立法理由に過ぎない。これに対して、具体的危険犯（刑一〇九Ⅱ・一一〇・一一六Ⅱ等）は具体的に公共の危険の発生を条件として処罰するのである。そこで、この公共の危険の発生に関しては具体的危険犯において問題となるのである。判例もこの点を明らかにしている。

【97】「放火罪ハ素ト公共ノ危険ニ対スル犯罪ナルヲ以テ刑法第百八条及第百九条第一項ニ規定セル放火罪ニ在テハ其行為中ニ当然公共ニ対スル危険ノ観念ヲ包含スルモノトシテ特ニ公共ノ危険ヲ生セシメタル事実ヲ以テ犯罪構成ノ要件ト為サスト雖モ同法第百十条ノ放火罪ニ至テハ其行為自体ニハ叙上ノ観念ヲ含蓄セサルカ故ニ其行為ニ因リテ公共ノ危険ヲ生セシメタル場合ニ於テ始メテ犯罪ヲ構成スルモノトス」（大判明四四・四・二四刑録一七・六五五）。

【98】「刑法第百八条所定ノ放火罪ハ火ヲ放テ現ニ人ノ住居ニ使用シ又ハ人ノ現在スル建造物等ニ放火シ以テ之ヲ焼燬スルニ因リテ成立シ因テ公共ノ危険ヲ生セシメタリヤ否ハ問フ所ニ非サルヲ以テ……」（大判昭六・一二・二三新聞三三七〇・一〇、評論二一刑法四七）。

【99】「刑法第百八条掲記物件ノ焼燬ハ通例公共ノ危険ヲ生スルモノナレハ同条ハ其ノ一般的性質ヲ稽ヘ苟モ是等ノ物件ニ付焼燬ノ事実アレハ具体的ノ場合ニ於テ現実公共ノ危険ヲ生シタルト否トニ拘ラス之ヲ犯罪トシテ処断スルノ趣旨ナリトス」（大判昭九・八・九評論二三刑法二五三、同旨、大判大七・三・一五刑録二四・二一九）。

なお、ここで問題となるのは刑法一一五条と公共の危険の発生との関係であるが、判例は、刑法一一五条は、その所定の客体を焼燬する場合損害を他人におよぼし又はおよぼす危険があるので、そのような場合には他人の物を焼燬すると同様に処罰するという趣旨であつて、この点より公共の危険の発生を必要としない、となす。妥当な判旨と思う（宮本・大綱四三六頁）。

【100】「火ヲ放テ犯人ノ所有ニ係ル刑法第百九条第一項記載ノ物件ヲ焼燬シタル場合ニ若シ同物件カ火災保険ニ付セラレタルモノナルニ於テハ他人ノ物ヲ焼燬シタルト同様刑法第百九条第一項ノ刑ヲ以テ処断スヘク同条第二項所定ノ公共ノ危険ノ発生ヲ要件トセサルコトハ同法第百十五条ノ解釈上疑ヲ容レサルトコロナリ蓋シ刑法第百九条第二項ニ於テ……若シ該物件ニシテ差押ヲ受ケ物権ヲ負担シ又ハ賃貸シ若ハ保険ニ付セラレタル場合ニ於テハ之ヲ焼燬スルコトハ損害ヲ他人ニ及シ若シクハ之ヲ及ス危険ヲ招来スルコトト為リ単ナル財産権ノ処分トシテ之ヲ放任スルコトヲ許ササルニ鑑ミ此ノ如キ場合ニハ最早前叙ノ如キ刑ノ減軽ヲ為ス事由ヲ認メス他人ノ物ヲ焼燬シタルト同様ニ処罰スルヲ以テ最モ事理ニ適シタルモノト為シ同法第百十五条ノ規定ヲ置キタルモノニシテ所論ノ如ク同条ヲ以テ同法第百九条第二項ノ犯罪ノ成立ヲ前提トシタル刑ノ加重的規定ト解スヘキニ非ス従ツテ公共危険発生ノ如キハ全ク前示犯罪成立ノ要件ト為ルモノニ非ルナリ」（大判昭一一・二・一八刑集一五・一三二）。

なお、直接右の問題と関係はないが、【100】と同様に解する刑法一一五条の法意に関する判例を挙げておこう。上告理由が、

刑法一一五条は、同一〇九条一項の物件が自己所有の場合であつても、差押等を受けている場合は他人の物とみなし、同一〇九条二項を適用しないで同条一項を適用すべきことを示している。すなわち自己所有の場合でも差押等を受けている場合には、公共の危険の有無にかかわりなくこれを他人の物と同一に取扱うべきこととしているのである。純粋に自己の所有であつた場合には、公共危険のある場合に限り罰することとしている本旨は、所有物の処分自由の原則、延ては憲法二九条の財産権不可侵の原則に由来するものである。従つてたとえ差押を受けたにせよ、所有権に変動なき以上、公共危険の発生の場合のみ罰すべきが当然なるに拘らず、

このような区別をなさず、公共危険の発生なくしても罰する刑法一一五条は結局憲法二九条に反する法規といわねばならぬ

となしたのに対して、

【101】「刑法一一五条は、同条の物件が犯人の所有に属する場合であつても、若しそれが差押を受け、物権を負担し又は賃貸し若しくは保険に付せられた場合において、これを焼燬することは、損害を他人に及ぼし又は及ぼすおそれのあるものであるから、そのような他人の利益の侵害となる行為を犯罪と認めてこれを処罰することとしたものであつて、他人の財産権の行使を制限することを内容とした規定でない」(最決昭三三・三・二七刑集一二・四・六六六)。

と判示する。

（二）　公共の危険の意義　　公共の危険とは、前述の如く、一般的意義においては、公衆の生命・身体・財産に対する危険をいうのである。公共の危険に関する判例をみるに、公共の危険を「第百八条及第百九条ノ物件ニ延焼スル結果ヲ発生スヘキ虞アリト思料セシムルニ相当スル状態」と解する判例がある。前述【97】の判例であるが、人の住宅から二間離れた所に堆積してあつた他人所有の多量の藁に放火してこれを焼燬した事案に関し、

【102】「此ニ所謂公共ノ危険トハ其放火行為カ同条所定ノ物件ニ付キ発生セシメタル実害ヲ謂フニアラスシテ其放火行為ニヨリテ一般不特定ノ多数人ヲシテ前掲第百八条及第百九条ノ物件ニ延焼スル結果ヲ発生スヘキ虞アリト思料セシムルニ相当スル状態ヲ指称スルモノニ外ナラス故ニ苟クモ理性ノ判断ニヨリ叙上ノ虞アリト認ムヘキ場合ニ在テハ縦令其当時物理上結果ノ発生ヲ虞ルヘキ理由ナカリシトスルモ之カタメニ其判断ノ当否ヲ論難スルヲ容サス何トナレハ物的現象ハ瞬間ニ変転スルコトアルヲ恒トスルヲ以テ一時ノ現象ハ以テ絶対ノ真理ト為スニ足ラサレハナリ原判決ノ認定セル事実ハ被告カ人ノ住家ヲ距ル僅カニ二間ノ処ニ堆積シアリタル

他人所有ニ係ル多量ノ藁ニ放火シテ之ヲ焼燬シタリト云フニ在レハ縦令論旨ノ如ク当時風位ハ人家ニ反対セル方向ニ在リタリトスルモ物理上絶対ニ人家ニ延燬スル虞ナシト速断スヘカラス公衆ヲシテ人家ニ延焼スル結果ノ発生ヲ思慮セシムルニ相当ノ理由ヲ存スル状態タリシヤ疑ヲ容レス」（大判明四四・四・二四刑録一七・六五五、同旨、仙台高秋田支判昭三二・一二・一〇高裁特報四，二四・六五四。なお【105】参照）。

と判示する。

しかし、本判例において考えられている公共の危険のほかに一般的意義における公共の危険をも認めている判例がある。すなわち、公共の危険を「第百八条及ヒ第百九条ノ物ニ延焼セントシ其他一般不定ノ多数人ヲシテ生命身体及ヒ財産ニ対シテ危害ヲ感セシムルニ付相当ノ理由ヲ有スル状態」と解するのである。失火罪の刑法一一六条二項に関するものであるが、山林にて炭焼に従事中過失によって山林一段余歩を焼失せしめた事案に関し、

【103】「刑法第百十六条第二項ニ所謂公共ノ危険ヲ生セシメタルトハ火ヲ失シテ自己ノ所有ニ係ル第百九条ノ物又ハ自己若クハ他人ノ所有ニ属スル第百十条ノ物ヲ焼燬シ因テ第百八条及ヒ第百九条ノ物ニ延焼セントシ其他一般不定ノ多数人ヲシテ生命身体及ヒ財産ニ対シテ危害ヲ感セシムルニ付相当ノ理由ヲ有スル状態ヲ発生シタルコトヲ謂フモノトス蓋シ法ハ第百八条及ヒ第百九条ノ物ヲ焼燬スル行為ハ抽象的ニ一般不定ノ多数人ニ対シ生命身体及ヒ財産ニ危害ヲ及ホス虞アルモノトシ之ヲ処罰スルモ自己ノ所有ニ係ル第百九条ノ物及ヒ自己又ハ他人ノ所有ニ属スル第百十条ノ物ニ付テハ否ラス其焼燬ノミニテハ未タ犯罪ヲ構成セス其焼燬ノ結果具体的ニ一般不定ノ多数人ニ対シ生命身体及ヒ財産ニ危害ヲ及ホス虞アリタルトキ始メテ之ヲ処罰スヘキモノト為スヲ以テ単タ前掲物件ヲ焼燬シタルニ止リ未タ第百八条ノ物及ヒ他人ノ所有ニ属スル第百九条ノ物ニ延焼セントシ其他一般不定ノ多数人ヲシテ上叙ノ危害ヲ感セシムルノ状態ニ至ラサルニ於テハ縦令他人ノ所有ニ属スル

他ノ第百十条ノ物ニ延焼シ若クハ延焼スル虞アラシムルモ之ヲ以テ直ニ一般不定ノ多数人ヲシテ生命身体及ヒ財産ニ対シ危害ヲ感セシムヘキ状態ヲ発生シタルモノト謂フヘカラサレハ其行為ハ公共ノ危険ヲ生セシメタルモノトシテ処罰スヘキニ非ス」（大判大五・九・一八刑録二二・一三五九、〔研究〕牧野「放火罪失火罪に於ける公共の危険」研究二巻二二五頁以下）。

と判示する。

以上の判例をみるに、【102】の如く、「第百八条及第百九条ノ物件ニ延焼スル結果ヲ発生スヘキ虞アリト思料セシムルニ相当スル状態」をもつて公共の危険あるものとみることは妥当である。刑法一〇八条および一〇九条一項記載の客体を焼燬した場合には、前述の如く、それ自体が公共の危険を生ぜしめたものとみなされているが故に、これ等の客体に延焼する危険が生じた場合には、その客体が特定又は一個の場合であつても、公共の危険の成立あるものとすべきである（牧野・各論上巻八八―九頁、江家・各論九五頁、宮原「放火罪」六九〇頁参照）。しかし、公共の危険をこのようにのみ解することはいささか狭きに失する。その点、そのほかに一般的意義における公共の危険を認める【103】は妥当な見解である（大場・各論下巻一〇〇―一頁、泉二・日本刑法論各論一四八頁、牧野・各論上巻八八―九頁、江家・各論九四―五頁、植松・各論六八頁、宮内・各論講義中巻二一一―二頁、二一九頁、宮原前掲六九〇頁）。この点に関しては牧野博士は適切につぎの如く述べられる。「公共の危険といふことは……其の本来に於ては一定の意義のものであるが、第百八条第百九条所定の物件に延焼する虞ある場合に於ては、其の物件の被害が公共の危険といふことの本来の観念に入らざる場合と雖も尚解釈上それに包含せしめるのである。之は放火失火の罪が公益的犯罪であるといふことから来る論結である。即ち、第百八条及び第百九条第一項の法益に付ては、其の焼燬自体に依りて放火罪失火罪が成立するのである。而も、放火罪失火罪は公益的犯罪であると観念せらるべきものであるから、其の法益の焼燬自体が公共の損害を引起したものと看做されて居るものと謂はねばならぬのである。換言すれば、公共の危険といふことは重複的意義を有するものと見ねばならぬ。第一は其の語の本来のものが示す所のものである。第二は第百八条第百九条の解釈として生ずるものである。而して、後者は、其の本来の性質上単純なる個人的法益の侵害に関するに止まる場合に於ても、尚放火罪失火罪の関係に於ては公共の危険の観念の内に入るのである」と（牧野・研究二二七―八頁）。

つぎに、一般的意義における公共の危険の概念に関して問題になる点について若干述べることとする。

危険の対象となるべき種目が生命・身体・財産であることについては学説、判例上異論はないが（一般に、【103】における如く生命・身体・財産としているが、木村・各論二〇六頁は「人の生命・身体又は重要なる範囲に亙るところの財産」とされ、団藤・各論一一三頁は「生命・身体または重要な財産」とされている）、その法益の主体に関しては学説、判例上争がある。不定多数に関するものとなす見解（安平・各論下巻二三頁、大場・各論下巻一〇〇―一頁、泉二・各論一四八頁）、不特定に関するものとなす見解（小野・各論七三頁）、特定又は不特定の多数人に関するものとなす見解（宮本・大綱四二九頁、宮内・各論講義中巻二一二頁）、多数人に関するものとなす見解（滝川・各論二二〇頁）、および、不特定又は多数人に関するものとなす見解（牧野・各論上巻八八頁、木村・各論二〇六頁、草野・要論二〇六頁、江家・各論九四頁、植松・各論六八頁、井上・各論一七五頁、福田・各論七三頁、宮原前掲六九〇頁。これが通説である）がある。判例【103】は「一般不定ノ多数人」となしている。しかし、特定の多数人および不特定の個人も公衆性をもつものであつて、これ等の者に対する危険を除く理由は見当らない。従つて、通説の如く、法益の主体は不特定又は多数人と解するのが妥当である。

つぎに、危険とは損害発生の蓋然性であるが、その蓋然性の有無の判断について、判例【103】において、「公共ノ危険ヲ生セシメタルトハ……第百八条及ヒ第百九条ノ物ニ延焼セントシ其他一般不定ノ多数人ヲシテ生命身体及ヒ財産ニ対シテ危害ヲ感セシムルニ付相当ノ理由ヲ有スル状態ヲ発生シタルコトヲ謂フモノトス」となし、そして、【102】において、「苟クモ理性ノ判断ニヨリ叙上ノ虞アリト認ムヘキ場合ニ在リテハ縦令其当時物理上結果ノ発生ヲ虞ルヘキ理由ナカリシトスルモ之カタメニ其判断ノ当否ヲ論難スルヲ容サス」となしている。学説も大体においてこの見解に賛成している（牧野・各論上巻八八頁は「一般の人をして不安を感ぜしめる程度」とされ、小野・各論七三頁は「その蓋然性があるかどうかは、健全な国民的理性の判断によるべきであつて、必ずしも物理的可能性の如何に拘らぬ」とされ、木村・各論二一二頁は「具体的に危険が発生したりや否やは理性の判断に依り定むべきである」とされる。そのほか、江家・各論九四―五頁、植松・各論六八頁、安平・各論下巻二三頁、井上・各論一七五頁、宮内・各論講義中巻二一二頁、福田・各論七三頁）。従つて、具体的事情の下において、抽象的に危険があるとされる場合には偶然の事実によつて危険のない場合においても公共の危険があり、又その反対に、具体的事情の下において抽象的危険のない場合においても偶然の事実（例えば風向）によつて具体的危険があるときは公共の危険があると解すべきこととなる（牧野・各論上巻八八頁、木村・各論二二一二頁註二〇、植松・各論六八頁参照）。

（三）　公共の危険を認める事例　　前述の如き公共の危険の概念よりして、その発生を認める判例としては前述【102】のほか、つぎの如きものがある。

失火罪（刑一一六Ⅱ）に関するものであるが、

被告人が託送荷物中に「フアンシーペーパー」又は「レーザーペーパー」という油紙を積み重ねて入れて置いたという過失行為によりドイツ汽船内において被告が同汽船に託送した荷物内の油紙より発火し右荷物および生糸等を焼燬した

という事案に関し、

【104】「右判示ノ如ク汽船内ニ於テ火ヲ失シ判示ノ如ク物件ヲ焼燬シタルトキハ其火力ハ公共ノ危険ヲ生セシメタルモノト云ハサル可ラス即チ原判決ハ被告カ火ヲ失シテ判示ノ物件ヲ焼燬シ因テ公共ノ危険ヲ生セシメタリトノ最後ノ結果ニ付テモ其認定ノ基礎タル具体的事実ヲ判示シアリテ右被告ノ所為ハ刑法第百十六条第二項ニ該当スルモノトシ同条第一項ノ罰例ニヨリ被告ヲ処罰シタル原判決ハ正当ニシテ……」（大判明四四・六・一六刑録一七・一二〇二）。

と判示し、

前記【83】に関してであるが、

被告人は酌婦某に情交を拒絶せられたのみならず「馬鹿野郎」等と罵られたので憤激の余り炬燵蒲団を焼燬してうつぷんをはらそうと考え、新聞紙片を炉灰中に突込んで点火し、これを炬燵蒲団と畳の間に差入れて放火し、右蒲団下掛畳の一部等を焼燬し、そのまま放置すれば右家屋を焼燬し大事に至るべき状態を生ぜしめたという事案に関し、

【105】「火ヲ放テ刑法第百十条第一項所定ノ物ヲ焼燬シ因テ現ニ人ノ住居ニ使用スル建造物ヲ焼燬セムトスル状態ヲ生セシメタル以上公共ノ危険ヲ生セシメタルモノト謂フヘキモノトス原判決ノ判示趣旨ニ依レハ被告人ハ判示新聞紙ニ判示ノ如ク点火シ之ヲ炬燵蒲団ト畳トノ間ニ差入レテ放火シ該蒲団下掛畳ノ一部等ヲ焼燬シ因テ三井てつ等ノ現住スル判示家屋ヲ焼燬セムトスル状態ヲ生セシメタルモノニテ其ノ事実ハ原判決ニ引用セル証拠ニヨリ優ニ之ヲ認ムルヲ得ヘク従テ原判決ニハ所論ノ如キ理由不備ノ違法アルコトナシ」（大判昭六・七・二刑集一〇・三三〇）。

と判示する。

又、

被告は、税務監督局構内車庫にあつた自動車の運転手席等に揮発油を撒布しマッチをこれに投付けて放火し

たが、右自動車の一部を焼燬しただけで巡視に発見消火された。しかしそのままこれを放置すれば、右自動車および車庫を全焼し、さらにこれに近接の監督局本館にも延焼する虞ある状態だつたという事案に関し、

【106】「右ノ如ク自動車ニ対スル被告人ノ放火行為カ之ヲ蔵置シアル車庫及之ニ近接スル右監督局本館ヲ延焼シテ大事ニ至ラシムヘキ結果ヲ発生スヘキ虞アリト思料セラルル状態ニ在リタル以上ハ刑法第百十条第一項ニ所謂公共ノ危険ヲ生セシメタリト云フニ該当スヘク……」（大判昭一〇・一〇・七新聞三八九九・八、評論二四刑法二七四）。

と判示する。

なお、高等裁判所の判例としては、

酒を飲んだ被告人は妾と喧嘩した上、その居宅内の茶わん、鍋、釜、布団、行李等を戸外に投げ出し、妾宅に接する池内方の納屋軒下に横四尺高さ三尺五寸位に積んであつた乾燥藁から僅か一尺程離れた地面にその布団、行李、毛布等を積み重ね、藁に火をつけて被告人所有のその布団二枚、毛布一枚に燃え移らせて火の手を上げ、右池内方の納屋に延焼する危険を発生させたが、他人に消し止められたという事案に関し、

【107】「被告人所有の布団、毛布に放火し因て池内マサル所有の藁積み及び納屋を延焼する客観的高度の可能性即ち客観的危険性が具体的に発生したと認められる以上、かかる危険の発生についての被告人の認識の有無に拘らず、刑法第百十条第二項の現住非現住の建造物等以外の被告人所有に係る物を焼燬し因て公共の危険を生ぜしめた放火罪が成立するのである。このように現実他に延焼しなかつたとしても公共の危険が具体的に発生した以上、仮に被告人が直接に焼燬の対象とした前示布団、毛布等以外の物に延焼するのを防ぐための手段を持つていたとしても、右犯罪の成立には影響を及ぼすものではない」（高松高判昭三一・八・七高裁特報三・一六・七九九）。

と判示する（本判例のほか、【80】および、旅館の廊下に敷いてある茣蓙の上に右旅館所有電気スタンドの笠を置き、その上に竹と木の細い棒二本を置き、右笠の布に放火してこれを焼燬し、且つ茣蓙を燃焼させて家屋に延焼する危険を発生させた事案についての名古屋高判昭三二・五・六高裁特報四・一〇・二四一がある）。

これ等の判例の事案をみるに、前述の公共の危険の概念よりしてその発生があると解することは妥当である。なお、【107】において、公共の「危険の発生についての被告人の認識の有無に拘らず」とある点は前述の三、四、(二)「公共の危険の認識」の箇所で述べた如く疑問が存する。

(四)　公共の危険の発生を否定する事例　つぎに、公共の危険の発生を否定する判例としては、つぎの如きものがある。まず【103】に関するものであるが、

【108】「原判決ニ於テハ本件被告ノ過失ニ因リ焼燬セル森林ハ民家ニ延焼ノ虞ナキ距離ニ在リ又附近ニ刑法第百八条及ヒ第百九条記載ノ物件存在セサルノミナラス四隣ノ私有林及ヒ国有林ニ延焼シテ公共ノ危険ヲ生セシムヘキ具体的事実ナキヲ以テ本件被告ノ行為ハ刑法第百十六条第二項ニ規定セル過失ニ因リ第百十条ノ物ヲ焼燬シ公共ノ危険ヲ生セシメタルモノニ該当セスト判示シ被告ニ対シ無罪ヲ言渡シタルハ相当ニシテ本論旨ハ理由ナシ」（大判大五・九・一八刑録二二・一三五九）。

と判示する。

高等裁判所の判例としては、【35】に関するものであるが、

【109】「当審で取調べた結果によると、本件炭焼小屋の所在した場所は麓に並存する人家から雑木林など（麓から往復する通路に当る中腹一帯の箇所には三椏の密生した畑がある）を隔てゝ直接距離にても三百米以上の山腹に在り、小屋の北側には炭竈を設け、前面は平坦に土盛をなし、周辺の雑木はすべて切り払われ、切株からは既に若芽が萌え出ており、引火延焼の危険のある物は何物も存在しなかつたといい、その上前夜来の雨

は小降りながらも放火当時尚降りつづいて居り、被告人も亦附近一帯が被告人所有の山林であるところから、附近に延焼することのないよう監視しつつ焼燬したというのである。このような状態から見れば他に延焼する危険は毛頭なかつたものと認め得べく、ましてや附近の部落民の中にも延焼の危険を感じたという者も全く認めることは出来ない。即ち被告人の主観に於ても、はたまた客観的状勢に於ても延焼の危険を感ずるという何物もない遠く人家を離れた山腹の炭焼小屋を焼燬したものであつて見れば、公共の危険があつたとは毫も認められない」（広島高岡山支判昭三〇・一一・一五高裁特報二・二二・一一七三）。

と判示する。

なお、地方裁判所の判例としてはつぎの如きものがある。

鉄筋コンクリート造りの電気工業所の前、その隣りのモルタル塗二階建との境界線に接着して、一部コンクリート道路上に一部コンクリート製側溝蓋の上においてあつた電気工業所所有の芥箱（高さ約一米、巾縦約六九糎、横九二糎、厚さ約一・四糎の木製）に放火し、その下部掃き出し用蓋の長さ約六〇糎、巾約二二糎深さ約五粍の部分を焼燬したのであるが、その芥箱から至近距離にある木造構築物まで各約一〇・三四米、約一九米、約一六・一六米、約一七・一七米および約一八・八米あり、その間に延焼の媒介物であり得るものは芥箱より約二米離れて柳の枯木一本とその支柵のみであり、出火当時晴で北々東の風二・八米、湿度八〇%、気温二一・八度であつた

という状況の事案に関し、

【110】「概略、右のような状況において、本件芥箱が前認定の程度に焼燬したのであるが、元来刑法第一一〇条第一項にいう「公共の危険を生ぜしめる」とは一般不特定の多数人をして、延焼の結果を生ずるおそれがある、と思わせるに相当な状態を作出することを言うのであつて、その判断は、発火当時における諸般の事情

を基礎とした合理的判断によるべきである、と解せられるところ、前摘示のごとき状況・程度をもつては、附近の木造構築物への延焼の物理的可能性が存しないことはもとより、延焼の結果を生ずるおそれもなかつた、とするのが合理的であると認められる。即ち公共の危険を生ぜしめた。とは認めがたいと言わなければならない」（静岡地判昭三四・一二・二四下級刑集一・一二・二六八二）。

となし、

橋梁を焼失した事案に関し、

【111】「刑法第百十条第一項に公共の危険とは、放火行為によつて、一般不特定多数人をして、延焼によりその生命身体又は財産の安全を害する虞があると感ぜしむるに相当な状態をいうものと解すべきところ、……本件橋梁の周囲は田畑、道路、丘陵等であり、又少くとも本件橋梁より二百米以内には建造物は存在しない状況である。更に橋の表面はコンクリートで覆われていることから火焔はこのため或程度おさえつけられ、又余り強度の火力でなかつたことは、半分程度焼け残つた部分があることから推認するに難くない。これらのことからして、強烈な風速とか或は特に建造物まで延焼するに足る媒介物の存在等特別の事情の認められない本件においては、本件橋梁の燃焼が藤枝部落、米野木部落又はその附近の部落の人家、その他の建造物等へ延焼するという可能性は殆ど無く、従つて一般公衆をして、その生命、身体又は財産が侵害されるという不安を懐かしむるに相当な状態にあつたとは到底考えられない。その他公共の危険が発生したことを考うべき資料は存しない」（名古屋地判昭三五・七・一九下級刑集二・七＝八・一〇七二）。

と判示する。

以上の判例が公共の危険の発生を否定した事案はいずれも前述の公共の危険の概念に該当しないと解せられるものであつて、判例は妥当なものと解し得る。

五　関連問題

最後に、放火罪の客体・行為および結果に関連する問題として、罪数と他罪との関係についての判例に簡単に触れておくこととする。

一　罪　数

放火罪は公共危険罪であつて、その法益の中心は公共の安全である。従つて罪数に関してもその点より判断すべきである。罪数に関する判例としてはつぎの如きものがある。

（一）　単一の放火行為によつて処罰規定を同じくする数箇の客体を焼燬した場合　この場合にあつては、判例は、放火罪が公共危険罪である点よりして、一罪と解している。学説もこの点一致している。

【112】「人ノ住宅ヲ焼燬スルトキハ個人ノ財産的法益ヲ侵害スルハ勿論ナレトモ之ト同時ニ静謐ナル公共的法益ヲ侵害スルヲ以テ法律ハ右公共的法益侵害ノ点ニ重キヲ置キ財産ニ対スル罪ト其規定ヲ異ニシ放火罪トシテ之ヲ処分スルモノナリトス故ニ本件ノ如ク単一ナル放火行為ヲ以テ二箇ノ住宅ヲ焼燬シタルトキハ個人ノ財産的法益ノ侵害ハ二箇ナランモ一箇ノ公共的法益ヲ侵害シタルニ過キサレハ原院カ一箇ノ行為ニシテ二箇ノ罪名ニ触ルルモノトセス単純ナル一罪即チ一ノ放火罪トシテ之ヲ処分シタルハ正当ニシテ……」（大判大二・三・七刑録一九・三〇六、同旨、大判大一一・一二・一三刑集一・七五四、同大一二・一一・一五刑集二・七九四。なお旧刑法時代の同旨の判例としては、大判明三五・一一・一七刑録八・一〇・五七、その他、二箇の住家を焼燬する意思で放火し、その一箇を焼燬し他は未遂の場合についての同明三四・一一・二六刑録七・一〇・七〇がある）。

（二）　単一の放火行為によつて処罰規定を異にする数箇の客体を焼燬した場合　この場合にあつ

ては、判例は、包括的一罪と解しもつとも重き処罰規定にあたる罪をもつて論ずべきである、となしている。学説も通説は同様に解する（木村・各論二〇九頁、小野・各論七八頁、滝川・各論二二〇頁、団藤・各論一一四頁、井上・各論一七六頁、福田・各論七四頁。なお、安平・各論下巻二〇頁は想像的競合と解される）。

判例にあつては、この場合を包括的一罪と解する理由づけを明確にしないものがある。

【113】「被告ハ人ノ住居セル家屋ニ放火シ之ニ附属セル離座敷及納家ヲ併セテ焼燬シタル事実ニシテ単一ノ放火行為ニ因リテ処罰規定ヲ異ニセル数箇ノ目的物ヲ焼燬シタルモノナリ如上ノ場合ニ於テハ該目的物ヲ箇箇ニ観察セスシテ包括的ニ観察シ而シテ最モ重キ処罰規定ニ該当スル目的物ヲ焼燬シタル罪ヲ論スヘク刑法第五十四条ニ所謂一箇ノ行為ニシテ数箇ノ罪名ニ触ルルモノトシテ処断スヘキモノニアラス」（大判明四二・一一・一九刑録一五・一六四五、同旨、大判明四二・一二・六刑録一五・一七三五、同大三・六・二三新聞九五二・三一、同大五・四・二五刑録二二・六六一、同大五・七・一〇判例六刑事判例一一〇、同昭五・一〇・二評論二〇諸法一五、同昭一〇・五・一評論二四刑法一〇一。旧刑法時代の同旨の判例としては、大判明三二・二・二三刑録五・一〇・九五、同明三四・一二・六刑録七・一一・二四、同明三六・四・一七刑録九・五六一、同明三六・一〇・一九刑録九・一五二七）。

この判例に対して、放火罪の本質が公共危険罪である点にその理由を求めている判例がある。

【114】「放火罪ニ於テハ静謐ナル公共的法益ノ侵害ヲ以テ主ト為シ個人ノ財産的法益ノ侵害ハ其ノ従タルモノニ過キサレハ本罪ニ於ケル法益ハ其ノ主タル関係ヲ標準ト為スヘキモノナルカ故ニ単一ナル放火行為ニ因リ数個ノ建造物ヲ焼燬シタルトキハ之ヲ包括的ニ観察シ単一ナル放火罪トシテ処分スヘキモノトス」（大判大一一・一二・一三刑集一・七五四、同旨、大判大一二・一二・一一刑集二・九五〇、同昭二・四・二〇刑集六・一五八、同昭八・四・二五刑集一二・四八二、同昭九・一一・二四評論二三刑訴三一三）。

なお、単一の放火行為の特異な事例として、数箇の住家、厩舎等を合せて焼燬する目的で四箇所より同時に発火する装置をして、これに点火した行為は単一の放火罪を構成する、となす判例がある。

【115】「被告人ハ右判示ノ如ク相接近シテ存在スル住家厩舎等ヲ合セテ焼燬スル目的ヲ以テ四個所ヨリ同時ニ発火スヘキ装置ヲ為シ之ニ点火シタルモノナレハ右点火行為ハ包括的ニ単一ノ公共危険ヲ惹起スヘキ手段ニシテ相合シテ一個ノ放火行為ヲ組成シ従テ当然ニ単一ノ放火罪ヲ構成スルモノト認ムヘク之ヲ連続シタル数個

ノ放火行為ト認ムヘキニ非ス」（大判昭九・一二・二〇刑集一三・一七七九）。

（三）　数箇の放火行為により数箇の客体を焼燬した場合　このような場合には刑法五五条が削除される以前は、判例はこれを連続犯となすのである。連続犯と解する理由づけに関しては、異なった判例が存する。これを単一の公共的法益の外に数箇の財産的法益を侵害する点に求めるものとしては、

【116】「放火罪ハ公共的法益ニ属スル静謐ヲ侵害スル行為ナリト雖モ其半面ニ於テハ個人ノ財産的法益ヲ侵害スル行為ナルヲ以テ各別ニ一人若クハ数人ノ所有ニ属スル数箇ノ家屋ニ放火シ之ヲ焼燬シタルトキハ単一ノ公共的法益ヲ侵害スルニ止マルトキト雖モ同時ニ数箇ノ財産的法益ヲ侵害シタルモノニ外ナラサレハ犯罪ノ箇数ハ数箇ナリト謂ハサルヘカラス原判示事実ニ拠レハ被告ハ同一ノ意思ヲ継続シテ一人ノ所有ニ属スル二箇ノ家屋ニ連続シテ放火シ之ヲ焼燬シタルモノナルヲ以テ其行為ハ二箇ニシテ同一ノ罪名ニ触ルル連続犯ニ該当ス」（大判大七・三・一五刑録二四・二一九、〔研究〕牧野「放火罪の箇数」刑究二巻一七九頁以下）。

がある。

この判例と異なり同一の意思発動によりその行為が反覆実行せられている点にその理由を求めている判例がある。

【117】「連続犯ハ放火罪ノ如キ個人ノ財産的法益ヲ侵害スルニ止マラス主トシテ静謐ナル公共的法益ノ侵害ヲ以テ其本質ト為ス犯罪ト雖モ苟モ同一ノ意思発動ニ因リテ其行為ヲ反覆実行スルニ於テハ当然連続犯ヲ構成スヘキモノトス」（大判明四五・四・二九刑録一八・五三九、同旨、大判大二・八・一二刑録一九・八一二、同大四・九・二九新聞一〇四八・二九）。

なお、処罰規定を異にする客体の放火行為においても連続犯の成立し得ること当然である。

【118】「刑法第百八条ノ罪ト同第百九条ノ罪トハ共ニ同一罪質ニ属スル放火罪ナレハ原審ニ於テ右両罪ノ間ニ連続犯アリト認メタルハ不当ニアラス」（大判大二・一一・一〇刑録一九・一一八五）。

連続犯削除後にはこのような放火罪に関する判例は見当らないが、以上のような場合には前述の判例の趣旨より当然に数罪の成立を認めることとなるであろう（なお学説にあつては、安平・各論下巻二〇頁、井上・各論一七六頁、福田・各論七四頁は併合罪と解され、団藤・各論一一四頁は包括的一罪と解される。犯罪の単複を決定する標準を犯罪的意思と解する立場よりは一罪と解することとなる。木村・総論四二九頁以下参照）。

（四）　継続意思をもつて数箇の放火行為によつて同一客体を焼燬した場合　　客体焼燬の目的をもつて一旦放火行為を終つたが、他人に妨げられて未遂に終るや直ちに継続意思をもつて同一客体に対し放火手段を施した場合について、判例は、犯意は単一であるが放火行為は別個であつて、連続犯となると解する。

【119】「建造物焼燬ノ目的ヲ以テ其ノ手段トシテ目的物ノ二以上ノ方面ニ放火スルニアラスシテ一旦其ノ手段タル放火行為ヲ終リタルモ他人ニ妨ケラレ未遂ニ終ルヤ否直ニ継続犯意ヲ以テ同一目的物ニ対シテ放火手段ヲ施ストキハ犯意ハ一ナルモ放火行為ハ別個ニ之ヲ観察スヘク犯意ノ一ナルノ故ヲ以テ包括的ニ之ヲ観察スヘキモノニアラス原判決ハ判示事実ニ対シ刑法第五十五条ヲ適用シタルハ所論ノ如ク法律適用ヲ誤リタルモノニ非ス」（大判昭七・四・三〇刑集一一・五五八、同旨、大判昭一一・三・二三新聞三九六九・一四）。

二　他罪との関係

放火罪と他罪との関係についての判例を簡単に、一罪、想像的競合、牽連犯、併合罪に分けて概観することとする。

（一）　一罪　　地方裁判所の判例であるが、過失致死傷罪との関係について、放火罪はこれを吸収するとなす。

【120】「他人ノ死傷ノ結果ヲ予見セサリシ過失アリトスルモ既ニ住家放火罪トシテ処罰スル以上ハ該過失致

死傷ノ如キハ当然放火罪中ニ吸収セラルルモノトス」（根室地判大三・八・二六評論三刑法二一八）。

保険金騙取の目的の放火にあつて、保険金未請求の場合は放火一罪である。

【121】「被告人カ被保険物ニ火ヲ放チ独立シテ燃焼作用ヲ継続シ得ヘキ状態ニ至ラシメタル事実ナルモ未タ判示保険株式会社ニ対シ保険料支払ノ請求ヲ為シタル事跡ナキカ故ニ本件放火行為ハ詐欺罪ニ対シテハ単ニ準備行為タル関係アルニ止リ未タ詐欺ノ着手アリト謂フヘカラス故ニ縦令被告人ニ騙取ノ意思アリトセルニ拘ラス詐欺罪ニ対スル法条ヲ適用セサリシハ正当ナリトス」（大判昭七・六・一五刑集一一・八五九、新判例体系刑法三・四八二ノ六〇）。

（二）　想像的競合　　放火行為によつて死体を損壊した事案について、放火罪と死体損壊罪とは法益を異にするとの理由により、想像的競合になるとなす。

【122】「刑法第百八条ノ放火罪ハ公共的利益ニ属スル静謐ヲ侵害スル為ニ之ヲ罰スルモノナリト雖亦一面ヨリ之ヲ観察スルトキハ財産権ニ対スル犯罪ニ外ナラサルヲ以テ個人ノ財産的法益ヲ侵害スルニ依リテ犯罪カ成立スルモノト云フヘシ之ニ反シ同第百九十条死体損壊罪ハ死体ヲ私権ノ目的タル一般ノ物ト同視シ財産上ノ権利ニ関スル個人ノ利益ヲ侵害スル為ニ成立スルモノニ非スシテ善良ナル風俗ニ害アルカ為ニ犯罪トシテ之ヲ罰スルモノナリ即チ両条ノ保護スルコトヲ目的トスル法益相異ナルヲ以テ両条ノ罪ハ各別個ノ法益ヲ害スルモノト云フヘク其ノ一ニ他ノ一ヲ包含スルモノニ非サレハ放火罪ノ法条ハ性質上当然死体損壊罪ノ適用ヲ排斥シ之ヲ吸収スル関係ニアルモノト云フヘカラス故ニ一個ノ行為ニシテ右両条罪名ニ触ルルトキハ唯単ニ放火一罪トシテ刑法第百八条ノミヲ適用スルニ止ラス刑法第百九十条ヲモ之ヲ適用シ而シテ刑法第五十四条第一項前段ニ則リ重キ放火罪ノ刑ヲ以テ処断セサルヘカラス」（大判大一二・八・二一刑集二・六八一）。

（三）　牽連犯　　牽連犯に関しては、その手段又は結果たる関係を決定する標準につき、行為者が手段結果の関係をもつて相牽連させた点に求める主観説（牧野・日本刑法上巻五一三頁、木村・総論四三一頁）と、その関係を通常一般的に定める客観説（小野・総論二七七頁、団藤・綱要三五九頁）との学説上の争いがあるが、判例は客観説の立場をとっている。

放火罪と住居侵入罪に関するものがある。

【123】「家宅侵入ノ行為ハ本件ノ如ク放火ノ目的ヲ以テ為シタル場合ト雖モ放火行為トハ全ク異別ノ行為ニシテ其一部ヲ成スモノニアラサレハ原院カ之ヲ放火未遂ノ手段ニシテ刑法第百三十条ニ該当スルモノト為シ同法第五十四条ヲ適用処分シタルハ擬律ノ錯誤ニアラス」（大判明四三・二・二八刑録一六・三四九）。

【124】「住居侵入ハ強盗若ハ放火ニ対シ通常用キラルヘキ手段ナルヲ以テ住居ニ侵入シテ強盗若ハ放火ヲ為シタル場合ニハ右住居侵入ハ強盗若ハ放火ニ対シ刑法第五十四条ニ所謂手段結果ノ関係アルモノトス」（大判昭五・一一・二二刑集九・八二三）。

【125】「人ノ看守スル建造物ニ侵入シタル行為ハ之ニ放火シタル行為ニ対シ通常用ヒラルヘキ手段ナルト同時ニ右放火行為トハ異別ノ行為ニシテ其ノ一部ヲ成スモノニアラサルヲ以テ右両行為ノ関係ハ刑法第五十四条第一項後段ヲ適用スヘキモノトス」（大判昭七・五・二五刑集一一・六八〇）。

同旨のものとして大審院昭和六年一〇月一日判決（新聞三三三三・七）がある。

なお、連続犯削除以前の判例であるが、住居侵入を手段とした窃盗と同じ手段による放火未遂とが競合した場合、その手段である住居侵入相互間に連続の関係ある場合につき、

【126】「原判決ノ判示事実ニ其ノ適用法条ヲ対照考覈スレハ原判決ハ被告人ニ対シ第一事実トシテ住居侵入ヲ手段トシテノ窃盗ヲ認ムルト同時ニ第二事実トシテ其ノ犯跡ヲ隠蔽スル目的ヲ以テ同一ノ住居侵入ヲ手段トシテノ放火未遂ヲ認メ且夫等住居侵入ヲ連続シタル数箇ノ行為ト認メタルコト明瞭ナリ然ラハ窃盗及放火未遂ノ罪ハ相互ニ手段結果ノ関係ヲ有セサルモ既ニ其ノ窃盗ト手段タル住居侵入及其ノ放火未遂ト手段タル住居侵入トハ夫レ々々一罪タルヘキ牽連関係ヲ有シ又各其ノ一部タル住居侵入ハ実ニ連続一罪トシテ結合スル以上窃

盗及放火未遂ノ罪ハ自ラ之ニ吸引包括セラレ結局一罪ヲ為スニ過キスト云ハサルヲ得サルモノトス」（大判昭五・一二・二三刑集九・九五五）。

と判示する。

（四）　併合罪　強盗殺人と犯跡隠蔽のための放火の関係について、併合罪の成立を認める。

【127】「刑法第五十四条ニ所謂犯罪ノ結果タル行為トハ或ル犯罪カ原因ト為リ其当然ノ結果トシテ生シタル行為ヲ云フモノニシテ其犯罪ト行為トノ間ニ因果ノ関係アルニアラサレハ同条ノ規定ハ之ヲ適用スヘキモノニアラス原判決ニ依レハ被告等ハ強盗殺人ヲ為シタル後其犯跡ヲ蔽ハンカ為メ放火ヲ為シタルモノニシテ強盗殺人ノ罪ハ被告等カ放火ヲ為スノ動機タリシニ止マリ放火行為ノ原因トナリタルモノニアラス之ヲ換言セハ放火ノ罪ハ強盗殺人罪ノ当然ノ結果トシテ生シタル行為ニアラサレハ原院カ本件ニ付刑法第五十四条ヲ適用セス併合罪トシテ処分シタルハ擬律ノ錯誤ニアラス」（大判明四二・一〇・八刑録一五・一二九三）。

つぎに、火災保険金騙取と放火との関係についてであるが、保険金騙取を目的として住宅に放火しこれを焼燬し、原因不明の出火により焼失したものの如く装つて保険金を騙取した事案に関し、

【128】「其ノ放火行為ハ縦令保険金騙取ノ目的ニ出テタリトスルモ詐欺ノ予備行為タルニ止マリ未タ以テ欺罔行為ニ著手シタルモノト云フヲ得スシテ其ノ放火ノ事実ヲ秘シ原因不明ノ出火ナルカ如ク装フテ其ノ旨ヲ保険会社ニ通知スルニ及ンテ始メテ欺罔ノ著手アリト云フヘク又放火又ハ詐欺ノ行為ハ性質上一方ノ手段トシテ普通ニ用キラレ若ハ其ノ一方ヨリ生スル当然ノ結果ナリト云フヲ得サルヲ以テ原判示被告人ノ行為ハ放火及詐欺ノ併合罪ヲ構成スルモノトス」（大判昭五・一二・一二刑集九・八九三、同旨、大判昭七・一〇・二八新聞三四八九・一六）。

となし、又、

【129】「刑法第五十四条第一項後段ノ規定スル牽連犯ノ成立ニ付本院カ夙ニ客観的解釈ヲ採リ二個以上ノ犯

罪カ手段又ハ結果トシテ牽連ノ関係アリト為スニハ単ニ行為者ニ於テ主観的ニ手段又ハ結果トシテ相牽連セシムルノ意思アリタルコトヲ以テ足レリトセス此等ノ犯罪カ客観的ニ手段又ハ結果トシテ相牽連スル性質ノモノタルコトヲ要スト為スハ蓋シ牽連犯ノ観念ノ不当ニ拡張セラルルコトヲ慮リタルニ因ルヘシ然ラハ今爰ニ従来ノ判例ヲ変更スルノ要ヲ見サルノミナラス却テ之ヲ維持スルヲ相当トスルカ故ニ原判決カ本件被告人ノ放火教唆及詐欺ノ成立ヲ認メ之ヲ併合罪トシテ処断シタルハ寔ニ至当ニシテ毫モ所論ノ如キ擬律錯誤ノ違法アルモノト謂フヘカラス」(大判昭九・九・二九刑集一三・一二四五)。

と判示する。

判例が前述の如く牽連犯において客観説をとる以上、上述の如き場合を併合罪と解することは妥当であるといい得よう。

住居侵入

福田平

はしがき

本書は、住居侵入罪に関する判例を整理検討することによつて、住居侵入に関する判例の態度をあきらかにしたものである。住居侵入罪の法益を住居権と解し、住居権者の意思を重視する基本的態度から、判例は、住居侵入の成否を住居権者の承諾の有無にかからしめ、ここから住居権者の承諾についての判例理論を展開しているが、とくに、この点について、具体的事案の検討を通じて若干の批評を加えた。

住居侵入罪に関する判例は、ほぼ網羅的にあたつたが、引用にあたつては、大審院、最高裁判所の判例でも、重要でないと思われるものは、これを削除し、下級裁判所の判例でも、大審院や最高裁判所の判例にあらわれていない点についての見解を示している判例や具体的事案に特色があると思われる判例は、これを引用した。

なお、判例の筆写については、糟谷正彦君の助力に負うところが大である。ここに、同君の御好意に対して、心からの感謝の意を表したい。

一　法　益

一　社会的法益に対する罪か個人的法益に対する罪か

住居侵入罪は、人の住居および人の看守する場所の平穏に対して、侵害・脅威を与える行為を内容とする犯罪である。本罪が、社会的法益に対する罪か個人的法益に対する罪かについては問題がある。わが現行刑法は、その規定の順序からみると、本罪を社会的法益に対する罪と考えているようである。なお、旧刑法は、住居侵入罪を第三章「静謐ヲ害スル罪」の第七節に規定していたし、ドイツ刑法も本罪を「公の秩序に対する重罪軽罪」の章に規定している。しかし、このように、本罪を社会的法益に対する罪と解する見解は、本罪の通常の現象形態に一致しないばかりでなく(Frank, Das Strafgesetzbuch für das Deutsche. Reich, 18. Aufl., 1931, S. 309.)、本罪の侵害の対象としての平穏は、個人の住居の平穏であって、騒擾罪等とことなり公共の平穏ではないから、個人的法益に対する罪と解すべきである。そこで、最近の学説はほとんどが、本罪を個人的法益に対する罪と解しており、こうした傾向を反映して、刑法改正予備草案(三一二条以下)、改正刑法仮案(四〇三条以下)、改正刑法準備草案(三二四条以下)は、いずれも個人的法益に対する罪のところに編別している。なお、ドイツ刑法一九六〇年草案は、あきらかに、第一章「個人に対する犯罪行為」の第五節「個人の自由に対する犯罪行為」の中に規定している(一七二条)。ところで、次の判例は、本罪を公共的犯罪と解している。

【1】「住居侵入罪ノ本質ハ我国ニ在リテハ主トシテ家族生活ノ平穏ヲ害スル公共的犯罪ノ一種ト観ルベク

彼ノ欧米諸國ニ於ケルガ如キ個人ノ権利若ハ意思ヲ侵害スル一個人ニ対スル犯罪ト解スベキニ非ズ蓋シ我旧刑法ハ人ノ住居ヲ侵ス罪ヲ第二編公益ニ関スル重罪軽罪中ノ第三章静謐ヲ害スル罪ノ第七節トシテ之ヲ規定シ現行法モ亦其ノ法文配列ノ順序ヲ公共犯罪中ニ位セシメ而モ親告罪ト為スコトナカリシヲ以テ沿革上公共的犯罪ノ一種ト観ルヲ相当トスベク且之ヲ我国ノ実際ニ徴スルニ所謂住居ニ於テハ親子、夫婦、戸主、家族、世帯主、同居人相寄リ相扶ケテ共同生活ヲ営ミ時ニ親族、故旧、知人、交友来訪スルヲ普通トスルノミナラズ其ノ住居内ニ保持セラルル法益ハ人ノ生命、身体、自由ノ外自己又ハ他人所有ノ各種財産ニシテ就中勲章及名誉ノ証標、神体仏像其ノ他礼拝ノ用ニ供スル物並ニ系譜等差押ヲ許サザルガ如キ物ノ存スルコトアリテ此等法益ノ侵害ハ往々ニシテ累ヲ自己又ハ他人ノ名誉、秘密、社会的地位等ニモ及ボスコトアルモノナレバ単独居住者ノ場合ト雖モ住居内ノ法益ハ不定ニシテ多数ナリト謂ヒ得ベケレバナリ如斯住居侵入罪ノ眼目トスルトコロハ物心両方面ニ亘ル家族生活ノ平穏ヲ害スル一種ノ公共的犯罪ト観ルベキモノナレバ犯罪ノ本質上家族団体ノ一員ノ専恣ナル意思ニ因リ之ガ犯罪ノ成立ヲ阻却スルモノニ非ザルヤ論ヲ俟タズ」（東京控判昭一七・一二・二四刑集二一・附一〇四、〔研究〕小野・刑評五巻二）九九頁以下）。

右の判例は、夫が出征中、その妻と姦通する目的で、妻の承諾をえて、その家に立ち入ったという事案に関するもので、なんとか住居侵入罪の成立をみとめようとして、夫の出征中、居住者である妻の承諾をえて、おだやかにその家に立ち入ったのであるから住居侵入罪を構成するものではないとする上告論旨に答えて、「犯罪ノ本質上家族団体ノ一員ノ専恣ナル意思ニ因リ之ガ犯罪ノ成立ヲ阻却スルモノニ非ザル」ことを論証する前提として、住居侵入罪を公共的犯罪であるとしたものである。しかし、本罪が公共的犯罪というためには、それが公共の平穏を害するものであることを論証することが必要であるが、右の判旨からは、その論証を見出すことはできない。せいぜい家族的な法益であるという趣旨がみとめられるだけである（なお、小野・刑評五巻三〇二頁以下参照）。したがつて、この判例は妥当でなく、住居侵入罪は、やはり、個人的法益に対する罪と解すべきである。

二　住居権

住居侵入罪の保護法益について、最近におけるわが支配的学説は、これを法的な権利ではなくて、事実上の住居の平穏であると解している（小野・刑法講義(新訂版)各論二〇九頁、滝川・刑法各論八四頁、木村・刑法各論七〇頁、団藤・刑法各論二七五頁、井上・刑法学(各則)五四頁、宮内・刑法各論九六頁、福田・刑法各論二〇二頁等）。ところが、判例は「刑法第百三十条ニ規定セル住居侵入ノ罪ハ他人ノ住居権ヲ侵害スルヲ以テ本質ト為シ住居権者ノ意思ニ反シテ違法ニ其住居ニ侵入スルニ因リテ成立ス」（大判大七・一二・六刑録二四・一五〇六、同旨、大判大一五・一〇・五刑集五・四三八、大判昭一六・三・一三評論三〇刑法一四〇）と述べているところからあきらかなように、本罪の保護法益を住居権と解している（そこで、判例中には「住居権者」とか「住居支配権者」とかという言葉がよく用いられている。たとえば、大判昭四・五・二二刑集八・二八八、大判昭一三・二・二八刑集一七・一二五、最判昭二三・五・二〇刑集二・五・四八九等）。そこで、この住居権は、一体誰が有するかが問題となるが、この点、判例は、

【2】「憲法第二十五条ハ日本臣民ハ法律ニ定メタル場合ヲ除ク外其ノ許諾ナクシテ住所ニ侵入セラレ及捜索セラルルコトナシト規定シ以テ住居ノ安全ヲ保障ス。蓋シ住居ハ憲法義解ニ所謂『臣民各個安棲ノ地』ナレバナリ。然ラバ日本臣民各人ハ平等ニ住居ノ安全ヲ侵害セラレザルノ利益ヲ有スルコト寔ニ所論ノ如シト雖、其ノ利益ヲ有スルノ故ヲ以テ各人ニ侵入又ハ捜索ニ付テノ許諾ノ権アルモノト即断スベカラズ。夫レ各人ノ住居ヲ構フルヤ或ハ単独之ヲ行フ場合アリ、或ハ数人共同シテ之ヲ行フ場合アリテ、其ノ態様一ナラズ。而シテ数人共同シテ一個ノ住居ヲ構フル場合ニ在リテハ、其ノ住居タルヤ一個不可分ノ生活利益ニシテ、各人ノ共有ニ属スルモノトモ喩フベキニ似タリ。サレバ其ノ住居ニ対スル侵入又ハ捜索ニ付テハ、住居者全員ノ許諾ヲ要スルモノト解セザルベカラザルガ如シト雖、夫婦相寄リテ子孫ト家族的生活ヲ営ム場合ニ於テハ夫ハ即チ家長

トシテ一家ヲ主宰スル者ナルガ故ニ其ノ住居ニ対スル侵入又ハ捜索ニ付テノ許諾ノ権ハ独リ夫之ヲ有スルモノト解スベク、妻之ヲ代行スル場合ト雖、夫ノ意思ニ反セザル限度ニ於テ其ノ効アルモノト謂ハザルベカラズ。蓋シ爾ク解スルニ非ズンバ、住居ノ安全平和ハ得テ望ムベカラザレバナリ」（大判昭一四・一二・二二刑集一八・五六五、〔研究〕小野・刑評二巻二七三頁以下）。

として、家長としての地位にある者（右のばあいは夫）が住居権者であると解している（夫が住居権者であるとする判例として、大判大七・一二・六刑録二四・一五〇六、大判昭一三・二・二八刑集一七・一二五等）。右の判例は、終戦前の明治憲法下のものであつて、この主張が、戦後の両性の本質的平等を保障する憲法のもとでは、そのまま妥当しないことはあきらかであろう。この点に関し、次の判例は、下級審のものではあるが、日本国憲法のもとでは、右のような主張ができない旨を示している。

【3】「憲法並に民法改正の結果男女同権が認められ妻の地位は夫と同列となつた結果夫と同棲する住居に対する妻の権利も従来の従属的関係では無く互に併行して存在することは之を認め得るが然し夫婦各独立の権利ではなく所謂共有の関係に立つものであるから仮に妻の承諾があつたとしても夫の承諾が無い場合に於ては夫の住居権を侵害することは自明の理である。

記録に基き審按するに被告人は石原としゑと姦通の目的を以て同人の夫石原清一の邸宅に侵入したのであつて斯る行為は通常人の夫たる者の容認しないところであるから反証なき限り被告人は右石原清一の許諾なくして其邸宅に侵入し以て同人の住居権を侵害したものと信ぜざるを得ないから此点に於ける論旨も亦理由がない」（名古屋高判昭二四・一〇・六特一・一七二）。

さて、このように、判例が本罪の保護法益と解する住居権は、ドイツにおける Hausrecht（住居権ないし家宅権）と同じものであろう。ところが、ドイツの学説において、この住居権の性質は、かならずしも明確にされていない。もつとも、リストは「住居権とは、自己の住居およびその囲繞地の内部において自己の意思活動が他から妨害されないこと、すなわち、屋敷内において自由に振舞うことについての法的に保護された利益」であり、「個人の自由に類似した、しかし独自の性質をもつた法益」であると説明し（Franz von Liszt, Lehrbuch des Deutschen Strafrechts, 21—22. Aufl., 1919, S. 386.）、この説明は、その後、多くの学者によつて支持されている（Frank, Strafgesetzbuch, 18. Aufl., S. 309 ; Mezger, Strafrecht (Studienbuch), BT., 6. Aufl., 1958, S. 109 f. ; Maurach, Deutsches Strafrecht, BT., 3. Aufl., 1959, S. 162 ; Schönke-Schröder, Strafgesetzbuch, 10. Aufl., 1961., S. 578.）。しかし、自由に類似した独自の性質をもつ法益といつても、その概念内容は不明確であり、さらに、住居権の侵害という考えは、犯罪を権利侵害と解する一九世紀初葉の古い思想の残滓であつて、住居権を本罪の保護法益と解することは、適当でないように思われる。江家教授は「最近における多くの学説は、住居侵入罪の保護法益を法的な権利ではなく住居の平安という事実状態であるとしているが、しかし、住居において私生活の平安を享有し得ることを、住居権という権利として観察することもできるのであつて、あえて、その権利観念を否定するほどのことはないと思う」（江家・刑法各論二三五頁（二））とされておられる（なお、柏木教授も、「住居権の観念をしいて否定する必要はないと思うが、いずれにせよ実益に乏しい議論である」（柏木・刑法各論（下）三九〇頁（一））と述べておられる）。しかし、住居権という概念に拘泥すると、住居権が何人に帰属するかといつた問題で不必要に議論が紛糾するし、また、【2】の判例のように、住居権は家長にあるとか、住居権者たる夫の意思に反せざる限度において妻の許諾は「其効アルモノ」といつた不適当な議論がなされる可能性が大きい。したがつて、本罪の保護法益は、事実上の住居の平穏と解すべきであろう（団藤・各論二七六頁参照）。なお、最高裁判所の判例で「居住者又は看守者が法律上正当の権限を以て居住し又は看守するか否かは犯罪の成立を左右するものではない」（最決昭二八・五・一四刑集七・五・一〇四二）とするものがあるが、これは、住居権を保護法益と解する従来の判例の態度と矛盾するものといえよう（なお、一〇八頁参照）。

二　客体（行為の場所）

一　住　居

（一）　住居については、これを人の起臥寝食に使用される場所であるとする見解（小野・講義各論二〇九頁、団藤・各論二七七頁、植松・概論Ⅱ（各論）二八九頁、八七頁、江家・各論二三六頁、柏木・各論三八七頁、井上・刑法学（各則）五五頁）と、人が日常生活をいとなむために占居する場所で、かならずしも起臥寝食に使用される場所であることを必要としないとする見解（瀧川・各論八三頁、木村・各論七二頁、宮内・各論九七頁、青柳・各論三九八頁、福田・各論二〇二頁）とが対立している。この点について、放火罪に関するものであるが「刑法第百八条ニ所謂現ニ人ノ住居ニ使用スル建造物トハ現ニ人ノ起臥寝食ノ場所トシテ日常使用セラルル建造物ヲ謂フ」（大判大二・一二・二四刑録一九・一五一七）とする判例がある。もっとも、左の高裁判例は、住居侵入罪における「住居」につき寝泊りを必要としないとしている。

【4】「人が自ら占居して商売を営む店舗は、たとい外に住宅を有し同店舗には食卓と寝台の設備なく寝泊りしない場合であつても刑法第百三十条に所謂『人の住居』であることは同条の解釈上当然のことである」（札幌高函館支判昭二七・一一・五刑集五・一一・一九八五）。

次に、その場所の使用ないし占居が、一時的なものであつてもよいかどうかについて、異説もないわけではないが（大場・各論上巻三八三頁）、通説は、一時的なものであつてもよく、したがつて、旅館、ホテルの一室も客が滞在しているばあいには住居であるとしている。

【5】「住居とは、一戸の建物のみを指すのではなく、旅館料理屋の一室と雖これを借り受けて使用したり、又は宿泊したり飲食している間は、その客の居住する住居と認むべきもので、本件においては、原判示万松館の奥座敷に岐阜県知事武藤嘉門その他が居て宴席を設けていたのであるから、刑法上、同人等の住居と云うことができる。被告人等が現行犯人逮捕と主張して、右奥座敷に武藤知事の招きによらず、無断で入り込んだのであるから、住居侵入罪が成立する」（名古屋高判昭二六・三・三刑集四・二・一四八）。

右の判例は、旅館料理屋の一室を客の住居とみているので、判例も通説と同様の立場に立つものとみてよかろう。

建造物が住居として使用されているばあい、その囲繞地も住居の一部とみるべきかについて

【6】「原審第二回公判調書中証人町山良雄、同角谷直一の供述記載、原審第三回公判調書中証人町山万佐夫の供述記載、被告人の供述記載、原審検証調書によると、被告人は昭和二九年五月二三日午後一〇時三〇分頃窃盗の目的でバール、鍵等を所持し、松戸市中矢切五八九番地雑貨商角谷直一方店舗前道路から店舗北側勝手場の東にある空地に入り、その空地南側に東西に積並べてあつた空箱のうち、二つ空箱を勝手場窓下に並べてその窓下に蹲つていたことを認めることができる。そこで被告人の入つた右の場所が角谷直一方の住居にあたるかを考えるに、前記証拠によると、角谷直一方は、国電松戸駅前から松戸、市川両市間を結ぶ県道を市川市に向け約一・八粁進んだ地点の県道西側に、県道に面して建てられた間口約四間、奥行約六間のルーフィング葺木造二階建の住宅兼店舗で、その敷地は南北及び西側はいづれも生垣で隣地と境し、東側は店舗及びその北側の通用門で、その通用門から同家勝手場及び店舗の奥の居間に通じているものであるが、被告人が右のような日時に入つた場所とは県道に面している店舗東北側に凸出している商品飾窓の北側と、右通用門の南側の門柱との間の巾約一・一米の入口から、奥の方すなわち西方に二・九米進んだ突当り勝手場外側すなわち東側に至る個所で、その南側は店舗外側すなわち北側の板壁があり、その反対側には被告人の入つた当時は通用門

南側の門柱と勝手場東北端をつなぐ高さ約一・七米の板塀があり、勝手場外側には地上約一・二米の辺に硝子窓がありその下部は板壁となつていて、これら板塀、板壁によつて囲繞され、その入口から奥約一米の地点から勝手場窓下までは前記商品飾窓が凸出しているために南北の巾は入口よりも約〇・六米広くなつていて、勝手場窓下から表すなわち東側〇・三米までは屋根があり、又その入口には店舗東北隅と通用門をつなぐ竹垣があつて人の出入はできなかつたが、竹垣が朽廃したので角谷直一はこれを取り払い、新たに板塀を設置するつもりで、それが設置されるまでの間、夜は空箱等を入口に積み重ね、入口から奥に入れないようにしていたのであつたが被告人がこの空地に入つたときはその直前偶々空箱を他に売却処分したため、その空地南側に東西に空箱を積み重ねていただけで、いつものように入口に空箱等を積み重ねておかなかつたものであり、被告人が入つた後に入口には板塀が設置され、現在高さ約一・七米の板塀が存在し、それと共に現在は門柱と勝手場東北端との間の板塀は取り払われているもので、被告人の入つた場所は、道路から入り込んだ袋状になつている場所であつてその全部に亘る屋根はなかつたが、角谷直一が空箱、空瓶等の置場として専用し、勝手場窓下に水道の水量計があつたので検針人の入ることが許されている以外は、外来者が猥りに入ることを禁じていた場所であり一見して人の自由に出入することのできない場所であることの知られる角谷直一方附属の土間と認めることができるのである。」しこうして刑法第一三〇条にいわゆる住居とは、人の起臥寝食に用いる場所をいうものであるが、家屋が住居に使用されている場合には、その家屋の附属地として専ら住居者が使用し、外来者が猥りに出入することを禁じているものと一見して認識され、又は設備によつて区画された場所はこれを住居の一部とみるべきものと解すべきであるから、被告人の入つた前記の場所はこれを住居の一部とみるべきものと解すべきであるから、被告人の入つた前記の場所はその上の全部に屋根がなく、入口に偶々被告人侵入の当夜だけは空箱等の障害物が存在しなかつたとしても、前記のように住居を構成する建造物の間に存する空地で、専ら居住者の利用に供せられ、袋状の形状をしていて、平常はその入口に空箱等を置いて竹垣の代用としていたような状況で一見して居住者が看守しているものと認識される場所であつたのであるから、これを角谷直一方住居の一部であると認めるのを相当とするのである」（東京高判昭三〇・八・一六高裁特報二・一六一一七・八四九）。

【7】「刑法第百三十条ニ所謂邸宅トハ人ノ住居ノ用ニ供セラル家屋ニ附属シ主トシテ住居者ノ利用ニ供セラルヘキ区別セル場所ヲ謂フモノニシテ看守者アル地域ト雖右ニ該当セサルモノハ以テ邸宅ト称スヘカラス」（大判昭七・四・二一刑集一一・四〇七）。

【8】（事実）被告人は「数十名のデモ隊員と共謀の上戸畑市金原町所在旭硝子株式会社中野社宅に殺到したのであるが、同所社宅二十数戸は石垣や煉瓦塀で囲まれ一般民家と区画され旭硝子株式会社牧山工場嘱託林芳蔵が責任者として之を看守し同社宅街に入るには北東側北西側及び南側に三個の門があり右三個の門にはいずれも木製観音開の戸があり内側より門で閉める様な仕組になつていて毎晩午後十時過頃右林芳蔵が之等の門を締めることになつているが被告人等デモ隊は内側より門で締めてあつた右北西の門をこぢ開け林芳蔵が看守する右社宅街構内に侵入し『ワッショワッショ』と喊声を揚げながら約三十分間に亘り示威行動をなし」

（判旨）「原審の認定した事実関係の下においては、本件旭硝子株式会社中野社宅を社宅二〇数個を含む一の邸宅と認めて、これに刑法一三〇条を適用したことは正当であつて」（最判昭三二・四・四刑集一一・四・一三二七）。

高裁の判例である【6】は、住居に使用される建造物に附属する囲繞地を住居の一部とみているが、【7】【8】は、これを邸宅とみている（その他、邸宅とみる判例として、大判昭一四・九・五刑集一八・四七三等。なお、邸宅の項（一二二頁以下）参照）。ここから、邸宅とみるのが判例の主流のように思われるが、住宅の一部とみる立場は、学説によつて支持されている（団藤・各論二七七頁、小野等・刑法（ポケットコンメンタール）二七〇頁、江家・各論二三六頁、柏木・各論三八九頁、青柳・通論Ⅱ（各論）三九八頁）。たとえば、団藤教授は、人の看守する「邸宅」との権衡上、住居に使用される建物に附属する囲繞地も住居に含まれるものと解しなければならないとされ（団藤・各論二七七頁（二））、中野判事は、これを「邸宅」と解釈すると、「住居」との区別を混乱させることになろうと述べておられる（小野等・刑法（ポケットコンメンタール）二七一頁）。

なお、戸障の外側の縁側を住居の一部であるとした次の判例は妥当であろう。

【9】「凡ソ故ナク人ノ住居ノ一部ニ侵入シタル以上ハ刑法第百三十条ノ罪ヲ構成スルコト勿論ニシテ其ノ場所カ戸障内タルト否トハ本罪ノ成立ニ影響ヲ及ホスモノニ非ス而シテ所論今野某方縁側ハ同人住宅ノ一部ナルコト明白ニシテ被告人ハ同人ノ意ニ反シテ夜間同縁側ニ上リタルモノナルカ故ニ其ノ縁側カ戸障ノ外側ニ在ルノ故ヲ以テ同罪ノ不成立ヲ来スヘキモノニ非ス」（大判大一二・一・二七刑集二・三五）。

（二）　住居が適法に占居されたものであることを必要としないとする判例として

【10】「住居侵入罪は故なく人の住居又は人の看守する邸宅、建造物等に侵入し又は要求を受けてその場所より退去しないことによつて成立するのであり、その居住者又は看守者が法律上正当の権限を以て居住し又は看守するか否かは犯罪の成立を左右するものではない」（最決昭二八・五・一四刑集七・五・一〇四二）。

なお、右の判例は、警察予備隊の施設内に侵入した事案に関するもので、警察予備隊の施設は憲法違反で、同隊駐屯地部隊長の駐屯地およびその施設に対する管理権は正当な法的根拠を有しないから、同隊の施設内に侵入しても、住居侵入罪を構成しないという上告論旨に答えたものである。

賃貸借契約解除後、家屋明渡し前に、賃貸人が家屋に侵入したばあい

【11】「被告人カ賃貸借契約ニ因リ福島春吉ニ賃貸シタル判示床店ニ付春吉カ約旨ニ違ヒ賃料ノ支払ヲ怠リタル為被告人ハ契約ヲ解除シ右床店ノ明渡ヲ請求シタルニ拘ラス春吉カ容易ニ其ノ請求ニ応セサリシ場合ニ於テ所有権ノ行使ニ対スル不法侵害ノ排除ヲ目的トシテ国家ノ強制力ヲ藉ルコトナク自力救済ニ訴フルコトハ法ノ認容セサル所ナレハ被告人カ借主タル春吉ノ現実占有セル床店ニ侵入シタル行為ハ固ヨリ急迫不正ノ権利侵害ニ対スル正当防衛権ノ行使ニ非サルハ勿論ナルヲ以テ春吉ノ占有カ不法ナルト否トヲ問ハス被告人カ国家機関ノ保護ヲ仰カス権利ノ実行トシテ自力救済ノ手段ヲ執リタルハ違法ニシテ其ノ所為ハ建造物侵入罪ヲ構成ス

ルモノトス」（大判大一五・三・二三評論一五刑法九九）。

【12】「判示大野金蔵ノ住宅ハ被告人ノ所有ニシテ金蔵トノ賃貸借契約ヲ解除シタル結果犯時金蔵ニ於テ使用権ヲ有セス被告人カ之ニ立入リタルハ固有ノ所有権ヲ行使シタルモノニ過キスト云フニアレトモ刑法第百三十条ヲ以テ故ナク人ノ住居ニ侵入スルノ行為ヲ罪トシテ罰スル所以ノモノハ其ノ行為ニ因リ居住者ノ使用権ヲ侵害スルカ為ニ非ス一ニ住居内ニ於ケル生活ノ安穏ヲ保護セントスルニ在ルヲ以テ大野金蔵カ被告人ヨリ其ノ所有ノ判示住宅ヲ賃借シタルニ賃貸借契約解除ノ結果住宅ニ付法律上使用権ヲ有セサルニ至リタリトスルモ事実上之ニ居住スルニ於テハ其ノ住宅ニ対スル占有カ適法ニ被告人ニ回復セラレサル限リ被告人ハ其ノ所有権ニ基キ之ヲ使用スルニ由ナク金蔵ノ住居ノ安穏ハ尚ホ保護セラルヘキ状態ニアリト云ハサルヘカラス然ラハ被告人カ適法ニ判示住宅ニ対スル金蔵ノ占有ヲ解クコトナク之ニ立入リタル行為ハ叙上住居侵入ノ罪ヲ構成スヘキモノニシテ正当ニ所有権ヲ行使シタルモノニ非サルハ勿論正当防衛ヲ以テ目スヘキニ非ス蓋シ所論金蔵ノ不法占拠ハ賃貸借契約ノ解除ニ因ル明渡ノ義務ヲ履行セス引続キ判示住宅ニ居住スルモノタルニ止リ正当防衛ノ要件タル急迫不正ノ侵害ニ該当セス従テ之ヲ排斥スル行為ノ正当防衛ニ非サルハ論ナキトコロナレハナリ」（大判昭三・二・一四新聞二八六六・一一）。

【13】「原判決を検すると、原審は、挙示の各証拠を綜合し、『被告人は昭和二十一年頃より其の所有に係る金沢市石坂川岸二の小路六番地の一所在の木造瓦葺二階建一棟建坪約五十一坪外二階約四十二坪の家屋を料亭営業鵜城善隆に賃貸中其の明渡を求め、紛争の末昭和二十四年二月三日被告人より右鵜城に対し金沢簡易裁判所に家屋明渡調停の申立をしたので、調停委員に於て調停を試みた結果、同年四月三十日「右鵜城は被告人に対し、前記家屋を昭和二十五年七月十五日迄に無条件にて明渡す」旨の調停が成立した。然るところ、被告人は、右明渡期限前たる昭和二十五年一月二十七日午後四時頃右鵜城の看守する前記家屋の裏門板塀を立木の枝を伝つて乗越え、該家屋に故なく侵入したものである。』旨の事実を認定したものであることが明かである。……(中略)……案ずるに、原判決挙示の証拠に、証人由尾安吉の当公廷に於ける供述を綜合すれば、所論の通り

㈠金沢簡易裁判所に於て調停成立の際、申立人である被告人と相手方である鵜城善隆との間に、昭和二十五年七月十五日以前であつても、若し他に適当な立退先が見付かつた場合、相手方は直ちに原判示の家屋より退去してこれを申立人に明渡すべき旨の合意が成立したこと、㈡昭和二十四年十一月頃鵜城は、本件家屋の附近である金沢市石坂川岸一の小路十二番地所在の家屋一戸を買受け、同所に移転して、従来通り支障なく料亭営業を継続し、本件家屋を引続き占有使用しなければならぬ必要がなくなつたにも拘らず、主として被告人に対する自己の報復感情を満足せしめん意図のもとに、前記の合意が単に口頭の約束たるに止り、調停調書中に記載されていないのを奇貨とし、叙上約定の存在を否定し、調停記載の期限に至るまで、本件家屋を占有する権利ありと主張し、故意に家財の一部を該家屋中に残置した上、門戸に鎖鑰を施して其の占有を継続しこれを被告人に明渡すことを拒否したものであること、すなわち、右鵜城は被告人の所有する家屋を不法に占有するものであつて、被告人は同人に対し即時該家屋の明渡を請求する権利を有するものであることを肯認するに十分であつて、これと牴触する限度に於て、原判決には、一部事実の誤認が存すると言わねばならないけれども、しかしながら、権利者が自己の権利を実現するためには、すべからく公力の救済を仰ぐべく、特別の事由がない限り自力による救済の法律上許されないことは勿論であるところ、特別の事情もないのに、合法の手段によらず、占有者の意に反して他人の看守する家屋に侵入した被告人の所為は、刑法第百三十条に該当することが明かであつて」（名古屋高金沢支判昭二六・五・九特三〇・五五）。

【14】「家屋の使用貸借又は賃貸借契約の解除後と雖も、その借家人において事実上これを住居に使用している限り、たとい所有権者又はその管理者において、その権利の行使として適法な手段による官憲の救済によることなく、自力による救済に訴えることは、法の認容しないところであるから、仮に被告人において、家屋管理権の行使として、本件所為に出でたとするも、本件犯罪の成立を阻却すべき限りではなく」（東京高判昭二七・一二・二三特三七・一一四）。

右の判例は、いずれも、不適法な住居でもそれが事実として成立している以上、権利者がその不適法を排除するために侵入したばあいでも、住居侵入罪が成立する旨を判示しているが、こうした態度の前提として、住居侵入罪は住居の事実上の平穏を保護法益とするものであるとする見解が肯定されているものとみてよかろう。事実、【12】は、住居侵入行為を処罰する理由は「一ニ住居内ニ於ケル生活ノ安穏ヲ保護セントスルニ在ル」と述べている。

なお、【15】は、あきらかに、住居侵入罪は現に平穏にその住居において生活している人の安寧を保護することを目的とするもので、所有権が誰に帰属するかは問わないと述べている。また、【16】は、賃貸人が賃借人の意思に反してその住居の一部に侵入したばあいに住居侵入罪をみとめたものであるが、事実上居住して営んでいる平穏な生活は尊重されなければならないとしている（この判例は【44】と同事件である）。

【15】「住居侵入罪は現に平穏にその住居において生活している人の安寧を保護することを目的とし、その所有権が誰に帰属するかは之を問はないのであるから、仮に被告人に本件家屋の所有権があつたとしても、記録によると、前記のように係争中の本件家屋に、居住者耕一の反対を無視し、しかも単なる訪問又は何かの用件があつてではなくて右家屋を住居に使用する目的で入つたことが認められるから、住居侵入罪が成立するといいはねばならない」（札幌高函館支判昭二五・一一・二二特一四・二二二）。

【16】「苟くも、家族全員或一定の家屋に事実上居住して営んでいる平穏な生活は、何人においても、これを尊重しなければならないことは、直接には、個人の法益保障の上から、次いでは、社会公共の治安の上から当然とするところであつて、たとえ屋内の一部と雖も居住者の意思に反して人の侵入を受けるときは、その生活の平穏の害さるべきことはまた洵に明らかなところであるから、その所為の、刑法第百三十条にいわゆる故なく人の住居に侵入したものとあるに該当するものと言わざるを得ない」（東京高判昭二九・二・二七特四〇・三二）。

（三）「人」の住居というのは、自己がその住居において共同生活をいとなんでいない、いいかえると、同居者でない住居である。【70】は、家出中の息子が実父宅へ強盗の目的で侵入した事案につき、住居侵入罪の成立をみとめたもので、その結論は正当であるが、被告人たる息子は、家出によって実父の住居における共同生活から離脱したものであるから、息子にとって「たといそれが嘗ては自らも住み慣れたなつかしい実父の家であるとしても」、それはもはや「人ノ住居」にほかならないものであるという点にふれていないのは妥当でない（団藤・刑評一〇巻一八四頁、一八六頁参照）。なお、親族の住居でも同居者でない者にとっては「人ノ住居」であるから、この者が、強盗の目的で親族の家宅に侵入したばあい（大判大四・一〇・一六刑録二一・一五一七）、窃盗の目的で不在中の親族の住宅に侵入したばあい（大判大七・四・二四刑録二四・四〇五六）、住居侵入罪が成立することはもちろんである。

なお、【75】は、自己所有の妾宅も被告人が右妾宅に同せいしていない以上、被告人の住居ではなく、妾の住居、したがって「人ノ住居」であるとしている。具体的事案では、被告人は、該妾と不和となり、すでに二年以上前から絶縁状態にあったものであるから、「人ノ住居」にあたるものと思われるが、一般に、自己所有の家に妾を住わせ、時折かよってくるような状態のばあいには、その者にとって、妾宅は「人ノ住居」とはいえないのではなかろうか。

二　人の看守する邸宅、建造物

（一）「人の看守する」とは、人が事実上管理支配していることを意味するものであることは通説のみとめるところであるが、判例も「同条にいわゆる看守とは、看守する者が自ら直接当該建物に所在して管理する場合は勿論、番人を置いて監視せしめ、あるいは施錠してその鍵を保管する等の方法により、現実に右建物を事実上管理支配している関係にあることをいう」（大阪高判昭三四・五・二九下級刑集一・五・一二五九、同旨、大阪高判昭二五・九・一特一五・七〇）と判示して、同様の趣旨をあきらかにしている。ところで、右の判例もみとめているように、事実上の管理支配の態様はいろいろである。そこで、以下、この点についての判例をみて行くこととしよう。

(1)　施錠してあるばあい

【17】「判示土蔵カ縦令被告人ノ家敷内ニ存シタリトスルモ其ノ所有権カ他人ニ属シ而モ判示ノ如キ相当価額アル什器ヲ蔵置シ之ニ鎖鑰ヲ施シ且他人ニ於テ其ノ鍵ヲ保管シ居ル事実アリトセハ之ヲ目シテ刑法第百三十条ニ所謂人ノ看守スル建造物ナリト謂フニ妨ケナク従テ窃盗ノ目的ヲ以テ之ニ忍入リタル所為ハ同条所定ノ建造物侵入罪ヲ構成スヘキコト当然ニシテ」（大判昭一二・二・一八刑集一六・九九）。

【18】「原判決挙示の証人の供述並びに原裁判所の検証調書によれば右番小屋は間口二間奥行一間半荒壁造り、杉皮葺の平家建木造建造物であり、同番小屋には右Xが例年その周囲に植えてある梨の収穫期である九月から十月にかけて寝泊りし、又年末頃にはこれに落葉を積入れるため等に使用しているものであり、その余の期間は戸締りをして輪鍵をかけ、鍵を施しておいたものであることが認められる。されば右番小屋はXに於て常にこれを事実上管理していたことが明らかであり刑法第百三十条にいう人の看守する建造物に該当すること疑をいれない」（東京高判昭二八・三・七東京高時報三・三一〇二）。

両者は、いずれも建物に鍵がかけてあれば人が不在であつても、人の看守する建物であることをみとめたもので、正当であることもちろんであるが、【17】は、施錠して鍵を他人が保管している土蔵は、行為者の屋敷内に存在しても、人の看守する建造物であるとしたものである。

(2)　建造物の敷地で、門塀を設け、外部との交通を制限し、守衛警備員を置き、外来者がみだりに出入することを禁止している場所は、人の看守する建造物である。

【19】「刑法一三〇条に所謂建造物とは、単に家屋を指すばかりでなく、その囲繞地を包含するものと解するを相当とする。所論本件工場敷地は、判示工場の附属地として門塀を設け、外部との交通を制限し守衛警備員等を置き、外来者が、みだりに出入することを禁止していた場所であることは、記録上明らかであるから、所論敷地は同条にいわゆる人の看守する建造物と認めなければならない」（最判昭二五・九・二七刑集四・九・一七八三）。

【20】「原審が取調べた証拠に現われた事実によれば、被告人が侵入した場所は右会社の敷地構内として門塀を囲らし、外部との交通を制限し、守衛警備員等を置いて外来者がみだりに出入することを禁止していた場所であることを認めるに十分である。而して刑法第一三〇条に所謂建造物とは単に家屋だけではなく本件のような会社の敷地構内もこれに包含するものと認めるべきものである」（東京高判昭二七・一・二六刑集五・二・一二三）。

【21】「たとえ建造物の敷地であつても、その建造物の附属地として、門塀を設け、外部との交通を制限し、守衛警備員を置き、外来者がみだりに出入することを禁止している場所は、これを刑法第百三十条にいわゆる人の看守する建造物に包含されるものと解されている（最高裁判所昭和二十五年九月二十七日判決刑事判例集四巻九号千七百八十三頁参照）のであるが、小郡駅北信号所下の地域である、同信号所敷地が建造物の附属地として、いわゆる人の看守する建造物にあたるかどうかについて考える。

検察官作成の昭和三十年一月七日付実況見分調書の記載によると、同小郡駅北信号所は小郡駅構内の一部分を占有して設置されているが、同信号所の建物敷地付近について、囲障をめぐらして外部との交通を制限するような特別の設備はないことが認められる。したがつて特に同信号所下の建物敷地だけを人の看守する建造物であるとして、建造物侵入罪の対象とするわけにはいかないのである。

そこで同信号所を包含する小郡駅構内全体を包括して、工場や事務所敷地と同様に、人の看守する建造物ということができるかどうかについて検討する。前示検察官作成の実況見分調書と裁判所の検証調書（昭和三十年三月十七日付）によれば、小郡駅構内の大部分は国鉄の本線または入替線等の専用軌道で占められ、用地の北西部一帯に駅本屋、従業員詰所、各種事務室、公舎その他の建造物が配置され、駅本屋に接続してホーム、陸橋が設けられ、ホームの上あるいは用地上の各所に運転本部、操車掛室、車号室等の運転関係の従業員詰所、あるいは信号所、機関庫その他の建造物が設置され、用地の南東部は駅構外の水田に接し、その境界線は柵、塀などの囲障はなく、また用地の北東部および南西部は、右用地をほぼ南北に走る山陽本線、山口線、宇部線の専用軌道となつているため、外部との交通を制限するような囲障その他設備がないことなどが認められる。小郡駅構内がこのような状況にあるとするならば、たとえ外部の交通が制限され、一般公衆は乗車券、入場券をもつて出入りすべきことになつており、外来者はみだりに出入することを禁止されているとしても、いまだ人の看守する建造物であるということはできない。

以上いずれによるも、小郡駅北信号所の敷地に侵入した事実をもつては、軽犯罪法あるいは鉄道営業法の規定により、処罰されることとあるは格別、刑法第百三十条所定の建造物侵入罪は構成せず、罪とならないのである」（山口地判昭三六・一二・二一下級刑集三・一一＝一二・一二三九）。

【21】は、外部との交通を制限するような囲障その他設備がないことを理由として、小郡駅構内は人の看守する建造物にあたらないとしたものであるが、他方、旭川駅構内を駅長の管理看守する建造物にあたるとした判例（札幌高判昭三三・六・一〇高裁特報五・七・二七一）がある。もつとも、ただちに、両者が矛盾するものとみるのは早計であろう。両者の結論のちがいは、おそらく、小郡駅という小駅と旭川駅という都市駅における囲障その他の設備の差異にもとづくものであろう。なお、福島駅に関して「福島駅々長の職務権限である鉄道固定財産の管理権の範囲は福島駅構内の大部分及びその中に存在する駅本屋の事務室、詰所、信号扱所等に及ぶ」（福島地判昭三六・一二・一四下級刑集三・一一＝一二・一〇五五）とする判例がある。

(3)　官公署の庁舎の出入口、廊下、税務署の構内のように、執務中一般に開放されているところも、同庁舎管理者の看守内にある。

【22】「凡そ、官公署の庁舎の出入口及び廊下等がその執務中一般に開放せられているのは、その執務に関連して、正常な用務を帯びて民衆の出入することが予期せられる関係上、これが便宜に応ぜんとするものに過ぎないのであるから、その出入口及び廊下の如きはもとよりその庁舎を管理するものの看守内にあることは多言を要しないところであり、これを道路に準ずべきものであるとなす所論には到底賛同することはできない」（最判昭二四・六・一六刑集三・七・一〇七〇、〔研究〕福田・判研三巻三号六五頁以下）。

【23】「判示佐賀税務署構内は同税務署に用事のない者がみだりに立入ることを許さない場所であるから、たとえ同税務署裏手に酒販売組合事務所があつて、人々が同構内を自由に通行していたとしてもやはり同税務署の庁舎管理者の看守内にあること明白であり、これを通路に準ずるものとなす所論は失当である」（最判昭三四・七・二四刑集一三・八・一一七六）。

工場の煙突は、これを使用中の工場の工場長の管理下にあるとして、煙突の頂上にのぼつた、いわゆる煙突男に建造物侵入罪の罪責をみとめた判例として

【24】「弁護人は刑法第百三十条は住居並びに之に類する個人の自由権乃至所有権の保護を目的としたものであるから、同条の『看守』というのは私的利益保護の方法が講じてある場所、即ち立入が禁止されている所と解すべきである。従つて本件煙突は立入が禁止されていない。即ち看守がないから本罪は成立しないと主張するけれども、原判決の認定するところによれば被告人等は判示火造工場長の看守する現に稼動中の煙突の頂上に故なく赤旗を携えて登攀したというのであつて、右事実は原判決挙示の証拠によつて充分に認められ、本件煙突が刑法第百三十条『人の看守する建造物』に該当し、被告人等の行為が建造物侵入罪となることは原判決説示の通りである。而して同条が刑罰によつて直接保護せんとする目的は人の看守する建造物については当

該建物の平穏なる利用権の保護であつて、個人の自由権乃至所有権というが如き一般抽象的な法益ではない。凡そ火造工場の煙突に立入禁止の具体的な方法が講ぜられていなくとも、業務上の必要なくして之に登るということは条理上当然禁止せられているものと解すべく、且その煙突が現実にこれを利用しつつある火造工場長の管理下にあるものであることは多言を要しない。殊に本件煙突は当時現に使用中であり之が継続使用は被告人等の生命に関する事態を引起す危険すらあつたのであるから、立入禁止の具体的方法が講ぜられていないという一事によつて本件を適法視せんとする所論は徒らに形式に拘泥して社会通念を解しない粗雑な論議である」（大阪高判昭二五・一〇・二八特一四・五〇）。

(4)　生産管理に関連して組合側が工場を占居した事案について、会社側が工場を事実上支配していないことを理由に、建造物侵入罪の成立を否定したものとして、

【25】「本件控訴事実中建造物侵入の要旨は、被告人等は株式会社日本電気製鋼所の従業員であるが、同会社従業員四十名は昭和二十二年十月十一日労働組合を結成し、数日後は全日本機器労働組合に加入した。被告人等は会社との間に団体協約を結ぶべく昭和二十三年六月十五日より数次に亘つて交渉を行つたが、同年七月二十五日の第三回目に交渉打切りとなり、翌二十六日会社は工場整理のため臨時休業をなす旨及び会社工場に無断で立入ることを禁止する旨工場正門に掲示した。組合側はこれに対し、同日会社に対し闘争宣言を発し、同月二十八日頃より所謂生産管理の準備に入つたが、会社側は翌八月二日付で同月六日午前七時を期し工場を閉鎖し、各組合員を馘首する旨通知したため、組合側は職場大会を開き、同月五日午後四時から生産管理に入る旨、宣言すると共に、これを会社に通知し爾来会社の意思に反して工場を占拠し、生産管理を断行したのであるが、昭和二十三年十二月中旬には生産皆無となり、生産管理は形式的にも実質的にも結了したものと認むべき状態になつたので、会社側は、昭和二十四年一月二十一日、被告人石井完宛工場を明渡して立退くべき旨及び通告後は社長の許諾なくして、工場に立入ることを禁止する旨通告し、被告人等はいずれも右通告に接し

ながら、依然として工場の明渡を為さず工場内に立入りこれを占拠し、以て社長田村八郎看守に係る工場に故なく侵入したというにある。

而して原審は本件生産管理が既に少くも昭和二十三年十二月中旬には生産中絶の形となり、生産を為し得ず生産管理の実なきに至つたのであるから、組合側は事ここに至つては速に会社側に工場を明渡すべき義務があり、被告人等がその後も依然として工場に出入し不法占拠を継続していた事実並びに会社側の退去要求の事実は認められるけれども、会社側は単に通告を発したに止まり工場の占有を回復したこととの証明がないから、たとえ被告人等組合側が工場を不法占拠した事実があつたとしても、本件建造物侵入は罪とならないと説示しているのである。而して右説示に係る事実は原判決引用の証拠によつて充分に認められ記録を精査しても事実誤認の疑はない。

検事は原審の公判で起訴状にいわゆる看守とは右会社々長が揖保郡の社長自宅において自己の会社を絶えず見守つていたことであると釈明している。而して刑法第百三十条にいわゆる看守とは看守をする者が当該建造物に施錠をしたり、番人を置いたりして、現実に当該建造物を事実上支配しているものと認められる関係がなければならないと解すべきである。右刑法の条文は建造物又は住居の現実の利用関係に対する侵害を処罰する趣旨であるから検事の主張するが如き現実の利用関係の存しない看守というが如きは、右刑法の条文の保護の対象とはならない。賃貸借契約の場合を引例して説明してみると、建物の賃借人が賃料不払のために契約が解除せられると、その後の賃借人の占有は民法上不法占有となるのであるが、此の場合に建物の所有者である賃貸人が建物からの退去を求め爾後、該家屋に侵入してはならないという通知を賃借人に対して為したならば、住居侵入罪（不退去罪）が成立するであろうか。此の場合も賃貸人は建物の占有を回復してない。いいかえれば賃貸人はいまだ現実に当該建物を利用していないのであるから、賃借人の現実の占有はたとえ民法上不法占有であつても、刑法上、住居侵入罪とはならないのと本件の場合も同様である。即ち住居侵入に関する刑法の規定は将来建物を占有して、之を利用して行こうという者を保護する規定ではなく、現在建物を利用している関係を保護する規定に外ならない。」

「原判決の法律の解釈も亦結局右説明の趣旨と同一に帰するのであつて、極めて正当である。たゞ本件の工場占拠はいわゆる生産管理の手段として為されたものであるから、当初の生産管理の開始が不法であれば、その後引続き住居侵入の事実が成立するのでないかと考えられるが、原判決も認定している通り、本件の生産管理は会社側の争議手段としての工場閉鎖の前日に始められているのであつて、之を不法のものと認めるに足る資料もなく、検事が建造物侵入として起訴しているのは、生産管理の実体がなくなつてしまつた後である昭和二十四年一月二十一日附会社側の退去通告後の不法占拠を指すものであることは、原審公判における釈明で明かであるから、不法の生産管理の開始による建造物侵入罪の成立を認める余地もないのである」（大阪高判昭二五・九・一特一五〇・七）。

(5)　事実上の管理支配の態様がいろいろあるところから、誰が看守者であるかが問題となるばあいがある。

警察署長は退庁後も警察署庁舎の看守者である。

【26】　アジビラをまく目的で警察署に侵入した事案に関し、「論旨は、被告人等は前記庁舎内に入ることにつき署員の明示又は黙示の承諾を得たと主張し特に前記片岡巡査部長の承諾を得たと主張するのであるが、被告人らは右片岡と庁舎内で会う前にすでに故なく同庁舎内に侵入していたものと認むべきことさきに説明したとおりで、いいかえれば被告人らが片岡と出会つたのはその建造物侵入罪が既遂に達した後のことなのであるから、かりにその際同人が同意を与えたとしても犯罪の成否に影響がないのみならず、原審証人片岡十四男の供述によれば、同人は前記のごとく被告人両名に庁舎内で出会つた際『こんなビラなどまかずに帰つたらどうか』と申し告げたことが認められるのであつて、これによれば、たとえそれ以上強く退去を求めなかつたにせよ、同人が被告人らに対しさらにそれ以上庁舎内に立ち入ることを承諾したとか、あるいはこれを黙認したもの

とは解せられない。また、かりに右片岡が同意を与えたと仮定したところで、同人は右庁舎の看守者ではない。その看守権は退庁して同庁舎内に現在していなくとも依然として建物管理者たる両警察署長に在るのであつて（「看守」というのは現実の監視ということと同義ではない、人をして監視させるのもまた「看守」である）、本件においては右の看守者が旅行その他看守権を自ら行使することのできぬ事情があるためこれを他の者に委ねたというような事実も存しないのであるし、いわんや片岡巡査部長がその看守を署長から委されたというようなことは全然ないのであるから、被告人両名の立ち入りが本来の看守者の意に反するものであること前段の説明によつて明らかである以上、片岡巡査が同意したとしてもそれは同意としての効力を有しないものといわなければならない」（東京高判昭二七・四・二二四刑集五・五・六六六）。

町長は退庁時刻後も町役場の看守者である。

【27】「町村制第三章第二款ノ規定ヲ通覧スルニ町長ハ町役場トシテ使用中ノ建物ノ管理権ヲ有シ町村ノ有給吏員タル書記ハ町長ノ指揮監督ヲ承ケテ事務ニ従事スルモノニ過キサルコト寔ニ明ナリ故ニ退庁時刻以後書記カ町役場ノ看守ヲ為スニ至リタルトキト雖町長ニ於テ右管理権ヲ喪失スヘキ理由存セス然レハ原判決カ判示町長ニ於テ町役場ニ滞留シ居タル被告人ニ退去ヲ要求シタルニ拘ラス被告人ハ同町役場書記長谷武一ノ看守スル同役場内ヲ退去セサル旨判示シ被告人ノ所為ヲ刑法第百三十条ニ問擬シタルハ正当ニシテ原判決ニ所論ノ如キ違法存スルコトナク論旨ハ理由ナシ」（大判昭五・一二・一三刑集九・八九九）。

家屋の一時的留守番は看守者ではない。

【28】「刑法第一三〇条の人の看守する邸宅又は建造物に侵入する罪は、その看守者の意思に反して建物内に立ち入ることによつて成立するものであるが、同条にいわゆる看守とは、看守する者が自ら直接当該建物に所在して管理する場合は勿論、番人を置いて監視せしめ、あるいは施錠してその鍵を保管する等の方法により、現実に右建物を事実上管理支配している関係にあることをいうもので、その看守者の指揮監督の下に単に

事故防止のため監視に当つている一時的留守番の如きは、その建物について管理権がなく、右建物に他人をして入居させることを許す権限がないものであるから、たとえ一時的留守番の同意を得て入居したとするも、看守者本人の意思に反することが明らかな状況があれば、本罪が成立するものと解すべきである。

これを本件についてみるに、記録を精査すると、被告人はかねて岡本登所有の本件家屋に居住し、家主より右家屋の明渡を要求されていたが、昭和三二年四月三〇日家主の委任により執行吏において執行力ある調停調書の正本に基き本件家屋の明渡を執行し、空家となつた右家屋を家主の代理人である武内正敏（同人は岡本登の代理人中村弁護士より本件家屋明渡事件について代理を委任されていたもの）に対し引渡したので、武内は岡本登の代理人として本件家屋を看守することとなり、マジックインクで、事件番号、引渡完了、他人の出入を禁ずる旨記載し、保管人武内と書いた告示書を掲示し、さらに被告人や被告人の妻に対し、口頭で、出入を禁止する旨注意を与え、火災、盗難等の事故防止のため留守番として執行手伝人夫の山下、相川の両名を置いたところ、右両名が被告人に同情する数名の者に押しかけられて脅迫的なことを言われたので、留守番をするのを嫌い、結局四月三〇日午後三時頃から本部宗三郎及び八矢某の二名が代つて留守番を引受けるに至つたもので、従つて本件家屋の看守者は武内正敏で、本部宗三郎は右看守者たる武内正敏に頼まれて事故防止のため一時的留守番をしているに過ぎず、右家屋に被告人の入居を認めるような権限は全然ないものと認めるのが相当である。しかも、本件家屋の（家主である岡本登は勿論のこと）現実の看守者である武内正敏において、本件家屋明渡執行後、執行の相手方たる被告人をして右家屋に入居させる意思がないことは、本件家屋明渡の経緯に照らし、常識上容易に推測せられるところであり、且つ、証人南里秀雄の当審公判廷における証言として『留守番の本部の顔が立つようにするには、多数の人達の威圧を感じて仕方なく出たようにしないといかんと考えて、そのように本部に交渉した』旨供述している点をも考え合わせると、留守番の本部宗三郎が被告人の入居を認めることは前記武内の意思に反する背任的な行為であることを被告人及び南里らにおいて十分認識していたものと認められるから、たとえ、被告人が留守番の本部宗三郎の同意を得て入居したとするも、邸宅侵入罪の成立を免れないものであり」（大阪高判昭三四・五・二九下級刑集一・五・一一五九）。

右の判例から分るように、判例は、建造物等の管理者自身が看守者であって、現場で監視の任に当っているにすぎない者（守衛、警備員、留守番など）は、原則として看守者でないという態度を示している。なお、【27】は「退庁時刻以後書記カ町役場ノ看守ヲ為スニ至リタルトキト雖町ニ於テ右管理権ヲ喪失スヘキ理由存セス」と述べているので、看守を現実的な意味に解し、これと管理権とを対立させているようにも読めるが、町役場の建物の管理権を有する町長が看守者であり、書記は看守者でないという趣旨のものとみるべきであろう（柏木・各論三八九頁参照）。

（二）　邸宅・建造物　建造物は、家屋だけでなく、その囲繞地も含むものであることは、【19】【20】の判例があきらかにしており（同旨、札幌高判昭三三・六・一〇高裁特報五・七・二七二）、邸宅にその囲繞地が含まれることは当然であるが、多くの判例は、住居に附属する囲繞地も邸宅とみている点については前述した（【7】【8】参照）。なお、【53】は、住居に使用している家屋の敷地内に関し、門構えだけあって門戸の設備のなく昼夜の別なく外部から出入することができる場所でも邸宅の一部であるとしている。

かこいをめぐらした集団住宅の区域が、邸宅に含まれる囲繞地といえるかどうかについて、【29】は、邸宅とはいえず「出入ヲ禁止シタル場所」（旧警察犯処罰令二条二五号、これは現行軽犯罪法一条三二号の「入ることを禁じた場所」にあたる）に該当するものとしている。これに対して、前掲【8】は、社宅二〇数戸が石垣または煉瓦塀でかこまれ、責任者が看守しており、内側から門で閉められる仕組になっている三個の門があって、毎晩一〇時過ぎに右責任者が門をしめることになっている区域を「社宅二〇数個を含む一の邸宅」であるとした原審判決を正当であるとしている。判文からは両者の状態のこまかいところまでは分らないので、あるいは微妙な差があるのかも知れないので、この二つの判例が矛盾するものであると速断することには問題があるかも知れない。しかし、集団住宅が塀、石垣などで囲まれている区域は、住居に附属する囲繞地と解すべきであろう（これを住居とみるか邸宅とみるかについては、一〇七頁参照）。

【29】「刑法第百三十条ニ所謂邸宅トハ人ノ住居ノ用ニ供セラルル家屋ニ附属シ主トシテ住居者ノ利用ニ供セラルヘキ区別セル場所ヲ謂フモノニシテ看守者アル地域ト雖右ニ該当セサルモノハ以テ邸宅ト称スヘカラス而シテ原判決ニ於テ被告人等カ侵入シタリト認メタル所謂社宅納屋構内トハ炭坑内ノ一区域ニシテ該区域内ニハ一棟ニ付約十戸ヨリ成ル長屋二十七棟アリ外ニ合宿所購買会浴場其ノ他ノ建物存在スルモノナルコト証拠説明ニ参稽シテ明ナレハ右地域ハ畢竟多数人ノ住居セル一廓ニ外ナラスシテ邸宅ヲ以テ目スヘキモノニ非ス然レトモ同所ハ黒板塀ヲ以テ囲繞シテ外部トノ交通接触ヲ遮断シ正門及裏門ヲ設ケ正門ハ昼夜限リ開放スルモ見張人ヲ置キ裏門ニハ見張所ナキ為昼間ニ限リ開放シ夜間ハ閉塞スルモノナルコト証拠説明ニ依リ明ナレハ濫リニ出入スルコトヲ禁止シタル場所ナリト謂フヲ得ヘシ」（大判昭七・四・二一刑集一一・四〇七）。

周囲に柵もなく、その中に建物もない進駐軍の射撃場は、邸宅ないし建造物にあたらない。

【30】「原判決が被告人の『進駐軍の看守する基地内射撃場に侵入し』た事実を認定し、之に対し刑法第百三十条を適用処断していること所論のとおりである。而して、刑法第百三十条に所謂邸宅とは人の住居の用に供せられる家屋に附属し、主として住居者の利用に供せらるべき区画した場所を謂い、建造物とは屋根、牆壁又は支柱があつて土地に定着し、人の出入し得べき構造をもつものをいうのであるから、原判示の如く単に射撃場とのみ判示したのは果してそれが右の邸宅乃至建造物に該当するか否か判文上不明である。しかも原判決の挙示する原審第四回公判調書中証人水野信三の、原審第三回公判調書中証人慶長義正の各供述記載に徴すれ

ば、右射撃場は進駐軍の看守するものではあるが、その周囲に柵なども無く、その中には建物等もなく、広大な山の上の場所であることが認められ、記録を精査しても右の認定に誤があることは認められないから、右射撃場は濫りに出入することを禁止した場所（軽犯罪法第一条第三十二号参照）であるとは謂い得るが、刑法第百三十条に所謂人の看守する邸宅又は建造物を以て目すべきものではない」（仙台高判昭二七・四・二六特二二・一二六）。

なお、建造物の附属物、たとえば、廊下などが建造物の一部であることもちろんであるが（最判昭二四・六・一六刑集三・七・一〇七〇は、出入が自由な官公署庁舎の出入口、廊下も建造物の一部であるとしている）、左の判例は、信号扱所の外側にとりつけられた階段を建造物の一部であるとしている。

【31】「南信号扱所北側階段というのは実況見分調書によれば、同信号扱所建物の北側に鉄道用地から同建物の二階入口への昇降用として建物の外壁に固定し設けられた鉄製の幅三尺の階段であつて、同建物の二階を昇降するための唯一の設備であることが認められるから、従つて(1)同階段は建物の二階に昇降するために一時的に立てかけた梯子等とは異なり、容易にとり外し得ない固定的な設備であつて、言わば建物の同体的構成部分を為しておるものである。換言すれば建物の内部に設けられた階段に比しその場所が内部か外部かの差があるだけであつて、建物と階段とは一体として完全な用を成すのである。(2)又同階段は同建物の二階への昇降の為の唯一の通路であり、しかも階段の最上段（踊場）は二階信号取扱室の入口と相接しているのであるから、言わば階段はその昇降口に扉の設備こそないが、右信号取扱室入口の延長とも目すべき関係にあるといわねばならない。故に同階段は南信号扱所建物の一部分であり、建造物に該るということができる」（福島地判昭三六・一一・四下級刑集三・一一―一二・一〇五五）。

31

一　故なく侵入すること

（一）「故なく」とは、正当の事由なくということで（最判昭二三・五・二〇刑集二・五・四八九等）、これは、いわば当然のことを明記したにすぎないものであるとするのが通説（小野・講義各論二〇九頁、滝川・各論八五頁、木村・各論七一頁、植松・概論Ⅱ（各論）二八九頁、江家・各論二三七頁、福田・各論二〇三頁等）であるが、団藤教授は、「故なく」の要素が規定されているのは、違法なばあいにかぎつて犯罪定型をみとめる趣旨をあきらかにしたもので、このばあいには違法性の存否をあわせて考えなければ構成要件該当性の有無を論定することができないとされる（団藤・綱要（総論）一四一頁）。この見解によると、司法警察職員が捜索令状をもつて住居に侵入したばあいは、正当な理由があるから、住居侵入罪の構成要件該当性を阻却することになるのであろうか。もし、そうだとすれば、妥当でない（福田「社会的相当性」刑法講座二巻一〇六頁以下参照）。判例は、正当な事由の有無が違法性に関するものであるとしているところから推して、通説と同様の見解に立つものとみてよかろう（後述一六七頁以下参照）。

（二）「侵入」とは、住居の平穏を害するような態様で立ち入ること、したがつて、住居者・看守者の意思に反して立ち入ることであるとされる。なお、判例が、たとえば、住居侵入罪は「住居権者ノ意思ニ反シテ違法ニ其住居ニ侵入スルニ因リテ成立ス」（大判大七・一二・六刑集二四・一五〇六）と述べているところから、住居者・看守者の意思に反することを本罪の成立要件としていることはあきらかである。ところで、【32】は、具体的事実を検討し、看守者の意思に反していないから、被告人の立ち入り行為は「侵入」といえないとするもので、【33】は、生徒にビラを頒布する目的で山村の中学校分校の建物に立ち入つた事案につき管理者の意思に反したものとみとめるには疑問の余地があるとしたもので、いずれも、意思に反するかどうかの限界にある事案に関する判例として注意に値するものといえよう。

【32】「原判決は、第一の事実として、「叙上の如く十二月二十五日工場側より工場閉鎖並工場立入禁止の通告を受けて居たに拘らず争議遂行の目的を以て、⑴被告人加藤源次同江部寿は組合員等と共に右十二月二十五日頃不法に同工場内に侵入し、⑵被告人笹川喜代太郎は翌二十五年一月十八、九日頃同工場内に不法に侵入し、被告人須藤三男は同年三月二十一日頃同工場内に不法に侵入し」たという事実を確定判示し、これらの所為に刑法第百三十条を適用しているのである。そこで、原判決の「同工場」というのがはたして何を意味するのかがまず問題となるわけであるが、後にも触れるように、それは恐らく各個の工場建物及び事務所建物を含めた当時の東京芝浦電気株式会社加茂工場の区画された敷地全体を指しているものであろうと解される。ところが、もしそのように解して、原判決の判示するところが被告人四名が右敷地内に立ち入つたというだけの趣旨であるとしてみると、これを工場内に「侵入」したものであると判示した原判決の認定には誤があるといわざるをえない。なんとなれば、いうまでもなく住居侵入罪における「侵入」とは、住居者又は建造物等を看守する者の意に反して立ち入ることを意味するのであるのに、当審における証人山口辰雄の供述によると、昭和二十三年十二月二十四日に工場長である同人名義で工場閉鎖の通告をした趣旨は右の敷地内にある個々の工場建物内に入ることを禁ずるという意味であつたことが明らかであつて（このことは当裁判所の検証の結果によつて明白となつたように、右工場敷地が当時その外部との間に厳格な障壁を設けているわけでもなくきわめて開放的な状態にあつて、その立入を禁ずるといつても到底その実効を期することができなかつたものと認められること、及び当時被告人等の属する労働組合の事務所が右敷地内の工場事務所のあつた建物内に設けられていたこと、並びに同月二十五日工場閉鎖の通告に続いて山口工場長より同工場警備係長永井要次に宛てて「本日正午を期し工場閉鎖を為したるを以て閉鎖後は巡視の上施錠を完了し鍵を加茂駅前小林屋旅館に遅滞なく届けられたし」との命令がなされていて、この文面からいつてもその閉鎖の対象が各個の工場建物であると認められること等からも窺われるのである。）被告人らが前記工場敷地内に立ち入つたというだけでは未だ建

造物看守者の意に反したことにならず、従つてそれはまだ「侵入」とはいえないからである」(東京高判昭二七・一二・一六特三七・一二)。

【33】(公訴事実)「被告人は昭和二十七年一月二十二日頃の午後三時半頃「野田村民に訴へる」と題し弥栄中学野間分校教諭中村芳直が戦争宣伝の波に乗つて生徒に海上保安学校の生徒募集をしているが、これは人殺し商売を奨めているのだ、その人格をうたがう等の趣旨の記載してある文書を生徒に頒布する為竹野郡野田村字野中二千二百六十四番地竹野郡組合立弥栄中学校野間分校の建物内に侵入したものである」。

(判旨)「原審並に当審における証人中村保の証言及び被告人の供述によると、本件校舎の管理者は中村保であるが、本件文書を頒布するため被告人が本件校舎に入るについては、事前にことさら管理者中村保にその目的を告げて入ることの承諾を求めたことのないことは明らかである。そして、本件において頒布せられた文書の内容は領置にかゝるビラによつて明らかなように生徒並にその父兄らによつて読まれることを目的とし共産党野間細胞が日本の軍備に反対するという政治的立場から、同分校の教諭中村芳直が生徒らに対して海上保安学校の生徒募集に応ずることを奨めたということを皮肉な調子で批判したものであるから、これを生徒らに頒布する目的で右分校々舎に入つたことが法律上正当な権限によるものでないことは勿論、学校管理関係者の側において当然これを是認する行為であるとも断定し切れるものではない。けれどもまたそれだからといつて学校の管理関係者側において被告人の校舎立入行為を全然管理者の意思に背いたものとしてその立入を拒んだに相違ないとも一概に判定するわけにもいかない。なぜかといえば、当審の検証並にその際行われた証人中村保の尋問の結果によつて明かなように本件野間分校は山間村落の唯一の学校であつて生徒の教育をする場所でもあると同時に村人にとつての文化の中心とも目され、入口には開閉する門もなく、また周囲には出入を遮るべき設備もなく、そして特に出入者を監視する詰所とか監視員も存在せず、およそ、村民は学校業務とか生徒の授業そのものに支障となり、また校舎そのものに危害を加えるとか、校舎内でことさら犯罪となる不法行為を行うとか、その他客観的にみて校舎内で行うことが到底許されないような行為を行う目的でない限りは特に管理者の許可を得る手続を経ずとも自由に右校舎内に立入ることができる実情にあり、そして右に掲げた無断立入が禁ぜられた場合といえば、要するに管理者としては侵入を拒否するに相違ないと一般的に認められる場合であつて、かゝる場合に該当するものと明かに認められる目的をもつて無断侵入したときは当然『故なく』不法に侵入したものといつてよいけれども、本件文書の頒布の目的による校舎への立入の如きは同校として初めての事例であり、事案の性質上からしても右の禁ぜられた無断立入に該当するかどうか未だ明確を欠くところがあるからである。従つてその点についてはに進んで具体的な事情を検討し、果して本件の場合に学校管理者側にその立入を当然拒否する関係にあつたかどうかを定めなければならない。ところで、原審において証人中村保並に同田宮寿吉は、前者は本件分校の管理者として、後者は同分校の教育上の責任者として学校内で本件文書を生徒に頒布されることは立場上困るとして、もし被告人から事前にその目的を示して学校内に入る許可を求められたらば、これを拒否したであろうとの趣旨にもとれる供述をしているが、そもそも本件文書の頒布はなにも右校舎内において頒布せられたが故に特に教育上困るとなるわけのものでもなく、学校への往復の途上その他校舎外のいづれにおいて行われても教育上困るといえば困る事柄であり、右各証言の趣旨も、被告人の本件文書の頒布行為に重点をおき、校舎内に入ることに重点をおいたものでないと思えるふしがあるし、右証人等は該分校の責任者たる立場にある関係上、正面切つて被告人から本件文書のような政治的性格を具えた文書を生徒に頒布する目的で入るのであると告げてその許可を求められた場合に、これを是認して許可を与えるとは常識上考えられぬから、原審においてこのように供述することは右両人の立場上当然のこととも思える。従つてその反面において右証人等が被告人の本件校舎への立入並にその目的を仮りに知つていたとしても、特に被告人からその許可を求められない限りその立入はこれを黙認し、その目的行為の遂行を思い止らしめる措置をとることに努めるということも考えられる余地があり、また原審証人山内年彦のいうところによると学校教育上からみても被告人の本件校舎への立入は強ちこれを不当視することができないとある上、当審において証人中村保は、『ただビラを撒くことを止めてもらうという意味で、その目的で学校に入つて来ること、或はそのために学校の中にいることを咎め立てするつもりはなかつた』と述べているのであるから、以上の諸点からして本件の場合には、学校の管理関係者の側においても、必ずしも被告人の立入を不法視していたかどうかは疑わしく被告人としても、原審並に当審において供述しているとおり、本件文書を生徒に頒布することはなるほど職員達にとつては快いことではないと思つたが、それだといつてその頒布のために校舎に入ることは、平素の場合と同様で、別段入ることを禁ぜられるとは思つていなかつたというのであるから、客観的事情においても、被告人の主観においても本件文書を生徒に頒布するため右分校々舎に入つたことが、当然一般的にみて、管理者の意思に反したものであると認定するわけにはいかない。従つて、本件の場合のように、ある目的をもつて人の看守する建物に立入つたことについては、時としてその目的だけによつてはその立入行為が不法となるかどうか不明確な場合もあるというべく、かゝる場合には、その立入に対して事前に管理関係者において掲示その他の方法によつて予めその意思を表示しておくか、或はその立入に際して現実にそれを拒むか又は立入後退去を命ずるかによつて意思を表示した場合であれば格別、そうでない限りは、その立入を『故なき』ものとして不法侵入と断ずることはできないと考えなければならない。そして本件においては立入前後においてかゝる管理関係者の意思表示がなされたものと認むべき資料はないし、被告人の本件文書頒布の目的による建造物への立入をその目的自体によつて直ちに管理者の意思に反したものと認めるには未だ疑問の余地が存するから、結局本件については犯罪の証明がないといわなければならない」（大阪高判昭三二・三・一八高裁特報四・六・一四〇）。

（三）　住居者・看守者の意思に反することが本罪の成立要件であるとすれば、住居者・看守者の承諾（または推定的承諾）のあるばあいには本罪の成立が否定される。ところで、この承諾が違法性を阻却するものであるか、構成要件該当性を阻却するものであるかについては説が分かれている（前説として、小野・講義各論二〇九頁、後説として、木村・各論七四頁、江家・各論二三七頁、小野等・刑法（ポケットコンメンタール）二七二頁）。【34】は、判文上、承諾を構成要件該当性阻却事由と解しているものとみとめることができるが、最判昭二三・五・二〇は「住居権者の承諾ある場合は違法を阻却すること勿論である」(刑集二・五・四八九)と述べて、承諾を違法阻却事由と解しているので(同旨、福岡高判昭三〇・九・二八高裁特報二・二二・一一四九、なお、【57】は姦婦の承諾に関し「シナヨノ許諾ハ侵入行為ノ違法性ヲ阻却スルノ効ナキモノト解セザルベカラズ」と述べている。)、この点についての判例の態度は明確でない。しかし、意思に反する立ち入りが「侵入」であるとすれば、承諾をえて入るばあいは、「侵入」といえないから、承諾は構成要件該当性を阻却するものと解すべきであろう(福田・各論二〇四頁参照)。

【34】「原判決挙示の証拠を綜合すると、被告人等がそれぞれ判示の如く、判示会社の工場内に無断で侵入した事実を肯認することができる。そして右工場内立入については労務課長の承諾があつた旨の所論の主張は、住居侵入罪の構成要件事実である故なく侵入したとの事実を争うものに過ぎない。もとより旧刑訴三六〇条二項にいわゆる法律上犯罪の成立を阻却すべき原由たる事実上の主張ということはできない」(最判昭二五・一一・二四刑集四・一一・二三九三)。

ともかく、承諾があれば本罪が成立しないとするのが、判例の基本的態度であるということは、前掲の判例および以下にあげる多くの判例から、これをみとめることができる(もつとも承諾の有無だけで本罪の成否を決する見解に対しては、異論がある。たとえば、小野・刑評二巻二〇七頁、福田・各論二〇四頁以下)。そこで、承諾の要件その他が問題となる。

(1)　承諾は真意に出たものでなければならない。次の判例は、この点を示している。

強制による承諾

【35】「川崎市長夫人江辺しづが被告人多田等に対して家宅捜索の承諾を与えたのは、赤旗を擁した多数の威力を背景とする同人等の言動に威圧されたためであつて、その真意から出たものでないことを多田も知つていたことは、原判決挙示の各証拠就中笹崎正一に対する予審判事の証人訊問調書中同人の供述記載によつて十分に推認することができる」「従つて原判決が多田の所為に刑法一三〇条を適用したのは正当であつて論旨は

理由がない」（最判昭二五・一〇・一一刑集四・一〇・二〇一二、〔研究〕石井・判研四巻二号二〇四頁以下）。

【36】「原判決の挙示した証拠によると、井形次男は、昭和二十八年三月頃、被告人の母山田キヨノから同人所有の判示建物の階下の一部と二階のうち二部屋を判示のような約旨で賃借し、階下の店舗で、パチンコ店を開業したが、同年十二月頃から家賃を滞納するようになつたので、山田キヨノは同人に対し家屋明渡請求訴訟を提起するとともに、被告人は弟等と訴訟外において、延滞家賃の支払又は明渡の交渉を重ねてきたが、井形次男の方でも営業不振のため延滞家賃の支払に窮し、度々約束の期日を違えてばかりおり、ことに、昭和二十九年四月末頃、被告人の弟山田誠等から極めて強硬な請求をうけたときには、『五月七日までに、怠納家賃の支払ができないときは、強制的に家を出されてもよい』とまで言つて、一時その場の言い逃れをし、右五月七日にも金融の都合がつかないといつては、更に支払の猶予を乞うなど、一向に埒があかない状況にあつたので、同年五月十九日朝、わざわざ東京都からやつてきた被告人は、前記建物の二階キヨノの部屋で弟、山田義幸、同山田誠等から、これまでの交渉の経過をきき、井形次男の誠意のないやり方に憤慨して業を煮やし、同人等とともに今から、階下のパチンコ店に入りパチンコ機械を全部取り外して遊技施設を取り壊わし、実力により家屋の明渡を強制するより外なしと相談の上、同日午前十一時頃、直ちに階下に降り、表入口の戸の破れ目から手を差し入れて掛け金を外し、そこから弟等とともに、既に二月余前から休業中で誰も居ない井形次男管理の店内に這入り、各自釘抜、金槌等を持つてパチンコ機械の取外にかかり、同日午後四時頃迄の間に同人所有の六十六台全部を台から取り外して店内の一隅に取りまとめておいた外、パチンコ台の支持板や玉売場等パチンコ施設全部を取り壊わしてしまつた事実を認定することができる。論旨は、前示井形次男の『五月七日までに支払ができないときは強制的に家を出されてもよい』との言辞を捉えて、被告人の本件所為は、被害者井形次男の承諾に基ずくものであるから違法性を阻却するというのであるが、本件記録によると、右の言辞は井形次男が被告人の弟山田誠等から強硬な交渉をうけ延滞家賃の支払を迫られた結果、これまで度重なる違約を続けて既に弁明の余地もないような破目に追い込まれていたため、窮余の一策として当もないまま、つい心

にもなく申し述べた遁辞であつて、当時の状況上、多分に心理的強制をうけてなされたかいある意思表示で、自由な、真実の意思に合致するものとは認められないし、もともと違法性阻却の一事由である被害者の同意は、それが被害者の真意に基ずくものであることを要することは言を俟たないので右のような井形次男の言辞を以て、被害者の同意があつたものとは到底認めることができない」（福岡高判昭三〇・九・二八高裁特報二・二〇・一〇四九）。

買言葉として「入つて探してみよ」と云つても承諾ではない

【37】「加藤弁護人は被告人等の判示第三の一の侵入行為（村長宅の雨戸の外れているところから屋内に侵入した行為――編者註）は故なくなされたものではなく、木下村長の息子である木下一太がデモ隊に対し「父はいないが若しいると思うなら入つて探してみよ」と述べており右の言葉は探しに入つてもし村長がおれば入つた行為はこれをとがめないという趣旨に解されるのであつて父である村長が同屋内に居たことが明らかであるから結局デモ隊の侵入行為は家人の適法な承諾を得てなされたものであつて違法性を欠き被告人等は右行為について無罪であると主張する。

よつて按ずるに被告人桜本美知男、同森川勝治、同藤岡正義、同岸原顕雄、同森島啓介、同杉本幸雄等はいずれも当公廷において木下一太が右の趣旨の言辞をはいたと述べているのであるが、デモ隊が居宅に侵入する当時居宅の附近には百名以上のデモ隊員が包囲しており口々に村長の悪口を大声で叫ぶなど喧騒を極め且つ険悪な緊迫した情況のもとにおいては村長の生命に対する危険さえも充分窺えるのであり、更にあらかじめ雨戸が外部より無理に外されるまで雨戸等を閉めきつて人が入れない様にしてあつた等の点を考えると木下村長の息子である一太が「デモ隊に入つて探してみよ」と侵入に対して承諾を与えるということは到底考えられないところであつて以上の各供述はこれを措信することが出来ず他にこれを認めるに足る証拠もなく……各証拠を綜合すれば右の如き承諾はなく侵入者に対し外に出てくれと強く制止したと認められる。仮りに百歩を譲つて一太において前記の如き言辞をはいたとしてもそれはデモ隊員が村長がいるだろうとしつように問いかけるので居ないということを強調する余り売り言葉に買言葉として「居ると思うなら入つて探してみてもわかるが、居ないのだ」という意味において述べたと解されこれを目して真の意味の承諾がなされたとみることは出来ずこのことは被告人等においても充分わかつていたと認められる」（奈良地葛城支判昭三二・八・一五判タ一二六・三四八一）。

錯誤による承諾

【38】「被害者において顧客を装い来店した犯人の申出を信じ店内に入ることを許容したからと言つて、強盗殺人の目的を以て店内に入ることとの承諾を与えたとは言い得ない」（最判昭二三・五・二〇刑集二・五・四八九、「研究」小野・刑評八巻三〇三頁以下、団藤＝福田・判研二巻三号六二頁以下）。

【39】「強盗の意図を隠して『今晩は』と挨拶し、家人が『おはいり』と答えたのに応じて住居にはいつた場合には、外見上家人の承諾があつたように見えても、真実においてはその承諾を欠くものであることは、言うまでもないことである」（最判昭二四・七・二二刑集三・八・一三六三）。

(2)　承諾の時期　承諾の時期について、左の判例は、前出【36】と同じ判例であるが、承諾は行為時に存在することを要するとし、前になされた承諾が真意に出たものであつたとしても、行為時には撤回されたものとみとめられるとしたものである。

【40】「原判決が『同人の意思は極めて浮動し易い未固定、未確定のものであるから……行為に出るに先き立つて、更に相手方に交渉し、その同意を確かめた上で行動に移らねばならない。被害者の同意は被告人の行為の時点において存在しなければならない』と説示していることは、所論のとおりであるが、……（中略）……『仮りに右の言辞に同人の真情が若干あらわれていたとしても』と前おきして仮定の下に、右摘示のとおりの説明に及んでいるのであるが、被害者の同意は、前記説示のとおり、被害者の自由な真意に出たものであることの外、更にその同意は、行為者の身体活動の時点すなわち行為者の行為時において存在することを要するものと解するのが相当であるから、原判決のした被害者の同意の有効要件に関する右解釈は、まことに正当であつて」（福岡高判昭三〇・九・二八高裁特報二・二二・一一四九）。

(3) 承諾の範囲

承諾があつてもその承諾の範囲外の場所に入ることは侵入となる。

【41】「何人モ其ノ住居ノ如何ナル部分ト雖濫リニ之ヲ侵害セラレサル保障ヲ有スルヲ以テ縦令当初適法ニ人ノ住居ノ一室ニ入リタル者モ爾後家人ノ承諾ナキニ拘ラス故ナク他ノ室ニ入リタルトキハ直ニ住居侵入罪ヲ構成スヘク従テ仮ニ所論ノ如ク被告カ家人ノ承諾ヲ得テ玄関ノ間ニ入リタル事実アリトスルモ其ノ後家人ノ承諾ナクシテ奥五畳ノ間ニ侵入スルニ於テハ住居侵入罪ヲ構成スルコト明ナレハ」(大判昭五・八・五 刑集九・五四一)。

【42】「被告人ハ黒田幸三郎方店頭ニ於テ同人ト押問答ノ末手拳ヲ以テ同人ノ左頬部ヲ殴打シ同人カ同家奥十畳室ニ難ヲ避クルヤ尚モ追跡シ暴行ノ目的ヲ以テ右十畳室ニ侵入シタリト云フニ在ルヲ以テ被告人ハ故ナク右黒田方十畳室ニ侵入シタルモノト云フヘク」(大判昭八・一二・一六 刑集一二・二三五一)。

【43】 盗犯防止法一条一項三号の「故ナク人ノ住居ニ侵入シタル者」にあたるかどうかに関し「何人もその住居の如何なる部分といえども、みだりに他人から侵害されない保障を有するものであつて、たとえ当初適法に人の住居の一室に入つた者も、爾後家人の意に反して、またその承諾がないのに、擅に他の室に立ち入るが如きことは到底許容されないところである。本件について見るに、原判決の確定したところによると、判示日時武岡健一等が判示の如き事情から被告人方を訪れ、被告人に対し『話があるから一寸外え頼まれてくれ』と申し向けて腕を引張つたので、被告人は同人等が喧嘩に来たものと考え、延引策として『食事中だから待つてくれ』と答えて中二畳の間に引き返し食事を続けようとしたところ、右武岡等は更に中の間土間に立ち入り、武岡健一は『頼まれてくれといつているのに食事するとは常識のないやつだ』と理不尽にも土足のまま座敷に上つて食卓を引つ繰り返し、西山よし子を殴りつける等の暴行に及んだというのであるから、特段の事情のない限り武岡健一は被告人の意に反して暴行の目的を以つて不法に被告人方中の間二畳の部屋に押し入つたものというべく、爾後同人は前記法律一条一項三号にいわゆる『故ナク人ノ住居ニ侵入シタル者』にあたるものと解するを相当とする。従つて、原判示の如く、被告人が当初『用があるなら這入つてくれ』と挨拶した事実があり、また武岡等が不法な目的を以つて被告人方を訪れたものではないとしても、ただそれだけで直ちに武岡

等を不法侵入者にあらずと断ずることは早計である。即ち、原判決が前記特段の事情について何ら考慮することなく、本件は、盗犯等ノ防止及処分ニ関スル法律一条一項三号に該当する場合とは認められないとしたことは審理不尽、理由齟齬の違法があるか、または法律の解釈適用を誤つたものというべく」（最判昭二七・五・二刑集六・五・七二一〔研究　下村・刑評一四巻一一二頁以下〕）。

【44】「被告人は野村から前示修理代の即急の支払なきに憤慨し、前示八畳、四畳半の二間の使用を阻止するため、野村方を訪づれ、先づ、同家女中に対し単に便所を水洗便所に直すからと申し向け、同女中がこれを信用してその申出を許容し、同家裏木戸から邸内に入ることができたのを奇貨として、予かじめ同行した数名の者と共に野村等同家人の予想に反し、便所のある場所にはいかないで、矢庭に、全くその方向、位置を異にする八畳の間や四畳半の間に入り込み、同所に置いてあつた同家の箪笥を勝手に運び出し、右二間の部屋内の壁約二坪を剝ぎ取るなどの狼籍に及んだものであることが明らかであつて、被告人等が当初、便所（原審検証調書の記載によれば、同家玄関東側に在り）を修理すると称し、同家女中の同意を得て同家邸内に入つたことに適法なものがあるにしてもその後家人の承諾がないのに拘わらず、故なく同家八畳の間や四畳半の間に入つた所為において、到底住居侵入の罪の成立あるを免かれない」（東京高判昭二九・二・二七特四〇・三三）。

【45】「構内に立ち入るについての守衛の黙認は社会通念上、外来者が通常立ち入り得べき場所を除き該建造物内の如何なる場所、如何なる部屋にまでも無断立ち入ることを許容するものでないことは多言を要しないところであるから、無断入室を禁ずる旨の貼紙のしてあつた判示運用課室内に管理者の許諾もうけずその意思に反して立ち入つたことの明らかな本件において、被告人が判示電報局の構内に立ち入るに際し守衛の黙認をうけていたから判示運用課室内に立ち入つたことは罪にならないというのは首肯し難い」（福岡高判昭二九・一〇・三〇高裁特報一・一二・五五三）。

(4)　営業中の料理屋、旅館、店舗とか、一般公衆に開放されている官公署の庁舎、構内などは、一々許可をうけずに立ち入つても、通常、本罪を構成しない（もつとも、一般に開放されている官公署の庁舎、構内でも、必要があるときは、管理者が、その出入を禁止ないし制限することができることもちろんであつて、このばあいに、その禁止、制限に違反して無理に庁舎、構内に侵入すれば住居侵入罪を構成する（福岡高判昭二七・三・三一特一九・七五、大阪高判昭三〇・三・二六高裁特報二・七・二一八、東京高判昭三二・一一・一一東京高時報八・一一刑三八六）こともちろんである）。さらに、普通の住宅でも、門が開いているとか鍵がかけてないばあいに、訪問者が建物の入口まで立ち入ることは、通常、住居に侵入したものとはいえないであろう（名古屋高判昭二六・二・三特二七・一八【61】参照）。しかし、闘争の目的で日本刀をもつて料理店に勝手口から侵入したばあい（【46】）、暴行の目的で硝子障子を下駄でこわして飲食店に闖入したばあい（【47】）、夜間、税務署庁舎に人糞を投げ込む目的で同構内に侵入したばあい（【51】）、住居侵入罪を構成するものであることは疑問の余地はなかろう。ところで、住居者・看守者の承諾があるときは本罪が成立しないとして、承諾の有無に本罪の成否をかからしめている判例は、右のばあいについて、「同料理店主ノ許諾ヲ予想スヘカラサル所ナレハ」（【46】）とか、「該店管理権者ノ許諾アルヘキ筈ナキヲ以テ」（【47】）とか、「一般に予期される正常な用務を帯びるものでなく庁舎管理者の承諾の限度を越えて」（【51】）とか述べているところから分るように、旅館、料理店、官公署の庁舎などは、一定の目的をもつた立ち入りに対して包括的な承諾（黙示的）が与えられているものであるから、その予期された目的をもつて立ち入るばあいには一々許可（明示の承諾）をえなくても「侵入」とはならないが、それ以外の目的、とくに、不法の目的をもつてする立ち入りは、包括的な承諾の範囲外にあるから、住居侵入罪を構成するという理論構成をとつている（この点、高裁の判例ではあるが、【49】【50】は、はつきりと、右のような理論構成を示している。なお、中野・被害者の承諾（綜合判例研究叢書刑法(1)一〇五頁以下参照））。

（イ）料理店・飲食店・旅館

【46】「被告人悟ハ昭和五年六月二十三日判示料理店松月ニ於テ故国広専太郎ノ七回忌法会ノ営マレタル際開催者ノ案内ヲ受ケ同法会ニ参会シタル処法会終了後別室ニ於テ萩原友市カ被告人ニ対シ暴行セントシタルヲ憤リ同人ヲ膺懲センカ為自宅ニ走リ帰リ日本刀ヲ携ヘ来リ恣ニ松月勝手口ヨリ屋内ニ侵入シ抜刀ノ上同家二階押上ラントシタルモノニシテ被告人悟ハ当初適法ニ同料理店ニ入リタル者ナルコト言ヲ俟タサレトモ同店内ニ於テ他人ト闘争スル目的ヲ以テ一旦自宅ニ走リ帰リ日本刀ヲ携帯シ更ニ勝手口ヨリ無断同店内ニ入ルカ如キハ料理店ノ設備ヲ通常ノ用法ニ於テ利用スル意思ニ出タルモノト謂フヘカラサルハ勿論斯カル行為ハ住居ノ平和ヲ害スルノ甚シキモノニシテ固ヨリ同料理店主ノ許諾ヲ予想スヘカラサル所ナレハ叙上行為ハ刑法第百三十条ノ犯罪ヲ構成スルモノトス」（大判昭九・一二・二〇刑集一三・一七六七、〔研究〕滝川・批評一巻七五頁以下、草野・研究二巻一六一頁以下）。

【47】（事実）「洋食店ノ雇人タル被告ハ其ノ主人方ノ雇人ヲ主人ニ無断ニテ雇入レタル名古屋市中区栄町四丁目洋食店永田庄次郎ニ交渉シ該雇人ヲ引戻スコトヲ主人ヨリ依嘱セラレ交渉ヲ試ミタルモ要領ヲ得ス且相手方ノ不遜ナルヲ憤リ他ノ数名ト共ニ永田方ノ附近ニ赴キ同店事務員宮崎某ヲ誘出シタル処被告ノ同伴者カ宮崎某ヲ殴打シタル為被告等ト永田方雇人十数名トノ間ニ争闘ヲ惹起シ被告ハ其ノ際同店西方入口建造物ノ一部ナル硝子障子ヲ下駄ニテ破壊シ同店ニ故ナク侵入シテ主人庄次郎ヲ下駄ニテ殴打シ打撲傷ヲ被ラシメタリ」

（上告理由）「原判決ニ依レハ被告人ハ大正十年九月二十二日午前零時二十五分名古屋市中区栄町四丁目五番地カフヱーナガタ方ヘ故ナク侵入シ云云トアルモ場所ハ名古屋市第一ノ繁華地域タル所謂広小路ノ西洋料理カフヱーニテ午前一時頃迄営業シ其ノ間常ニ客ノ出入断ヘサル処ナルヲ以テ被告人ノ侵入行為ハ故ナク即チ不法ノ侵入ト謂フヘカラス何トナレハカフヱーノ如キ商売柄ニ在テハ営業時間内他人ノ店内ニ出入スルコトハ慣習上当然許サレ居ル処ナレハナリ而シテ被告人ノ侵入シタル際客ノ未タ去ラサルモノアリ依然営業シ居リタルコトハ記録上明白ナル処ナルヲ以テ被告人ノ足一歩店内ニ踏入レタルハ決シテ不法ニ非ス」

（判旨）「飲食店ノ営業時間内ト雖営業ノ設備ヲ利用スル意思ナク単ニ暴行ノ目的ヲ以テ営業所内ニ闖入スルカ如キハ該店管理者ノ許諾アルヘキ筈ナキヲ以テ斯ル行為ハ刑法第百三十条ニ所謂故ナク人ノ住居ニ侵入シ

タルモノニ該当ス原判決ニ依レハ被告ハ暴行ノ目的ヲ以テ判示西洋料理店ニ侵入シタルモノナレハ其ノ営業時間内ナルト否トニ拘ラス住居侵入罪ヲ構成スルハ論ヲ俟タス」（大判大一一・五・一八刑集一・三一九）。

【48】「料理店ニ於テ飲食遊興ノ末深更酌婦ノ案内ニ依リ旅館ノ玄関内ニ入リタル者ト雖営業主ノ承諾ナキニ拘ラス擅ニ階上階下ノ廊下ヲ徘徊シ警察官ナルカ如キ言辞ヲ弄シテ強テ宿泊ヲ求メントシタル行為ハ刑法第百三十条ニ所謂故ナク人ノ住居ニ侵入シタルモノニ該当スルモノトス蓋旅館ハ一般旅人ヲシテ其ノ営業設備ヲ利用セシムル為設ケラレタルモノナリト雖叙上ノ如ク法律ニ依ルニ非ス且営業主ノ承諾ナクシテ宿泊ヲ強ユルカ如キハ営業主ノ享有セル住居ノ平和ヲ害スルモノナレハナリ原判決ハ其ノ引用証拠ヨリ之ヲ見レハ被告人ハ昭和十二年十一月二十日富山市ヨリ高岡市ニ至リ飲食遊興ノ末所持金僅少トナリ深更ニ及ヒ富山市ニ帰ルヘキ汽車モナク尋常手段ヲ以テシテハ旅館ニ投宿シ難キ為酌婦小西きぬヲシテ二十一日午前三時頃同市下関旅人宿業毛利館事毛利喜一方ニ案内セシメ玄関内ニ入リタルモ家人寝ニ入リ未タ其ノ承諾ナキニ階上階下ノ各室ノ戸ヲ開閉シ歩キ警察官ナルカ如キ言辞弄シテ宿泊ヲ求メ不法ニ侵入シタル趣旨ヲ判示シタルモノト解スヘキヲ以テ故ナク人ノ住居ニ侵入シタルモノナルコト洵ニ明ナリ」（大判昭一三・五・一七新聞四〇三三・五）。

（ロ）　官公署の庁舎・構内

【49】「原審の検証調書の記載によつても、右庁舎の前記入口は別にこれを閉鎖してなく、開放的な状態にあることが認められる。そして、右建造物は警察署として使用されているものであるから、その公共性からいつても、正当な用務のために来た者に対しては予め一般的にその立入につき黙示の承諾が与えられているものと解しなければならない。従つて、たとえば犯罪の発生したことを告げに来た者とか、警察署から出頭を求められたものが無断でその入口から庁舎内に入つたとしても、ここにいう『侵入』とはいえないのである。しかしながら被告人両名が、前記のように右入口から庁舎内に立ち入つたのは、論旨にもいうとおり日本共産党下都賀地区委員会名義の宣伝ビラを警察官等に配布するためであつたこと明らかであり、かゝる目的で立ち入ることはもとより公共の機関たる警察署を市民が利用するために立ち入る場合と同一視することはできず、建造

物看守者の事前における黙示の承諾の範囲を超えるものであること明白であるから、これをもつて黙示の同意の下に立ち入つたとすることもできない」(東京高判昭二七・四・二四刑集五・五・六六六)。

【50】「警察は、国民の生命、身体財産の保護や公安秩序の維持、犯罪の捜査、被疑者の逮捕等の責務を有する公共のための公の機関であるから、一般の国民が正常平穏の態度をもつて右警察の要務に関連して請求陳情その他のためにその建物に出入することはもとより一般国民の自由に属し、その建物の管理者である警察署長の暗黙の承認があるものとも解し得られるのである。従つて警察署長に対し何らかの抗議を提出したいとする多数者がある場合においても、その建物の構造設備の状況、建物における執務者並びに利用者の状況、抗議の内容、所要時間その他諸般の状況にかんがみ妥当と思料される範囲において代表者を立ち入らせるとかその他の方法をもつて平穏裡にその折衝がなされるかぎり、この立ち入り所為は、何ら違法性を具有するものとは認められないであろう。然しながら、本件においては前記証拠その他記録上窺われるように、被告人等は当初から一方的に警察署の処置を不当と断じその署長に抗議せんとしたものであり、多数共同してスクラムを組み『ワッショイ、ワッショイ』と声をかけ、更に『署長を出せ、署長は何処に行つた』などと叫びながら庁舎内に入り込まんとし平穏に署長に面会の申込をしようとする意図の下になしたものでない事実、目つぶし用と思料される灰に胡椒と唐辛子を混入した粉末や押収に係るビラを所持していた事実等から推察すれば、被告人等の所為は、右に述べたような違法性のない平穏な建物立ち入り行為とは到底認められないところであつて、警察署に立ち入る一般国民の態度として暗黙裡に承認されている程度を越えてその看守者である右警察署長の意思に反して押し入る違法性のある行為と断じなければならない」(東京高判昭三一・一・三〇高裁特報三・一一・二四)。

【51】「判示佐賀税務署構内は同税務署に用事のない者がみだりに立入ることを許さない場所であるから、たとえ同税務署裏手に酒販売組合事務所があつて、人々が同構内を自由に通行していたとしてもやはり同税務署の庁舎管理者の看守内にあること明白であり、これを通路に準ずるものとなす所論は失当であるのみならず、原判示の如く被告人らが夜間同庁舎内に人糞を投込む目的をもつて同構内に立入つた以上その所論は一般

に予期される正常な用務を帯びるものでなく庁舎管理者の承諾の限度を越えて故なく人の看守する建造物に侵入したものとして刑法一三〇条の罪を構成することというまでもない」（最判昭三四・七・二四刑集一三・八・一一七六）。

（ハ）　駅ホーム

【52】「被告人松田忠雄が本件当日旭川駅前広場で催された吉田内閣打倒市民大会に際し、吉田首相が列車で旭川駅に到着したか否かを調査するため、旭川駅一番ホームに立ち入り、更らに同ホームに乗客の降車後停車していた急行列車『大雪』の客車内に立ち入つたことは、同被告人の認めるところであるけれども、吉田首相の旭川駅到着の有無を確めるためには、旭川駅員に問合せれば、容易に判明することであつて、特に旭川駅構内に立ち入り右列車内に立ち入らねばできないことではない。されば同被告人が共産党機関紙アカハタ旭川支局員で、従来鉄道便による右機関紙受取りのため右駅ホームに立ち入ることが黙認されていたとしても、前記の如き特別の目的のために特に右の如く立ち入るについては、駅管理者たる駅長の許諾が必要であると解されるにもかかわらず、その許諾のあつたことを認め得べき何等の証拠のない本件においては、被告人の右立ち入りを正当とする理由がないものと云わなければならない」（札幌高判昭三三・六・一〇高裁特報五・七・二七一）。

（ニ）　門のない住宅

【53】「門構ノミアリテ門戸ノ備ヲ欠キ昼夜ノ別ナク外部ヨリ出入シ得ベキ状態ノ邸宅ナリトテ苟モ正当ノ事由ナクシテ其ノ内部ニ侵入スルトキハ住居侵入罪ハ即チ成立スベク又其ノ侵入ガ邸宅内ノ那辺ニマデ及ヒタルヤト云フガ如キコトハ同罪ノ成否ニ何等ノ消長ヲモ及ボスコトナキハ勿論ナルト共ニ居住者ノ孫ナル未成年ノ女子ト情交ヲ為スノ目的ヲ以テ他人ノ邸宅内ニ侵入スルトイフガ如キハ固ヨリ正当ノ事由ニ依ルモノト云フヲ得ズ侵入者ガ当該邸宅ノ居住者ト知合ノ間柄ナリシト云フガ如キコトハ右結論ヲ左右スベキモノニ非ザルハ多言ヲ要セザルガ故ニ原審ガ前叙認定事実ニ依リ被告人ノ所為ハ住居侵入罪ニ該当スト為シタルハ極メテ至当ニシテ」（大判昭一四・九・五刑集一八・四七三、〔研究〕滝川・公法六巻三号一〇八頁以下、植松正・日法六巻二号六〇頁以下、城富次・刑評二巻二二四頁）。

しかし、不法の目的で立ち入つたばあい、包括的な承諾（黙示的）の範囲外にあるから、住居侵入罪を構成するとする判例の理論構成には疑問がある。この理論構成では、不法な目的をもつてする立ち入り行為はすべて住居侵入行為ということになろう。事実、【49】は、「立ち入りがよしんば平穏公然になされたものであつたとしても、いやしくも看守者の意に反してなされる限り『侵入』たるを妨げるものではない」と述べている。だとすると、たとえば、デパートに、はじめから万引の目的で立ち入つたばあい、包括的な承諾（黙示的）の範囲外にあるから、住居侵入罪を構成するという結論になろう。しかし、こうした結論が支持しえないものであることはあきらかなところであろう。それでは、何故、判例がこうした理論構成をとるに至つたかというと、それは、判例が住居権者の意思に反する立ち入りが「侵入」であるとし、承諾の有無に住居侵入罪の成否をかからしめていることに基因する。たしかに、承諾をえて立ち入る行為は侵入行為とはいえない。しかし、その理由は、住居侵入罪の法益が住居の平穏であるところから、住居者・看守者の承諾があれば、住居の平穏が害されないと考えられるからであつて、その重点は被害者の承諾ではなくして住居の平穏である（小野・刑評二巻二七七頁以下参照）。すなわち、立ち入り行為が住居侵入となるかどうかは、その行為が住居の平穏を害するようなものであるかどうかによつて決定さるべきものなのである。なお、立ち入り行為が住居の平穏を害する態様のものであるかどうかは、行為が主観＝客観の全体構造をもつものであるところから、行為の主観、客観の両面、すなわち、主観的要素と客観的要素とを考慮して決定さるべきである（福田・各論二〇四頁以下参照）。こうした観点から、上にあげた判例をみて行くこととしよう。

【46】【47】【48】【50】【51】が、具体的事案について住居侵入罪の成立をみとめているのは正当であるばかりでなく、いずれも、具体的な立ち入り行為が住居の平穏を害するような態様のものであることを判示しており、とくに、【46】は「斯カル行為ハ住居ノ平和ヲ害スルノ甚シキモノニシテ」と述べ、【50】は「被告人等の所為は、……平穏な建物立ち入り行為とは到底認められない」と述べて、住居の平穏を害する態様での立ち入り行為が「侵入」であるという趣旨を示しているのは妥当である。これに反して、【49】【52】【53】が、具体的事案について住居侵入罪の成立をみとめているのは疑問である。

【49】は、共産党のアジビラをまく目的で警察署の庁舎内に立ち入つたばあいであるが、具体的状況としては、被告人甲は庁舎南側入口より入つた宿直室前廊下に立つており、被告人乙はさらに同庁舎内東奥の方にいたという事実がみとめられているだけで、立ち入りの時刻も午後五時五十分頃であるので、これだけでは、まだ住居の平穏を害する態様での立ち入りがあつたとはいえないであろう。

【52】の具体的状況は詳らかでないが、被告人が通常とかわらない態様で駅ホームに立ち入つたのであれば、目的が通常のばあいとちがうだけで「侵入」となるとはいえないであろう。【53】は、普通の住宅に関するものであるが、上告論旨によると、被告人は某所で御馳走になり酒に酔つていたので自分の下宿（玉川宅より二里以上ある）に帰るのがうるさくなつたので、知り合いの玉川シマ方に泊らせてもらおうと思い、午後九時半頃提灯をつけたまま、玉川方の門構だけあつて門戸のない門の処から内に入り、突当りの縁側迄行つて、玉川シマに宿を貸してくれと申込んだが、断わられたので直ちに帰つたという事実のようであり、被告人が火をつけた提灯をもつていたこと、玉川家と知り合いの間柄であつたこと

は判旨もみとめているので、情交の目的を別として、立ち入りの具体的様子は、上告論旨のいうようであつたとみてよかろう。とすると、情交の目的があつたとしても、右の立ち入りは、なお、住居の平穏を害するものとはいえないのではなかろうか（もつとも、城判事は「自由に出入を許される関門と雖も、若し違法なる目的乃至は居住者看守者の許容し難き目的を以て之より立入ることは、居住者看守者の意思に反し、従て之を許容せざるべきことであるから」判旨は正当であるとされておられるが（刑評二巻二二五頁）、これは判例と同じ理論構成に立たれるものである）。なお、普通の住宅で、門が開いているとか鍵がかけてないばあいに、行商人が押売りの目的で建物の入口まで立ち入つても、それだけでは、なお、住居に侵入したものとはいえないであろう（もつとも、退去の要求をうけて、退去しないばあいに不退去罪が成立することは別論である）。このように、判例が具体的事案の解決について疑問のある結論を導き出しているのは、住居権者の承諾の有無に住居侵入罪の成否をかからしめ、不法な目的で立ち入つたばあいには、住居者が承諾するわけがないから住居侵入罪を構成するという態度をとり、立ち入り行為が「侵入」であるかどうかは、それが住居の平穏を害する態様のものであるかどうかによつて決定さるべきものであることを看過していることによるものである。

なお、次の判例は、一般公衆に開放されている官公署の庁舎に立ち入つたばあいに、住居侵入罪の成立をみとめたものであるが、その立ち入り行為の主観的、客観的側面からみて、それが住居の平穏を害する態様のものであることを判示して、承諾の範囲外であるといつた理由をあげていないのは、妥当な態度といえよう。

【54】　事案は、被告人等が大衆の威力をもつて大阪府当局者を脅迫して朝鮮人学校閉鎖命令を撤回させる意図で、ワッショ々々々と喚声をあげて、大阪府庁庁舎に殺到し、警察職員の制止があつたにも拘らず、同正面

玄関から続々と同庁舎内に侵入したというものである。

「凡そ、官公署の庁舎の出入口及び廊下等がその執務中一般に開放せられているのは、その執務に関連して、正常な用務を帯びて民衆の出入することが予期せられる関係上、これが便誼に応ぜんとするものに過ぎないのであるから、その出入口及び廊下の如きはもとよりその庁舎を管理するものの看守内にあることは多言を要しないところであり、これを道路に準ずべきものであるとなす所論には到底賛同することはできない。原審認定にかかる被告人等の前示所為が一般に予期せられる正当な用務を帯びての庁舎への出入でないことは勿論、警察職員の制止を排しての押し入りである以上、故なく他人の看守する建造物に侵入したものであることは明々白々である」(最判昭二四・六・一六刑集三・七・一〇七〇、〔研究〕福田・判研三巻三号六五頁以下)。

(5)　推定的承諾があれば、立ち入り行為は住居侵入とはならないということは、学説、判例のみとめるところである。この推定的承諾という言葉が判決の上にあらわれたのは最近のことであるが(東京高判昭二七・四・二四刑集五・五・六六六は「推定的同意というのは、もし建造物看守者がそこに現在したと仮想した場合その立ち入りに同意したであろうと考えられることをいう」と述べている)、実質的に推定的承諾を問題とした判例は、多く存在する。たとえば、【55】は、姦通の目的で住居に立ち入つたばあいに関するものであるが、「他人カ住居ニ入ルコトヲ認容スルノ意思アリト推測シ得ヘキ場合ニ限リテ」という表現を用いて、そこで、判例のいわゆる住居権者の推定的承諾の存否を問題としている(同じ表現は、姦通の目的をもつてする住居侵入に関する多くの判例によつて踏襲されている。たとえば、大判昭一二・二・二八刑集一七・一二五、大判昭一三・一〇・四新聞四三五七・一八等)。

【55】「刑法第百三十条ニ規定セル住居侵入ノ罪ハ他人ノ住居権ヲ侵害スルヲ以テ本質ト為シ住居権者ノ意思ニ反シテ違法ニ其住居ニ侵入スルニ因リテ成立ス故ニ住居権者ノ承諾アリタルトキ若クハ通常住居権者ニ於テ他人カ住居ニ入ルコトヲ認容スルノ意思アリト推測シ得ヘキ場合ニ限リテ其家族又ハ雇人ノ承諾アリタルトキハ本罪ノ成立セサルコト疑ヲ容レス然レトモ本件ニ於テハ被告ハ他人ノ不在ニ乗シ其妻ト姦通スル目的ヲ以

テ其住宅ニ侵入セントシタル者ナレハ縦令予メ妻ノ承諾ヲ得タリトスルモ斯ル場合ニ於テハ当然本夫タル住居権者カ被告ノ住居ニ入ルコトヲ認容スル意思ヲ有スㇳ推測シ得ヘカラサルヲ以テ妻カ本夫ニ代リ承諾ヲ与フルモ其承諾ハ固ヨリ何等其効力ヲ生スヘキニ非ス従テ被告ノ犯罪ノ成立ヲ阻却スルコトナシ」（大判大七・一二・六刑録二四・一五〇六）。

なお、次の判例は、推定的承諾がみとめられるかどうかについての判断を示したものといえよう。

【56】「弁護人は、論旨において、被害者岩本トミ方は氷屋であつて被告人はふだん気易く同人方に出入し、同家奥の間は氷水を飲むときにも便所へ行くときにも通つたりしていたので、被告人が奥の間に這入るについては右トミの承諾を予想していたのであると主張する。しかし、右のような事柄について承諾が予想されるからといつて、直ちに強姦の目的で侵入することの承諾までが予想されるものと推論し得ないことはいうまでもない。……（中略）……すでに、岩本トミにおいて被告人の右奥の間における強姦の行為の承諾が予想されない以上、同女が被告人に対して退去を要求したと否とにかかわらず被告人が同女の意志に反して奥の間に入つたものということができるのである」（最判昭二四・一二・一三判例体系三二巻五一二）。

(6)　さて、住居侵入罪の成立を否定するような有効な承諾を与えることができる者は、判例によると住居権者ということになる。後出【57】は、家長としての地位にある者（このばあいは夫）がいわゆる承諾権者である旨を詳細に説明している。ところで、住居権者である家長が承諾権を専有するものであるとすると、住居権者でない、したがつて承諾権のない家族などの承諾は、一体どういうことになるかについて、【55】は、住居権者において住居に入ることを認容する意思があると推測しうるばあいにかぎり、家族、雇人の承諾があれば本罪は成立しないとしている。これは、住居権者の承諾が推定されうるかどうかが要点で、家族、雇人の承諾はそれ自体では意味をもたないことを示すものであろうか。ところが、【55】は、右につづいて「妻カ本夫ニ代リ承諾ヲ与フルモ」という表現を用いているところからみると(大判昭一一・一〇・一四新聞四〇六六・一四も同じ表現を用いている。なお【57】は「妻之ヲ代行スル場合」という表現を用いている。)、妻に住居権者たる夫の承諾の代理をみとめている趣旨とも読める。このように、判例が承諾の代理とか、さらに、その承諾について、「妻之ヲ代行スル場合ト雖夫ノ意思ニ反セサル限度ニ於テ其ノ効アルモノト謂ハサルヘカラス」(【57】)とか、「本夫タル住居権者カ被告ノ住居ニ入ルコトヲ認容スル意思ヲ有スト推測シ得ヘカラサルヲ以テ妻カ本夫ニ代リ承諾ヲ与フルモ其承諾ハ固ヨリ何等其効力ヲ生スヘキニ非ス」(【55】)とか述べているのは、民法的な考え方にわずらわされているもので正当でない(小野・刑評二巻二七六頁参照)。また、【57】は、出征中の夫がなお承諾権者である旨を示しているが(同旨、大判昭一三・一〇・四新聞四三五七・一八、東京控判昭一七・一二・二四刑集二一・附一〇四、〔研究〕小野・刑評五巻二九九頁以下)、建造物侵入罪における承諾権者とされる看守者に関して(看守者については、前述一一九頁以下参照)、【26】は「看守者が旅行その他看守権を自ら行使することのできぬ事情があるためこれを他の者に委ねたというような事情も存しない」と述べているところからみると、【26】は、旅行その他で不在のようなばあいには、その代理者が看守者となる旨を示しているものといえるので、出征中まで夫を承諾権者と解することは、こうした判例の立場と、矛盾するものといえよう(中野・被害者の承諾(綜合判例研究叢書刑法(1))九二頁参照)。

このように、判例が民法的な考え方にわずらわされ、さらに内的な矛盾を示しているのは、承諾権は住居権者である家長が専有するものであるといった前提があやまっていることに基因するものといえよう。ことに、家族制度を廃止し、男女の本質的平等を保障する憲法のもとで、【57】のあげる理由から夫だけが承諾権をもつという主張は支持することはできない。【3】は、下級審の判例ではあるが、妻も判例のいわゆる住居権をもつものであることをあきらかにしている。もっとも、【3】は、住居に対する妻の権利は、夫への従属関係を脱したが、それは夫婦独立の権利ではなく、いわゆる共有の関係に立つものであるとしている。この判例の当否は後に述べるが、少くとも、ここでは、妻も固有の権利をもつことになるから、承諾の代理とか、「其ノ効アルモノ」とかいった民法的な考え方にかかずらう必要はなくなることとなろう。

【57】「憲法第二十五条ハ日本臣民ハ法律ニ定メタル場合ヲ除ク外其ノ許諾ナクシテ住所ニ侵入セラレ及捜索セラルルコトナシト規定シ以テ住居ノ安全ヲ保障ス。蓋シ住居ハ憲法義解ニ所謂『臣民各個安棲ノ地』ナレバナリ。然ラバ日本臣民各人ハ平等ニ住居ノ安全ヲ侵害セラレザルノ利益ヲ有スルコト寔ニ所論ノ如シト雖、其ノ利益ヲ有スルノ故ヲ以テ各人ニ侵入又ハ捜索ニ付テノ許諾ノ権アルモノト即断スベカラズ。夫レ各人ノ住居ヲ構フルヤ或ハ単独之ヲ行フ場合アリ、或ハ数人共同シテ之ヲ行フ場合アリテ、其ノ態様一ナラズ。而シテ数人共同シテ一個ノ住居ヲ構フル場合ニ在リテハ、其ノ住居タルヤ一個不可分ノ生活利益ニシテ、各人ノ共有ニ属スルモノトモ喩フベキニ似タリ。サレバ其ノ住居ニ対スル侵入又ハ捜索ニ付テハ、住居者全員ノ許諾ヲ要スルモノト解セザルベカラザルガ如シト雖、夫婦相寄リテ子孫ト家族的生活ヲ営ム場合ニ於テハ夫ハ即チ家長トシテ一家ヲ主宰スル者ナルガ故ニ其ノ住居ニ対スル侵入又ハ捜索ニ付テノ許諾ノ権ハ独リ夫之ヲ有スルモノト解スベク、妻之ヲ代行スル場合ト雖、夫ノ意思ニ反セザル限度ニ於テ其ノ効アルモノト謂ハザルベカラズ。蓋シ爾ク解スルニ非ズンバ、住居ノ安全平和ハ得テ望ムベカラザレバナリ。今原判決認定ノ事実ニ依レバ被告人ハ戸主牛尾平一ガ今次支那事変ノ為召集ヲ受ケテ出征中ナルコトヲ知悉シ乍ラ、同人ノ妻シナヨト情交ノ目的ヲ以テ前後三回ニ亘リ右平一方ニ侵入シタリト云フニ在リテ、右シナヨノ許諾ヲ得タリトノ事実ハ原判決ノ認メザル所ナルノミナラズ、仮ニ所論ノ如ク被告人ハシナヨノ許諾ヲ得テ侵入シタリトスルモ、斯カル情交ノ目的ヲ以テスル住居侵入ニ対シ夫平一ニ於テ之ヲ認容スルノ意思アリト為スガ如キハ、到底常識上許サレザル所

ナルヲ以テ、右シナヨノ許諾ハ侵入行為ノ違法性ヲ阻却スルノ効ナキモノト解セザルベカラズ」（大判昭一四・一二・二二刑集一八・五六五、〔研究〕小野・刑評二巻二七三頁以下）。

なお、次の判例は、総会荒しの目的で会社に立ち入つたものであるが、その立ち入り行為が平穏を害する態様での立ち入りであることはあきらかで、それが住居侵入罪を構成するものであることに疑問の余地はないが、ただ、右の立ち入りが同会社の取締役の一人である滝川儀作のためにしたもので、その意思に反しないものであるという主張に対して、そうした取締役個人の意思は問題にならないということを示すものである。

【58】「原判決判示冒頭ノ事実並判示第一事実ニ依レハ判示株式会社カ創業以来業績振ハス従テ取締役監査役ヲ各半減シ代表取締役ヲ一名トスル為定款ヲ変更セムトセル株主総会ヲ開催セムトスルニ当リ右会社ニ関係ナキ被告人等カ一派ノ重役ノ入場ヲ阻止シ又ハ喧噪ヲ逞フシ多衆ノ威力ヲ示シテ其ノ重役等ヲ威迫シ因テ該株主総会ノ開催ヲ不能ナラシメ之ヲ流会スルノ止ムナキニ至ラシムル目的ヲ以テ同会社ニ立入リタルモノナレハ其ノ行為ハ刑法第百三十条ニ所謂故ナク侵入シタル者ニ該当スルモノト謂フヘク右株主総会ヲ流会セシムルコトカ被告人ノ恩誼アル同会社ノ共同代表者タル取締役滝川儀作ノ地位ヲ維持セシメムカ為ニシテ従テ儀作ノ意思ニ反セサルモノトスルモ是ハ個人的関係タルニ止マリ固ヨリ会社ノ意思ニ反スルコト明白ナレハ儀作ノ意思如何ハ該罪ノ成立ニ影響ヲ及ホスモノニ非ス」（大判昭九・一〇・二九刑集一三・一三八〇、〔研究〕滝川・批評一巻八一頁以下）。

（四）侵入とは、住居の平穏を害するような態様での立ち入りをいい、その立ち入りが住居の平穏を害する態様のものであるかどうかは、行為が主観＝客観の構造をもつものであるところから、立ち入り行為の主観、客観の両面、すなわち、主観的要素と客観的要素とをあわせ考慮して判断さるべきであることは前述したところである。そこで、以下、こうした観点から、住居侵入をみとめた判例について若干の検討を加えることとしよう。

(1)　姦通の目的で、夫の不在中、妻の承諾をえて住居に立ち入ったばあい

こうした事案について、判例は、一貫して住居侵入罪の成立をみとめている（大判大七・一二・六刑録二四・一五〇六、大判昭一一・一〇・一四新聞四〇六六・一四、大判昭一三・二・二八刑集一七・一二五、〔研究〕草野・研究四巻六三頁以下、沢井・刑評一巻五四頁以下、植松・日法四巻六号五二頁以下、大判昭一三・一〇・四新聞四三五七・一八、大判昭一四・一二・二二刑集一八・五六五、東京控判昭一七・一二・二四刑集二一・附一〇四、名古屋高判昭二四・一〇・六特一・一七二等）。そして、その理由づけは、前に引用した【55】、【57】が示しているように、住居権という概念を前提とし、その住居権は一家の家長である夫が専有するものであるから、その承諾を推測しえないばあいには妻の承諾があっても、それは効果がないものであり、自分の妻と姦通するために住居に立ち入ることを夫が認容する意思があるとは推測できないから、姦通の目的で妻の承諾をえて住居に立ち入った行為は住居侵入罪を構成するというのが一般である。しかし、家長たる夫が住居権を専有するということが憲法の基本原理と矛盾すること、住居権という概念を前提とし、承諾の効果といった点にかかずらう判例の理由づけが妥当でないことはすでに述べた通りである（一四五頁以下参照）。

東京控判昭一七・一二・二四（刑集二一・附一〇四）は一般の理由とことなり、住居侵入罪を公共的犯罪であるとし、ここから「犯罪ノ本質上家族団体ノ一員ノ専恣ナル意思ニ因リ之ガ犯罪ノ成立ヲ阻却スルモノニ非ザルヤ論ヲ俟タズ」としている。本罪を公共的犯罪と解すべきでないことはすでに指摘したところであるが（【1】参照）、この判決は、右の判旨につづいて、次のように述べている。

【59】「刑法第百三十条ニ所謂故ナクトハ正当ナル理由ナクシテノ意ニ外ナラザレハ苟モ正当ナル理由ナクシテ叙上家族生活ノ平穏ヲ侵害センカ其ノ侵害ガ穏密ノ間ニ行ハレタルト将又公然タルトヲ問ハズ住居侵入ノ

罪ハ直ニ成立シ仮令其ノ家族ノ一員カ住居ノ侵入ニ付キ許諾ヲ与ヘタリトスルモ之ガ為メ犯罪ノ成立ヲ阻却スル謂ハレアルコトナシ今本件記録ニ就キ之ヲ観ルニ原判決ハ論旨摘録ノ如ク被告人ハ大東亜戦争ニ際シ犯意継続ノ上二回ニ亘リ出征軍人〇〇〇住居ニ同人妻××ト情交ノ目的ニテ侵入シタル旨事実ヲ認定シ之ニ擬スルニ戦時刑事特別法第十七条第一項刑法第百三十条第五十五条ヲ以テシタルモノナリ而シテ我国古来ノ伝統的観念ニ従ヘバ出征ノ一事ニ因リ一切ノ家庭生活ヲ離脱シ去ルモノニ非ズト解スベク就中出征軍人ハ夢寐ノ間ト雖モ家郷忘ジ難ク一死シテ尚且ツ護国ノ鬼トナランコトヲ誓フモノナレバ少クトモ家族ト共ニスルノ精神的生活ヲ脱却セザルヤ炳乎タリサレバ仮令所論ノ如ク〇〇ガ出征中ニシテ其ノ間被告人ハ××ノ承諾ヲ得テ穏カニ〇〇方住居内ニ立入リタリトスルモ既ニシテ原判示ノ如キ目的ニ出デタル以上故ナク〇〇ノ家庭生活ノ平穏ヲ侵害シタルモノト謂フベク正ニ住居侵入罪ヲ構成スルコト論ナケレバ」（東京控判昭一七・一二・二四刑集二一・附一〇四〔研究〕小野・刑評五巻二九九頁以下）。

この判決は、夫の出征中に妻の承諾をえておだやかに住居内に立ち入つても、姦通の目的で入つた以上、故なく、家庭生活の平穏を侵害するものであるから、住居侵入罪を構成するとするものであるが、こうした考え方に支持を与えるものとして、小野博士の見解がある。小野博士は、もちろん、この判決が住居侵入罪を公共的犯罪と解することに反対されるが、住居侵入罪は「一個人に対する罪」ではなく家族的な法益に対する罪であるとされ、姦通の目的で立ち入る行為は、あきらかに家族生活の信義を破るものであり、同時に住居の平穏を破るものであつて、住居侵入罪を構成するとされる（小野・刑評二巻二七六、二七八頁、刑評五巻三〇三頁以下参照）。しかし、住居侵入によつて阻害される平穏と姦通によつて阻害される平穏とは、その質をことにするものであつて、姦通の目的であつたとしても、夫の不在中に、住居者である妻の承諾をえて、おだやかにその住居に立ち入る行為は、住居侵入罪が保護しようとする住居の平穏を害する態様での立ち入りとはいえないから、このばあい、住居侵入罪は成立しないと解すべきであろう。

次に、日本国憲法施行後の判決である【3】は、妻にも住居権があることをみとめながら、住居権は「夫婦各独立の権利ではなく所謂共有の関係に立つものである」ことを理由に、妻の承諾があったとしても夫の承諾がないばあいには夫の住居権を侵害するものであるとし、姦通の目的で妻の承諾をえて、その邸宅に立ち入ったばあい、夫がこれを容認しないことは通常であるから反証のないかぎり夫の住居権を侵害したものであるとしている。植松教授は、現実に居住している者にはすべていわゆる住居権があるとされ、夫妻共同の住居について、妻と姦通する目的でこれに立ち入る者は、夫の住居権を侵害するものであるのと同様に、夫と姦通の目的でこれに立ち入る者は、妻の住居権を害するものというべきであるとされ、さらに、住居が住居たる性格を失わない以上は、一時の不在によって同意、不同意の権利を失うべきでないから、夫の不在中に妻の同意をえてそのもとに通う姦夫は住居侵入罪にはならないとする説には賛成できないとされておられるが（植松・刑法概論Ⅱ（各論）二九一頁以下）、これは、右の【3】と同趣旨といえよう。しかし、住居侵入罪は、事実上の住居の平穏を保護するものであり、夫の不在中に妻の承諾をえておだやかにその住居に立ち入る行為は、姦通の目的があったとしても、右のような住居の平穏を害するものではないから、住居侵入とはいえないと解する。

以上のところから、夫の不在中、その妻と姦通の目的で、妻の承諾をえて、おだやかにその住居に立ち入ったばあいに住居侵入罪の成立をみとめる判例の態度が妥当でないことはあきらかであろう

（同旨、滝川・各論八四頁、団藤・各論二七九頁、福田・各論二〇五頁）。なお、次の判例は、戸主である息子が海軍兵団に入団中に、その母と情交の目的で、その住居に立ち入つたばあいに住居侵入罪の成立をみとめているが、姦通のばあいと同様の理由から正当でない。

【60】「刑法第百三十条ノ罪ハ他人ノ住居権ヲ侵害スルヲ以テ本質ト為シ住居権者ノ意思ニ反シテ故ナク其ノ住居ニ侵入スルニ因リ成立ス故ニ戸主カ海軍兵団ニ入団中ナルコトヲ知悉シ乍ラ同人ノ母ト情交ノ目的ヲ以テ戸主ノ意思ニ反シテ其ノ住居ニ侵入スルニ於テハ仮令母ノ承諾ヲ得タリトスルモ住居侵入罪ノ構成ヲ妨ケサルモノトス原判決ノ認メタル事実ハ論旨摘録ノ如クニシテ糸数元二郎ハ同家ノ戸主ナルニ拘ラス其ノ意ニ反シテ被告人ハ元二郎カ海軍兵団ニ入団中ナルコトヲ知悉シ乍ラ其ノ母カマトト情交ノ目的ヲ以テ判示ノ如ク元二郎ノ住居ニ侵入シタル趣旨ナレハ住居侵入罪ヲ構成スルコト言ヲ俟タス」（大判昭一六・三・一三評論三〇刑法一四〇）。

(2)　目的が違法でないばあい

【61】「住居侵入罪の成立に就て考察するに、通常他人の許諾すべき状態に於て其住居に立入る行為は常識上権利者の黙示の許諾ありと認められるから敢て咎むべきものではないが、苟しくも違法の目的を以て侵入する場合は例令其形式に於て平穏であつたとしても素より権利者の許容しないものであり、また其目的が平穏であつたとしても其手段に於て違法な場合は之亦権利者の許容しないものであるから何れも住居侵入罪を構成するや勿論である。記録に依れば原審引用挙示の司法警察員作成の被告人に対する第一回供述調書の記載中被告人の供述として、被告人は被害者宅の板戸が麻縄で縛つて錠を掛けてあつたのを切断して侵入したことが認められるから、該侵入の目的が例令金員借用の申込であつたとしても勿論住居侵入罪を構成すべきものと謂はなければならない」（名古屋高判昭二六・二・三特二七・一八）。

【62】「被告人の本件行為の態様は窓から局長室に侵入するという常軌を逸したものであつて、たとえそれが団交を要求する組合の団体的行動に派生してなされたものとはいえ、同室は公衆の出入りが自由に許される

ところではなく、刑法が第一三〇条の規定をもつて保護しようとする法益もまた憲法第三五条の精神に照らし決して軽視することの許されないものであることを考慮すると、たとえその行為の目的が正当であるとしても、また団交を拒否した郵便局長の措置が相当でなかつたとしても、被告人の右行為は、その手段の不当である点において、もはや正当と認められる限界を逸脱した行為と断ぜざるを得ない」(盛岡地判昭三七・一〇・二二判時三一八・一〇九〇五)。

【61】は、金を借りる目的であり、【62】は団交要求の目的で、その目的自体は違法なものではないが、目的が正当だから、どのような立ち入り行為も侵入とならないわけではなく(最判昭二六・七・一二刑集五・八・一四三二は「目的が正当であるからといつて常にその手段を正当化するものではない」と述べている。同旨、東京高判昭二七・四・二四刑集五・五・六六六、札幌高判昭二九・三・二三特三二・六四)、立ち入り行為が住居の平穏を害する態様のものかどうかをその行為自体について判断すべきであるが、右の事案の立ち入りの行為は、いずれもあきらかに住居の平穏を害する態様のものであるから、住居侵入罪が成立することもちろんで、この点、両判決とも正当である。しかし、【61】の判旨が抽象的説明で「苟しくも違法の目的を以て侵入する場合は例令其形式に於て平穏であつたとしても素より権利者の許容しないもの」であるから住居侵入罪を構成すると述べているのは、正当でない。もし目的が違法であれば、すべての立ち入り行為が住居侵入罪を構成するとすると、たとえば、詐欺の目的で友人宅を訪問し、友人の承諾のもとにおだやかに応接室に立ち入つたばあいにも、住居侵入罪が成立するということになろうが、こうした結論が支持しえないことはあきらかであろう。

(3)　出入を禁止ないし制限した官公署に立ち入つたばあい

官公署への侵入については、すでに、【49】【50】【51】【54】をあげたが、以下の判例は、官公署が出入を禁止ないし制限したばあいに、それに違反して侵入した事案である。いずれも、その立ち入り行為が住居の平穏を害する態様のものであることはあきらかであるが、判決がこの点を判示しているのは、侵入といえるかどうかは、立ち入り行為が平穏を害するようなものであるかどうかによって決定すべきであることを意識して、その行為態様を確定したもので、【54】の線に沿うものとして妥当である。

【63】「凡そ官公署内への出入が一般に解放されているのはその執務に関し正常な用務を帯びて平穏に民衆の出入することに応ぜんとするがためであるから群集が押寄せ不穏の形勢がある場合公安上看守者がその庁舎内への出入を禁止するが如きはもとより法の許容する処置である。本件において当日群集が奈良地方検察庁へ押掛け不穏の状勢下にあつたので、これに対し同検察庁看守者が公の秩序維持の見地から同庁内への立入を禁止し奈良市警察署々員においてその警戒に当つていたことは原判決挙示の証人宮角寅之助同藤岡敏一に対する原審裁判所の各証人尋問調書並びに証第一号の写真に徴し明白であつて、右禁止が不当のものとは到底認め難く、しかも前示証拠によればその群集の先頭に立つていた被告人平尾喜八郎が他の者等と共に正常な用務もないのに右警察職員の制止を排して同検察庁の構内へ立入つたことが認められるから被告人平尾喜八郎は建造物侵入の罪責を免れないことは勿論であり」（大阪高判昭三〇・三・二六高裁特報二・七・二一八）。

【64】「凡そ官公署の庁舎の出入口、所管各課の事務室窓口に到る廊下等が、その執務中一般に開放されているのは、その執務に関して、正常な用務を帯びて平穏に公衆の出入することが予期せられる関係上、これが便宜に応ぜんとするものに過ぎないのである。しかしてその出入口及び廊下は、その庁舎を管理する者の看守内にあることは勿論であるから、たとえ陳情のためであつても一時に多勢が押しよせ混雑が予想される場合には、秩序維持のため看守者は臨時に受附所を設けその係員をして適宜その庁舎内への出入を制限せしめ特にその代表者のみを庁舎内に入れて他の者の立入を禁止せしめるが如き措置を講ずることは法律上当然許容せられ

るところであるから、もしこれら看守者の措置を排し、その意思に反して強いて立入るときは、故なく人の看守する建造物に侵入したものとして、建造物侵入罪を構成するものであることは多言を要しない。これを本件について見るのに、原判決挙示の関係証拠によれば、上田市役所においては、同市居住の朝鮮人多数が昭和二十七年六月二十五日、朝鮮動乱二周年記念集会を催した後、市長に陳情すると称して大挙して市役所に押し寄せ市長に面会を強要する形勢あることを察知し、これがため一般執務及び所用ある一般市民にも支障を来すべきことを虞れ、当時同市役所庁舎管理権者たる市長不在のため市長代理たる助役畑好郎においてこれが対策として同市役所庁舎表玄関入口に、二箇の机を並べて受付所を設け代表者のみを必要な課に案内させるべく職員柴崎章雄を責任者と定めて応接の準備を整えていたこと、しかるに同日同市南天神町公会堂において開催された前記記念集会終了後、同集会に参加した者を中心とする被告人等朝鮮人男女約四十名が陳情のため市長に面会を求めると称して原判示の如きプラカードを掲げ、歌をうたい気勢をあげながら一団となつて行進し来り同市役所正門から庁舎表玄関入口に押し寄せ、右受付所において市長との面会方を要求し右責任者柴崎章雄が市長不在の旨を告げて応接しようとするや、右集団者等は、先頭に立つていた被告人の『はいつてしまえ』という叫声に呼応して互に意思を相通じ右応接の余裕をも与えず大挙して右入口受付所の机を押しのけ右柴崎外係職員の制止するのを肯ぜず喊声を挙げて同所から所管各課事務室窓口に通ずる廊下乃至事務室内に立ち入つたことその他原判示第二の事実を認めるに十分であるから被告人等の各所為は前段説明の趣旨に照らし建造物侵入罪（共同正犯）を構成することは勿論であつて到底これをもつて所論の如く違法性のない行為であると解することはできない」（東京高判昭三二・一一・一二東京高時報八・一一刑三八六）。

⑷　暴行の目的で立ち入つたばあい

闘争の目的で日本刀をもつて料理店に勝手口から侵入したばあい（【46】）、暴行の目的で硝子障子を下駄でこわして飲食店に闖入したばあい（【47】）、夜間、税務署庁舎に人糞を投げ込む目的で同構内に侵入したばあい（【51】）については、すでに述べたが、【65】は、家屋を汚瀆する目的で人夫数人を引率し糞尿を充満した樽を運搬して邸宅内に侵入した事案で、その行為態様からみて住居侵入罪を構成するものといえる。

【65】（事実）「被告人ハ高崎市関東日日新聞記者ナルトコロ予テ民政党総裁浜口雄幸カ数田輝太郎ヨリ賃借居住セル東京市小石川区小日向水道町百八番地所在家屋ハ右数田カ塩水港製糖株式会社取締役タリシ頃同会社所有ノ金円ヲ流用建築セルモノナル旨ノ風評アルニ拘ラス右浜口カ其ノ疑雲ヲ一掃セスシテ黙殺スルハ不当ナルヲ以テ寧ロ該家屋ヲ汚瀆シ以テ前示浜口ニ反省ヲ促スニ如カストシ昭和三年九月十八日午前七時頃人夫田中利治外数名ヲ雇入レテ之ヲ引率シ糞尿ヲ充満セル四斗樽ヲ運搬シ故ナク前記浜口邸ノ表門ヨリ同邸宅内ニ侵入シタルモノナリ」

（判旨）「被告人ハ他人ノ居住セル邸宅ニ就キ本件家屋ヲ汚瀆スル目的ヲ以テ其ノ邸内ニ入リタル旨ノ供述記載アルニ依リ被告人カ住居支配権者ノ意ニ反シテ之ニ侵入スルノ意思ヲ有シタルコト明白ナレハ原判決ノ証拠説示ニ所論ノ如キ違法存スルコトナク」（大判昭四・五・二一刑集八・二八八）。

(5)　窃盗の目的で立ち入つたばあい

窃盗の目的で土足のまま座敷に上る行為が住居侵入罪を構成することにつき疑問はない。

【66】「原判挙示の証拠を綜合すれば、被告人は昭和二十四年四月四日午前十一時頃三重県海津郡石村大字境二千九百六十八番地農業岡田小一の挙家留守中土足のまゝ座敷に上り簞笥から衣類を窃取しようとして抽斗内から衣類数点を取り出した処へ家人が帰宅したのでその目的を遂げずして屋外に出たものである事実を認め得る。だから仮令被告人が岡田小一方を訪問した最初の目的が金銀等買出であつたとしても、同家人の不在に乗じ窃盗の目的を以て座敷に土足のまゝ上つた以上、それは住居侵入罪を構成することは勿論である」（名古屋高判昭

二四・八・二五特一・一〇六）。

なお、次の判例は、蛇捕りの目的で他人の邸宅に入つた者が、窃盗の意思を生じて邸宅にさらに進み入つたときは住居侵入罪が成立するとして、蛇捕りの目的で他人の邸内に入ることについて推定的承諾がみとめられるかどうかを論ずるまでもないとしているが、これは、窃盗の目的で他人の邸内にさらに進み入つた行為を侵入とみたもので、行為態様に着目して住居侵入をみとめたものといえよう。

【67】「被告人は当日の晴天に蛇捕り傍ら屑鉄の蒐集を志ざし、早朝自転車に乗り福井市の自宅を出たが同日午前十時半頃前記増田鑑堯方の村道側板塀の作業場寄りに自転車を立てかけ蛇を捕獲する袋を携えて増田方裏手の農道に入り蛇を探しながら門扉の倒れている前記裏門に立ち入つたところ前記土蔵東側の軒下にもたせかけてある本件ケーブル線の輪を認め、急にこれが窃取の犯意を生じ前記行動に出たところ家人に発覚されたものであると認めるのが相当である。而して右の如く門内に立ち入る際においては蛇の捕獲を目的としたものであつても、其の立入後偶々窃盗の犯意を生じて邸内に更に進み入ることは故なく他人の看守する邸宅に侵入する行為となり住居侵入罪を構成するものと云わなければならない。故に蛇捕獲の目的で他人の邸内に入ることが他人の承諾を十分に期待しうる事情と認め得るか否かを論ずるまでもなく、弁護人の本論旨は理由がない」（名古屋高金沢支判昭二八・二・二八刑集六・五・六二一）。

(6)　強盗の目的で立ち入つたばあい

【68】（事実）　被告人榊原・後町・横井の三名は古着商則武繁市から金品を強取しようとその機会をねらつていたが、種々協議の結果、宵の中に客を装つて店内に侵入し則武を殺害して金品を強取するの外なしと共謀し、某日午後九時頃閉店直後を見計つて同店に到り、被告人横井は則武に向い着用のオーバーを脱ぎ、売ると

称してその値ぶみをさせ、其の隙に被告人後町は前記出刃庖丁で同人を突き刺そうと企らんだが、其の機を失つたので値段の折合はないのを理由に再考するといつて一旦同店を退去し、更に殺害して金品を奪取する方法役割を協議した上、同日午後九時四十分頃再び同店に赴き、被告人横井は表戸を叩き先の者だが戸を開けてくれと言つて則武に表戸を開けさせ、同入口から三名前後して同店屋内に侵入し、同人が被告人等を店内土間に招じ入れた後、背を向けて一、二歩進むや、被告人横井は突如背後から則武に襲いかかり、腕で其の頸部を絞め付け、被告人榊原は表戸を閉めた上則武の発声を防ぐ為両手で同人の口を押えたりし、被告人後町は前記出刃庖丁で同人の腹部を数回突いたが被服に遮られて突刺し得ず、同人が被告人横井と共に土間に仰向けに打倒れるや、被告人後町は直に店内に吊してあつた人絹子供帯二筋を取り外し、其の中の一筋で則武に猿轡をはめ、他の一筋を被告人榊原と協力して則武の頸部に巻きつけ、其の帯を強く引き絞めて結び合せ、よつて同人を即時窒息死にいたらしめて殺害した上、同店内にあつた同人所有の現金千八百円余及び衣類、トランク、手提鞄等合計六十余点を強取したものである。

（判旨）「刑法住居侵入罪の『故なく』とは正当の事由なくしての意であるから、強盗殺人の目的を以て他人の店舗内に侵入したのは、すなわち、故なくこれに侵入したものに外ならない。そして住居権者の承諾ある場合は違法を阻却すること勿論であるけれども、被害者において顧客を装い来店した犯人の申出を信じ店内に入ることを許容したからと言つて、強盗殺人の目的を以て店内に入ることの承諾を与えたとは言い得ない。果して然らば被告人等の本件店屋内の侵入行為が住居侵入罪を構成すること言うまでもない」（最判昭二三・五・二〇刑集二・五・四八九、〔研究〕小野・刑評八巻三〇三頁以下、団藤＝福田・判研二巻三号六二頁以下）。

【69】（事実）「午後十一時頃同所丁四百六十五番地ノ一古物商安田節一（当時六十三年）方入口で被告人等は『今晩は今晩は』と連呼しこれに応じて右節一の妻が入口の戸を開けるや、被告人三井はナイフ（証第一号）を携え共に同家に侵入し被告人長尾は前記匕首（証第二号）を右節一に示し同人に対し『金を出せ、騒ぐと殺すぞ』と申向けて脅迫し、よつて節一所有の現金一万円を強取したものである」

（判旨）「強盗の意図を隠して『今晩は』と挨拶し、家人が『おはいり』と答えたのに応じて住居にはいつた場合には、外見上家人の承諾があつたように見えても、真実においてはその承諾を欠くものであることは、言うまでもないことである。されば、原判決が挙げている証拠中に論旨に摘録するような問答があるとしても、これらの証拠によれば原判決のような住居侵入の事実を肯認することができるのである」（最判昭二四・七・二二刑集三・八・一二三六）。

【70】「住居侵入の罪は故なく人の住居又は人の看守する邸宅、建造物若しくは艦船に侵入し又は要求を受けてその場所から退去しないことによつて成立するものであつて、犯人の身分により構成され又は刑の軽重を来たすべき犯罪ではない。唯犯人と被害者との間に、特別な身分関係――例えば親子の関係――が存在するようなときは、かかる身分関係のない者の場合よりも、その侵入が『故なく』為されたものでないと見るのを相当とする場合が比較的多いであろうといい得るに過ぎない。本件において、原審は『被告人が第一審相被告人等三名と共謀して、当時出奔していた実父岩淵寿雄方に、共犯者にはその実父の家であることを告げず、午後一一時三〇分頃強盗の目的を以て侵入した』との事実を認定しているのである。この場合、もし被告人が家出したことを後悔して父に謝罪するつもりで涙の帰宅をしていたものとすれば、たといいかなる深夜戸締りを破つての侵入であつたとしても、父にとつてそれは迷える羊の帰還であり、心からの歓喜そのものであつたかも知れないのであつて、もとより住居侵入罪の成立しよう筈はないのである。しかし、これが強盗の目的で、しかも共犯者三名をも帯同して深夜家宅内に侵入したとあつては、たといそれが嘗ては自らも住み慣れたなつかしい実父の家であるとしても、父としても、世間としても、これを目して正当な『故ある』家宅の侵入とは認めえないであろう。されば原審の確定した被告人等の右所為は、数人共同して住居侵入罪を実行した場合に該当すること勿論であつて、刑法第一三〇条第六〇条により問擬せらるべきものなのである」（最判昭二三・一一・二五刑集二・一二・一六四九、〔研究〕団藤・刑評一〇巻一八一頁以下）。

右の判例は、いずれも住居侵入罪の成立をみとめているが妥当である。ただ、【68】は、被害者は被告人等を客と信じたために入ることを許したのであるから、この承諾は錯誤にもとづくもので、承諾があつたとはいえないとし、【69】も同様に、強盗の意図を隠して「今晩は今晩は」と挨拶し家人が「おはいり」といつても承諾があつたものとはいえないとし、ここから住居侵入罪の成立をみとめているが、こうした理由づけには若干疑問がある。こうした理由づけは、住居侵入罪の法益を住居権と解し、住居権者の承諾の有無に住居侵入罪の成否をかからしめる判例の態度に基因するものであるが、前述したように、住居侵入罪の法益は事実上の住居の平穏と解すべきであり、住居者の承諾をえて立ち入る行為が住居侵入といえないのは、住居者の承諾があれば、住居の平穏が害されないと考えられるからであつて、その重点は住居者の承諾ではなく住居の平穏である。したがつて、被害者の承諾は錯誤にもとづくもので、承諾の効果はないかどうかといつた点に拘泥すべきでなく、むしろ、立ち入り行為が平穏を害する態様のものであるかどうかを、その行為の主観、客観の両面をあわせ考慮して判断すべきである。強盗殺人の目的で出刃庖丁を所持しての侵入（【68】）、強盗の目的で深夜ナイフをたずさえての侵入（【69】）は、その行為の主観、客観の両面からみて、住居の平穏を害する態様のものといえよう。また、【68】は、「強盗殺人の目的を以て他人の店舗内に侵入したのは、すなわち、故なくこれに侵入したものに外ならない」としているが、これが目的が違法であれば直ちにすべて侵入行為となるとする趣旨を示すものであるとすれば、それが正当でないことは前述した（一五三頁参照）。

なお、【70】は、「強盗の目的で、しかも共犯者三名を帯同して深夜家宅内に侵入した」ものであるから、たとえそれが実父の家であつても住居侵入となるとしているのは、立ち入り行為について、それが住居の平穏を害する態様のものであるかどうかを判断しているものとして妥当である。

(7)　寮生に面会の目的で寮舎監補佐が制止したにもかかわらず、あえて寮に立ち入つたばあい

【71】「原判決挙示の証拠によつて、本件雄別炭砿員合宿青葉寮は建坪四百八坪七合五勺外二階百八十八坪七合五勺計五百九十七坪五合であり寮生の室数は階下十六室二階十六室であり寮生も百人余り居住し、その玄関に入り向つて右側に事務室があり玄関中央に向つて見易く高さ約一尺二寸二分幅約五寸二分の板に『訪問者は必ず事務室に申出下さい、青葉寮舎監』と墨書した立札があり、舎監及び舎監補佐として四名を置いて、外来者がみだりに出入することを禁止していたこと及び当時舎監武田丑造が管理して、谷口憲道はその補佐をしていたものであること、昭和二十七年九月六日被告人は右谷口憲道が制止したのにかかわらず敢えて右寮に侵入したことが認められるのである。

かように、総坪五百九十七坪五合の建物で寮生百人余りの多数人が居住する寮であつて、玄関の右側に事務所を設け舎監及び舎監補佐四名によりこれを管理し『訪問者は必ず事務室に申出下さい』という立札を置き外来者がみだりに出入することを禁止した建物においては、たとえ外来者が管理者の下にある寮生に面会する目的を有する場合でも管理者の意に反し侵入した行為は故なく侵入したものと解すべきであるから、被告人の所為は刑法第百三十条の罪を構成するものというべく」(札幌高判昭二八・一一・二　六刑集六・一二・一七三七)。

(8)　判事が検証に着手する前に、管理者の意思に反して、工場内に立ち入つたばあい

【72】「民事訴訟ニ於ケル検証ハ検証ノ目的物カ相手方又ハ第三者ノ手中ニ存スルトキハ其ノ相手方又ハ第三者カ検証ノ目的物ヲ任意ニ提示セサル限検証ノ目的ヲ達スルコトヲ得サルモノナルカ故ニ判事カ検証ニ関スル証拠決定ノ施行トシテ相手方ノ看守セル建造物内ニ立入リ検証ヲ為スニハ先ツ検証ノ証拠調開始前其ノ建造物ノ管理者ニ対シ其ノ旨ヲ告ケ建造物内ニ立入ルコトニ付承諾ヲ得ヘク若シ承諾ヲ得サルトキハ其ノ建造物内ニ立入ル職権ヲ有スルモノニ非ス加之訴訟関係人ハ判事カ検証ニ着手スルニ非サレハ之ニ立会フコトヲ得サル

ハ事理明白ニシテ検証著手前ニ看守人ノ承諾ナキ場所ニ立入ルコトヲ得ルモノニ非サルナリ而シテ本件ニ於テ原判決ノ確定シタル事実ハ被告人等ハ判示検証ノ施行ニ当リ係判事ニ随行シテ判示工場玄関前ニ至リ判事カ同工場事務所受付ニ於テ来意ヲ告ケントテ同工場長ニ面談ヲ申込ミ居レル際同工場カ一般ニ秘密ニシテ守衛ヲ置キテ看守シ工場管理者ノ承諾ヲ得タル者ニ非サレハ出入シ得サルノミナラス証拠申請ノ相手方ニ於テ目的物ヲ任意提示スルニ非サレハ検証ヲ為スコト能ハサルヲ知悉シナカラ検証物ノ提出ヲ拒絶セラレ又ハ之ヲ隠匿セラレンコトヲ虞レ寧ロ機先ヲ制シテ同会社使用ノ右機具等ヲ調査シ以テ其ノ所期ノ目的ヲ達成センコトヲ企テ未タ係判事カ検証ニ著手セサルニ先タチ看守者ノ意思ニ反シテ判示工場内ニ侵入シタリト云フニ在リテ其ノ事実ハ判示証拠ニ依リテ之ヲ認ムルニ十分ナルヲ以テ被告人等ノ行為ハ故ナク人ノ看守シタル建造物ニ侵入シタルモノニシテ刑法第百三十条第一項ノ罪ヲ構成スルモノト云ハサルヘカラス」（大判昭八・七・一〇刑集一二・一二二七）。

(9) 機械類を収去するため、人夫十数名を使つて工場内に立ち入らせたばあい

【73】「仮に本件係争の機械類が、所論のように被告人島本博の所有に属し、かつ当事者間に期限経過後には異議なく機械を引渡す旨の合意が成立していたとしても、それは債務を負担したに過ぎないから占有者たる同会社代表者の任意の履行がない以上、その強制履行を求めるには民事訴訟法上適式な債務名義に基ずき、正当な執行機関によつてなされなければならないことは言をまたないところである。然るところ、被告人等は前認定のように、本件犯行の二、三日前に前記工場において、同会社代表者福島秀雄に対し、約旨に基ずき機械の引渡を求めたが、同人から、右機械の所有権は被告人等に属さない旨を告げられ、かつその引渡を拒まれた事実が存することが認められるから、その二、三日後に機械を収去に行つても同人が到底これに応ぜずそのために工場に立ち入ることは当然拒絶されるということが明らかに予想されていたにかかわらず、被告人等は当該機械を収去しうべきなんらの債務名義を有せず、従つてまた正当な執行機関に委任することもなく、実力を以て機械を収去する目的で、情を知らない原判示十数名の者を使つて同工場内に立ち入らせたものであるから、その行為は当初から不法性を有するものというべく、右人夫達が同工場の門扉を排して門内に入つた時に

おいて既に刑法第一三〇条所定の『故ナク』侵入したものに該当するといわねばならない。しかも被告人等は前認定のように同工場看守者から制止され、退去を求められたにもかかわらず、なおもそれを排して人夫達を工場建物内に侵入させているのであるから、被告人等の所為が建造物侵入罪を構成することは論をまたないところである」（東京高判昭三〇・九・二七東京高時報六・九刑三一七）。

(10) 笑談半分で強盗をよそおい知人宅に立ち入ったばあい

【74】（事実）「被告人ハ予テヨリ東京市四谷区新宿一丁目二十八番地美容術営業八重床支店ニ出入シ店主鈴木きみ及ヒ其ノ徒弟つなよ事坂井なよ等ト相識ノ間柄トナリシカ昭和三年七月三十一日午後十二時過頃酩酊シテ右八重床支店ニ到リきみトなよトカ外出先ヨリ帰リ来ルヲ待受ケ奇声ヲ発シテ之ヲ吃驚セシメタル上暫ク雑談シテ一旦同家ヲ辞シタルカ帰宅ノ途次重ネテきみ等ヲ襲ヒテ吃驚セシメ以テ前ノ感興ヲ繰返ヘサント欲シ翌八月一日午前一時過頃再ヒきみ方ニ立戻リタル所家人既ニ就寝シ表入口ハ戸締ヲ施シアリタルニ依リ同家裏手ニ通スル路地ノ木戸ヲ踰越シテきみ方勝手口ニ出テ同所鴨居際ノ空所ヨリ屋内ニ侵入シ強盗ヲ装ヒテ家人ヲ脅カサント企テ先ツ着衣ヲ脱シテ変装覆面シタル上午前二時頃短刀ヲ携ヘテきみトなよトノ就寝シ居リタル階上六畳座敷ニ押入リ短刀ヲ抜キテ右手ニ把リ蚊帳ヲ隔テテきみ等ニ声ヲ掛ケタルモ容易ニ目覚メサリシ為蚊帳ノ中ニなよヲ襲ヒテ其ノ腹部ニ跨リ短刀ヲ其ノ胸ニ擬シテ同女ヲ揺リ起ス途端図ラスモ短刀ヲ以テ同女ノ左胸部ヲ深ク傷ツケタル為狼狽シテ前後ノ処置ニ惑ヒ事茲ニ到リテハなよヲ殺害シテ逃走スルノ外マタ途アルヘカラスト考ヘ近辺ニ有合セタル腰紐類ヲ拾ツテ同女ノ頸部ヲ緊縛絞圧シ以テ之ヲ其ノ場ニ窒息落命セシメ次テなよノ傍ニ就寝シ居リタルきみヲモ殺害シテ犯跡ヲ隠蔽セント欲シ継続セル犯意ノ下ニ同家階下ノ仕事場ヨリ女物一重帯ヲ携ヘ来リテきみノ頸部ヲ緊縛シ因テ同女ヲモ其ノ場ニ絞殺シタルモノニシテ」

（判旨）「被告人ハ強盗ヲ装ヒテ家人ヲ脅サント企テ昭和三年八月一日午前一時過家人ノ就寝シ表入口ニ戸締ヲ施シアリタル判示八重床支店ノ裏手ニ通スル路地ノ木戸ヲ踰越シテ勝手口ニ出テ鴨居際ノ空所ヨリ同家屋内ニ侵入シタリト云フニ在ルヲ以テ之ニ対シ住居侵入罪ヲ以テ問擬シタル原判決ハ相当ニシテ」（大判昭五・一・二七刑集九・一六）。

(11)　家屋取壊しの目的で、自己所有の妾宅に、留守番が拒否したにもかかわらず立ち入つたばあい

【75】「原判決挙示の証拠を綜合すると被告人は小椋好子と予て情交関係があり同女のために判示家屋を建築し同家屋に居住させ飲食店営業させていたものであるが同人に不倫な行為があつた為め不和となり昭和二十三年七月頃以来は殆んど絶縁状態となつていたこと。被告人は右家屋を自分の住居地である加茂村に移築すべく計画し小椋好子の承諾なきに拘らず強引に之を実行しようとし、昭和二十五年一二月二十四日午前八時頃当時好子が不在であり同人の依頼により留守番をしていた後藤又兵衛が拒否するにも拘らず同家屋を損壊する目的で人夫十数名を指揮し不法に同居宅内に侵入したことが認められるので右被告人の所為を刑法第一三〇条住居侵入罪に該当するものとして有罪の言渡をした原判決は洵に正当であつて所論の如き違法はない。所論は之を要するに判示家屋は被告人の所有であり妾小椋好子をして小飲食店を営ませていたが都合上右家屋を被告人の現住所に移築し好子はその二階に住居させることにしたので判示日時判示家屋の取壊しにかかつたのである。

被告人が自己所有の家屋であり且つ妾宅に這入るのであるから何人の承諾も必要としない家屋を取壊すことが不法であるとしてもそれは別個の問題であり這入ること自体に何等不法性がない。なほ留守番後藤又兵衛には右家屋の占有権はないというのである。

しかしたとえ、家屋の所有権が被告人にあり且つ被告人の妾宅であつたとしても小椋好子の住居であることに変りはなく被告人は右家屋に同せいしていないのであるから被告人の住居とはいえない。されば居住権者である好子の承諾なく、無断でその家屋を取壊すことは人の居住権を侵害するものであつて不法なること勿論である。妾の家へ出入することは不法な目的がない限り自由であり何人の承諾も要しないであろうが右のように不法な目的で住居に侵入することは居住権者の意に反することは自明の理であり、従つて住居侵入罪を構成することと容疑の余地がない」(広島高岡山支判昭二六・一一・一五特二〇・一三一)。

【71】【72】【73】【74】【75】は、いずれもその行為態様からみて、住居の平穏を害する態様での立ち入り

行為とみとめられるから、右の事案について住居侵入罪の成立をみとめた判旨は正当である。

二　要求を受けてその場所より退去しないこと

（一）　不退去罪は、はじめ適法に立ち入ったばあい、または過失で立ち入ったばあいに、要求を受けて退去しないときに成立し（【76】）、はじめから不法に侵入して退去しないときは単に住居侵入罪が成立するだけで不退去罪は成立しない（【77】）。

【76】「刑法第百三十条後段ノ住居侵害罪ハ初メ邸宅等ニ進入スルコトカ適法ナリシ場合ト又ハ侵入ノ故意ナキニ止リ尚不適法ナルヲ免レサル場合トニ論ナク総テ退去ヲ要求スル権利アルモノヨリ之カ要求ヲ受ケテ其場ヨリ退去セサルニ因テ成立ス」（大判大四・四・二九刑録二一・四四四）。

【77】「建造物侵入罪は故なく建造物に侵入した場合に成立し退去するまで継続する犯罪であるから、同罪の成立する以上退去しない場合においても不退去罪は成立しないものと解するを相当とする」（最決昭三一・八・二二刑集一〇・八・一二三七）。

（二）　退去を要求することができる者

【78】「刑法第百三十条ノ犯罪ハ住居権ヲ侵害スル行為ナレハ同条後段ノ罪成立スルニハ住居ノ平安ヲ保持スルニ付権利ヲ有スル者即チ住居権利者ヨリ退去ノ要求ヲ受ケ故ナクシテ其ノ住居内ニ於ケル現在ノ場所ヲ退去セサル事実ナカルヘカラス而シテ退去ヲ要求シ得ヘキ者ハ住居権利者タル住居者若ハ看守者本人ニ限ラス家族其ノ他ノ者ト雖本人ノ為ニ代リテ住居権ヲ行使スルコトヲ認容セラレタリト推測スヘキ場合ニ於テハ退去ヲ要求シ得ヘキモノトス」（大判大一五・一〇・五刑集五・四三八）。

【79】「町村制第三章第二款ノ規定ヲ通覧スルニ町長ハ町役場トシテ使用中ノ建物ノ管理権ヲ有シ町村ノ有給吏員タル書記ハ町長ノ指揮監督ヲ承テケ事務ニ従事スルモノニ過キサルコト寔ニ明ナリ故ニ退庁時刻以後書

記カ町役場ノ看守ヲ為スニ至リタルトキト雖町長ニ於テ右管理権ヲ喪失スヘキ理由存セス然レハ原判決カ判示町長ニ於テ町役場ニ滞留シ居タル被告人ニ退去ヲ要求シタルニ拘ラス被告人ハ同町役場書記長谷武一ノ看守スル同役場内ヲ退去セサル旨判示シ被告人ノ所為ヲ刑法第百三十条ニ問擬シタルハ正当ニシテ」（大判昭五・一二・一三刑集九・八九九）。

【78】によると、退去を要求できる者は、住居権者または看守者本人、さらに、本人に代つて住居権を行使することを認容された者とされているが、これは、有効な承諾を与えることができる者についての判例の態度と軌を一つにするものである（一四五頁以下参照）。しかし、前述したように住居権の代理行使といつたことは妥当でないのであつて、退去を要求しうる者も、むしろ端的に住居者、看守者と解すべきであろう。【79】は、町長は退庁時間後においても町役場に滞留する者に向つて退去を要求することができるとしたものである。

（三）　建物管理権にもとづく使用者側の退去要求と不退去罪の成否について

【80】「争議中に建物管理権に基く使用者側の退去要求があつた場合、組合員は直ちに退去義務を負い、これに違反すれば直ちに不退去罪が成立するかどうかという点についてであるが、当裁判所としては、この点直ちにそれだけでは不退去罪は成立しないと考えるのである。何故ならば、争議中においては、組合員はなお団体交渉等をなす必要もあろうから、組合員の建物中に残留することそれ自体を捉えて直ちに不退去罪が成立するとするのは、組合員にとつて甚しく酷な考え方だと思われるからである。しかし、建物管理権に基く退去要求があつた場合に、若し組合員側に正当な争議行為を逸脱して使用者側の業務遂行を妨害する意図を有し且つその行為に出たというような事情が存すれば、故なく退去しないという不退去罪の構成要件を充すものと考えざるを得ないのである」（東京地判昭三三・八・二九判タ一六八・五〇四〇）。

（四）　要求をうけて退去しないときは不退去罪が成立する

【81】「被告人等は、判示工場内に侵入し現行犯として逮捕され守衛詰所に連行された向井岩男、佐藤寛を取戻さんとして、原判示工場の正門から守衛詰所前カード室に立入り、同所において守衛原義克、鉄道公安職員大河内良雄等から退去の要求を受けながら約一時間、これに応じなかつた事実を認めることができる。その後山口及び長岡の両被告人は退去してその直後に逮捕されたのであるが右事実によつて、不退去罪の所為は既遂となつたものと云わねばならない」（札幌高判昭二九・三・二三特三二・六四）。

四　違法性・責任

一　違法阻却をみとめた判例

(一)　自治寮内部において他人の居室に侵入したばあい

【82】（事実）　被告人甲乙丙等は、中国人学生自治寮である清華寮に居住していたものであるが、同寮では、かねてから、共同炊事をする寮生と自炊生活者とが対立していたところ、たまたま宿泊者であつた袁愛郎兄妹が、自炊派の責任者Bの許諾をえて同寮一階の医務室に移転居住するに至つた。従来、この医務室は公室として医療ないし集会等に使用され個人の居住が認められていなかつた。そこで、この事実を知つた共同炊事派は、委員あるいは袁と親しい人を通じて再三袁に医務室を出てもとの三畳に移ることを勧告したが、袁がこれに応じなかつたので、某日寮生会を開いて討議した結果、袁に対し医務室退去を交渉し、これに応じないときは強制執行しようという決議をした。それから二、三日後の夜、寮生は一階食堂に集合し、代表が袁と交渉したが失敗したので、被告人等を含め寮生二〇人位が、同夜午後九時一〇分頃、袁の居住する医務室前に出向いた。そして被告人甲が同室をノックしたところ、かねてこれを察知していた袁はドアを約半分内側に開きフラッシュをたいて写真を撮影し、ドアを閉め左肩で押えたのであるが、フラッシュに驚いた寮生達が何だ何だと叫び乍ら押しかけ先頭に立つた被告人等はこれを開けんとして押しドアを内側に押し開き被告人甲、乙等は同

室に入った。

（判旨）「寮生活という閉ざされた部分社会においては、条理上その生活秩序を維持するために自治の法が支配し、その目的、手段、方法において一般社会を侵害しない限りその法に則る行為は社会的に許容された所為として正当性を具えるものであることは刑法第三五条の趣旨というべきである。

これを本件についてみるに本件清華寮において寮生がいわゆる共同炊事者側と自炊者側とに分かれて対立するという状態にあつたにせよ、少くとも双方に管理支配権があると認められる医務室を、単に自炊者側の許諾の下に擅に独占占拠した袁愛郎に対して、被告人等共同炊事者側において袁愛郎を寮外に追放するものではなく、ただ寮秩序侵犯以前の状態に復するためその明渡退去を求めて医務室の原状回復をはかる所為は、その限りにおいては、寮生活の秩序維持の範囲を出ないものであつて寮自治の法の許すところである。しかして被告人等の本件住居侵入の所為が多少乱暴であつたといつても、それはもともと共同炊事者側として被告人等は正当な手続を経て説得を前提とする実力行為を予期したにかかわらず突如袁愛郎の挑発行為に刺戟されて押し入つた上での所為でありその目的手段方法において未だ一般社会の法秩序を侵犯するほどのものとは認められない。してみれば、前摘示第一の住居侵入は違法性を欠き、この点について被告人甲、乙、丙の所為は罪とならない」（東京地判昭三六・一二・二七下級刑集三・一一＝一二・一二七九）。

（二）　賃貸人が賃借人の意思に反して建物修理の目的でその建物に侵入したばあい

【83】　（公訴事実）「被告人は昭和三〇年一二月三〇日頃、映画興業師坂井久光に対し、内妻庄子正子所有名義の仙台市鉄砲町三番、四番、五番連続地所在木造スレート葺二階建劇場一棟（通称公園劇場）を同四〇年六月末日の期限で賃貸したのであるが、右坂井久光に対し予てから改築を理由に休館するよう申し入れて来たけれどもこれに応じなかつたところから、同劇場の天井板を取り外して同人の映画興業を妨害しようと企て、昭和三五年六月一日午前一時過頃情を知らない佐藤恒三外約五名の職人とともに坂井久光の管理する前記劇場に故なく侵入し、同日午前四時半頃までの間に、前記職人らに命じて同劇場観覧席上方の天井板一五〇平方米、

屋根のトタン板約一平方米を引き剝し観覧席に落下させて同劇場を損壊し、よつて同年六月五日まで同劇場の開館を不能ならしめ、もつて前記坂井久光の業務である映画興業に対し、威力を用いて妨害したものである」。

（判旨）「右劇場建物は大正初期の建築にかかる老朽建物で腐朽の度も甚だしく、これが維持保存のためには、根本的に大改修をする必要に迫られていたため、被告人に前記六月一日の数ケ月前から修理と併せ増改築をなすべく計画し、とりあえず五月早々の着手を目途に、他人を介し、或は自ら直接に坂井久光と交渉を続けたのであるが、坂井久光は原則的にはこれに賛しながらも、増改築のためには相当期間劇場を休館しなければならないところから、多額の補償を要求して譲らなかつたため、その交渉がまとまらず、被告人としては、計画した改修を急ぐのに、これに協力しない坂井の態度を待ちきれなくなり、昭和三五年五月中旬以降にいたり、坂井に対し、同月三一日夜修理に着手する旨を通告し、坂井の不承諾にかかわらず、これをおして前記のように天井、屋根の剝ぎ取りをするにいたつたこと当時屋根の雨漏り部分があり、それを探すために天井を外すことが便宜である関係もあつて、先ず天井と屋根に手をつけたものであること、右の作業直後警察問題となり、被告人はそれ以上作業を進めることができなくなり、坂井久光においてその後始末をしたこと、以上の事実が認められる。

被告人は、右の作業により直ちに劇場の休館することを予期したものでなく、落下物は直ぐに取り片付け、屋根の剝ぎ取り部分は直ぐ葺き直すつもりでいたのであり、坂井は営業を継続しながら修理することには反対していないし、暫らくは劇場の営業を継続させたまゝ改修作業をし、改修のため休館を要する段階に立至つたとき坂井久光と話合つて休館してもらうつもりである旨、弁解しているところであるが、前記の証拠によつても、劇場の営業を継続しながら修理することについては坂井久光においても必ずしも反対していなかつたことが窺われるのであつて、右弁解は一応筋がとおつており、これを虚偽として直ちに排斥するに足りる証拠は存しない。少くとも被告人が坂井久光の映画興業を妨げる意図の下に前記の所為をしたことについては、これを認めるに足る証拠がないといわなければならない。

次に民法第六〇六条には、賃貸人が賃貸物の保存に必要な行為をしようと欲するときは、賃借人はこれを拒み得ない旨が定められており、賃貸物の保存に必要な場合には、賃貸人は賃借人の意に反してもこれをなし得るものと解されるのであるが、以上の認定ならびに被告人の弁解からすると、被告人が天井、屋根を引き剝いだのは建物を維持修理するため、つまり建物保存のために必要な行為であると認めざるを得なくなるから、被告人が賃借人たる坂井久光の意に反して該建物に立ち入り、前記の所為に出ることは、一応正当行為として許される如き外形を呈する。もとより他の違法な意図をもちながら保存行為を口実に建物に立入り、天井、屋根を引き剝ぐとか、或は映画興業の最中に右のような所為に出るとか公序良俗の見地から妥当と認められる範囲を逸脱している場合においては、犯罪の成立を否定し去ることはできないのであるけれども、本件において特にこのような事情の存することは認め難いところである。

以上要するに本件においては、公訴事実にいわゆる、被告人が坂井久光の映画興業を妨げる意図の下に、劇場に侵入し、該建造物を損壊し、更に威力を用いて右興業を妨害したことについては、その証明がないに帰する」（仙台地判昭三六・六・二七下級刑集三・五―六・五八一）。

【82】は、自治寮における自治に着目し、被告人等の住居侵入行為を、その目的手段方法からみて実質的違法性を欠くものとしたもので妥当な態度といえよう。なお、賃貸人が賃借人の住居に、その意思に反して立ち入るばあい、住居侵入罪の成立がみとめられるのが一般であるが、【83】は、被告人の建物侵入行為につき積極的に違法性を欠くものとしたものではないとはいえ、ともかく、建物保存のため必要なばあいには、修理の目的で賃借人の建物に立ち入ることは、賃借人の意思に反しても、正当行為として違法性を阻却することをみとめたものとして注意する必要がある。

二　違法阻却を否定した判例

（一）賃貸借契約解除後、家屋明渡し前に、賃貸人が家屋に侵入したばあいについて、そうした行為は違法性を阻却しないとする判例として、前出【11】【12】【13】【14】がある。なお、【12】は、正当防衛にあたらないことを理由とし、【13】【14】は自力による救済は法律上許されないことを理由とし、【11】は、正当防衛ではないことはもちろん自力救済は違法であることを理由としている。

なお、その他、違法阻却が否定された事例として、

(1)　隠退蔵物資の摘発のため看守者の意に反して工場内に侵入したばあい

【84】「原判決はその理由の末尾において、『隠退蔵物資等の摘発については正規の機関が活動して居り、或は時に慎重を期するのあまり迅速を欠く場合があつたにせよ全然信頼するに足らぬとなすわ独善的見解であるのみならず、これ等を摘発するにも自ら踏むべき手続、手段方法乃至守るべき公序良俗に反しない節度限度があつて被告人等の如く多人数大挙して押寄せ、看守者の意に反して、工場内に侵入するが如きわその手段方法が過激で暴力主義的であつて、明らかに公序良俗に反し、正当な行為とは言い得ない』と説明しているから、被告人等の行為が違法を阻却すべき正当な行為でないことにつき具体的な判断を示していること明白であつて、所論の如き違法は認められない」

「記録によれば、被告人等は隠退蔵物資等を摘発するため判示侵入行為を為すべき法令上の根拠もなく、これを業務とするものでもなく、また判示行為が勤労者の団体交渉として行われたものでないことも明白である。そして憲法二八条の保障は、勤労者以外の団体、又は個人の単なる集合に過ぎないものの行動に対してまで及ぼすものではない（昭二二年（れ）第三一九号昭和二四年五月十八日大法廷判決参照）。されば原判決が被告人等の判示所為を刑法三五条の法令又は正当の業務に因つて為したるものでないとしたのは正当であつて、原判決は所論の違法はない」（最判昭二五・九・二七刑集四・九・一七八三）。

(2)　演劇公演の目的で小学校校舎に侵入したばあい

【85】　社会教育法にいわゆる社会教育活動として、演劇を公演するため、校長代理の教諭が現に看守している小学校の校舎に、その管理機関（このばあいは町長）の許可をえず、かつ右教諭の意思に反して侵入したという事案につき、

「社会教育法四四条の規定は寧ろ訓示的規定と認めるのが相当であるから右規定の存することから同法四五条を所論のように解することは当裁判所の賛同しないところであつて原判示の如く当該学校の管理機関の許可を得なければ学校施設を使用することはできないと認めるのが相当である。さすればたとえ所論のように本件前進座の公演が社会教育活動に該当したとしても本件豊里小学校校舎の使用許可が得られなかつた本件の場合において所論のように正当防衛の成立を認める余地のないこと勿論である」（最判昭三二・九・六刑集一一・九・二一五五）。

(3)　通常人が現行犯逮捕の目的で承諾をえずに他人の住居に侵入したばあい

【86】「現行犯人は、何人でも、逮捕状なくして、これを逮捕することができるものであることは、刑事訴訟法第二一三条に規定するところであるが、司法警察職員、検察官及び検察事務官でない通常人は、現行犯人を認めても逮捕することを義務づけられてはいないから、一旦逮捕にとりかかつても中途からこれをやめることもできるわけである。然し右の通常人は現行犯逮捕のため、他人の住居に侵入することは認められていない。このことは、刑事訴訟法第二二〇条によつても、明らかである。即ち、検察官、検察事務官又は司法警察職員は、現行犯人を逮捕する場合には人の住居又は人の看守する邸宅、建造物若しくは船舶内に入り被疑者の捜索をすることができる旨を規定しているところから見れば、通常人に対しては右の行為をすることは禁止せられているものと解すべきものである。われわれの住居は侵すことができないもので、これを侵しても違法でないとするためには、憲法並に刑事訴訟法に規定してある場合でなければならない。通常人が現行犯人を逮捕し得ることは、憲法並に刑事訴訟法でもこれを認めているが、この逮捕のため、他人の住居に侵入し得る旨を規定

した法律は存しない。従つて通常人は、屋外若しくは自宅で現行犯を逮捕するか又は住居権者等の承諾ある場合に限り、住居内で現行犯人を逮捕し得るのである。若し論旨の如く、通常人でも現行犯人逮捕のためならば、自由に他人の住居に侵入し得るとするならば、われわれの住居は一日も平穏であることはできない。従つて真に現行犯人逮捕の目的であつても、承諾なくして、他人の住居に侵入するときは、住居侵入罪が成立するものと解すべきものである」（名古屋高判昭二六・三・三刑集四・二・一四八）。

(4) 国政調査のため派遣された議員が調査の目的で看守者の意思に反して建造物内に侵入したばあい

【87】「おおよそ国政に関する調査の権能は、国会両議院に属しその調査のため、証人尋問、記録の提出要求を行うことのできることは憲法第六十二条により明らかであるが、これ以上の強制力を有する住居侵入、捜索、押収、逮捕のごときは許されていない。蓋し国政調査権は、刑事司法活動ではなく国政の調査を目的とするものであつて、これを逸脱するような強力な手段は到底これを許容することができないからである。しかも、なお国政調査権は、憲法上保障された国民の基本権からの制約を受け、これを侵害するような強力な調査は、否定されるものというべく、調査の方法として派遣された議員といえども同一であつて、かような強力な調査権は有しないものと解すべきである。

　されば、本件において当時、柄沢とし子が衆議院議員であつたこと所論のとおりとしても、原判決が認定した事実は、被告人が柄沢とし子と共謀して、故なく三菱鉱業株式会社大夕張鉱業所用地内の建造物である進発所に侵入したというにあつて、その挙示する証拠によれば、柄沢とし子の右立入が同所の看守責任者である同鉱業所勤労課長代理佐々木篤寿の意思に反し、その他何人の承諾をも得ていないこと、および右立入を許容しなければならない何等特段の事情もなかつたことが認められるから、前説示に照し、柄沢とし子の本件所為は、明らかに憲法の保障する住居権の侵害となり、又かりに同人に調査のための権能があつたとしても、前記のようにその行使のために強力な手段を用いるが如きは、不当な調査方法であつて、到底正当な職務行為とはいい得ないから、刑法第三十五条によつてその違法性は阻却されることとはならない」（札幌高判昭三〇・八・二三刑集八・六・八四五）。

(5) 村長に対して、その差別的言動を責問するため、村会に出席させるべく、その所在を求めて、村長宅に、部落民が侵入したばあい

【88】「按ずるに被告人等村民としては河合村々長木下安太郎に対しその差別的行為及び村政について種々これを責問するため村会に出席を求めることは村会としての基本的人権の侵害に対する一種の排除行為に含まれるものとして正当な要求であると認められるのであるが更に進んで村会に出席させるべくその所在を探すため他人の居宅にその意に反して侵入することが正当な行為として認められるためには加えられた法益に対する侵害が緊迫したものであつて他に適当な手段を選ぶ遑なく自ら直ちに適切な措置をとるのでなければ後日その侵害を排除することが全く不可能か或は著じるしく困難であることを要すると解せられるのであつてこれを本件についてみると前示第一記載の如き村長の差別的行為（同村小学校教員袋楽正雄が生徒某（六年生）に対して再三の注意にかかわらずその指示に従わなかつたことに憤激し暴行を加えた事件について、村長が校長と話し合つた際、村長が『袋楽先生は生れも育ちも違うしあの様な人を置いておくと清い学校に出来ないから追出してしまえ』と言つたこと——編者註）並にその施政の不正不当によつて惹起される村民としての基本的人権に対する侵害は未だもつて右の事実を糾明するための村会に村長が出席しないからといつてその出席を求めるため他人の住居の平穏という法益を侵害して自ら実力でその所在を捜索しなければならぬ程緊迫したものとは認められない。従つて被告人等の判示第三の一の行為（村長宅の雨戸の外れているところから屋内に侵入した行為——編者註）を目して正当な行為であるということは出来ずこの点に関する弁護人等の主張は採用出来ない」（奈良地葛城支判昭三二・八・一五判タ一二六・三四八一）。

三　労働争議行為と違法性

労働争議に関連して住居侵入、不退去が問題となることがしばしばある。これは、団体交渉、デモなどのばあい、会社側の意思に反して、会社の事務室、工場、会社・工場の敷地内に立ち入ることが多く、そこで、そうした立ち入り行為が違法性を阻却するかどうかが問題とされるからで、この点に関する判例も数多く存在する。争議行為に関連する事案でも、住居侵入罪の解釈（たとえば、「住居」「看守」「建造物」「侵入」などの解釈）に関するものは、すでに、それぞれの箇所で取り上げた。そこで、ここでは、争議行為の正当性に関する問題が残るわけであるが、この点については、本叢書で、藤木助教授が論ぜられておられるので（藤木英雄「労働争議行為と違法性」刑法(8)）、その該当箇所を参照していただくこととして、ここでは、最高裁の二、三の判例、不退去に関する高裁の判例および違法性を欠くものとした下級審の判例をあげるにとどめることとする。

（一）正当行為でないとしたもの

(1)　組合員でない者が争議の激励演説をするために警備区域内の工場に侵入したばあい

【89】（事実）　被告人は、全日本化学産業労組中央執行委員であるが電気化学工業株式会社青海工場の争議に際し、争議労働組合を応援のため、青海町に赴き、同工場労働組合員から同工場内で争議の激励演説を依頼されて応諾し、現に右工場第一部の工場が賠償工場でありその他は賠償対象から除外されてはいるが、賠償工場保全の必要上全工場が警備対象となつて居り全工場が占領軍管理下にあるため、所定のパスポートは勿論管理担当者の許諾をも得ないで、工場従業員である原審相被告人甲の案内で警備区域である同工場の電気工作現場等に侵入したものである。

（判旨）「原判決の確定したところによれば、被告人は、本件労働関係の当事者である判示電気化学工業株式会社青海工場の労働組合員ではないから、被告人の行為を判示工場の労働争議行為の範囲内に属する行為と認め難く、所論は既にその前提において採用できないばかりでなく、仮りに争議行為の範囲内に属する行為であるとしても、原判決説示のごとく目的が正当であるからといつて常にその手段を正当化するものではないから、本件侵入行為を憲法二八条労働組合法一条等の正当行為でないとした原判決の判断は正当で」（最判昭二六・七・一二刑集五・八・一四三二）。

(2) 争議激励のためのデモ隊が工場に侵入したばあい

【90】「被告人の本件侵入行為は団体交渉のためではなく、被告人の属する電気産業労働組合でない他の組合である判示三井化学工業株式会社三池染料工業所の労働組合の争議に対する激励のためのデモ敢行のためであり、また、本件工場内にはいわゆる賠償工場に指定されているものも点在し前日における再三に亘るデモ隊の行進状況から見て使用者側が右賠償工場等にいかなる危険の及ぶかも測られぬことを危惧して正門を閉ざすことも已むを得ないところであつて、使用者側が正門を閉してデモ隊の入門を拒否し得る特別の事情があつたのでこれを拒否したところ、被告人等デモ隊員の或る者は工業所人事課調査係員藤田須弥雄の左頬をなぐりその奥歯が折れるような暴行を加え、そのことから双方乱闘に入り斯くて被告人等は同工業所の正門（鉄さく高さ五尺位）を乗越えて同所構内に侵入したというのである。されば、被告人の本件侵入行為が団体交渉権の委任の範囲内の行動である旨の論旨並びに会社側の入門拒否は単に言いがかりで基本的人権の無視である旨及び暴行を加えたのは会社側であり、吾々はそれを避ける対抗をしたに過ぎない旨の主張は、いずれも原判示に副わない独自の見解であつて是認できないし、また、被告人が他の組合の争議激励のためデモを敢行する権利があるとしても、判示のごとく正当に入所を拒否される特別の事情があつたにかゝわらず判示のごとく正門を乗越えて構内に侵入するごときはその権利の範囲を逸脱し違法であること多言を要しない」（最判昭二七・一一・一一刑集六・一一・一二九三）。

(3) 解雇通知および会社への出入禁止の通知をうけた者が会社に立ち入つたばあい

【91】「被告人豊田、同島、同畑中の三名は判示の如く判示会社に勤務していた者、他の被告人九名は、右会社の職員でもなく、同会社労働組合員でもないものであるが、同会社は、被告人豊田、同島を含む同会社従業員一三名に対し、所論解雇通知並びに同会社への立入禁止の通告をしたので同会社労働組合側では、右解雇通知の当否を調査し、不当なものについては、法定の手続によつて、救済を求むべく事後の対策を協議中のところ、右解雇並びに立入禁止の通告を受けた被告人豊田、同島及びこれを聞知した爾余の被告人一〇名は、会社の右措置を不当として、同会社の承諾は勿論、組合の諒解も得ず、同会社本社四階屋上を実力を以つて占拠し、同会社従業員及び通行人に対し、右通告の不当なことを訴え、組合の右解雇通知に対する闘争態勢を強化して会社をして右措置を撤回せしめようと企図し、被告人等全員共謀の上、判示懸垂幕一本及び判示目的の花火、燐寸多数を携行し、同会社庶務課長の管理にかかる同会社本社構内にほしいままに立入つたというのである。それ故、被告人等が同会社本社構内に立入つたのは正当な理由があつて立入つたものではなく、同会社の意に反し、不法に右構内に侵入したものであること明らかであつて、所論解雇通知が正当有効であるか否かに拘らず被告人等の所為が建造物侵入罪を構成すること論をまたない。されば、原判決が、右解雇通知が不当のものであつたとしても、被告人等の所為が建造物侵入罪を構成すること明らかで、正当行為として是認する理由はない旨判示したのは正当であつて、所論(一)は採用できない。又被告人等は前記のごとく同会社労働組合が所論解雇通知の当否につき調査し事後の対策について協議中であつたにも拘らず、組合とかかわりなく右行動に出たのであつて、被告人等の右行動は、団体行動権の行使ではないから、所論(二)の憲法違反の主張はその前提を欠き適法な上告理由とならない」(最判昭三一・一〇・二四刑集一〇・一〇・一五〇〇)。

(二)　立ち入り行為が違法性を欠くとしたもの

(1)　退職勧告を受け構内への立入禁止の通告をうけた者が職場大会に出席するため構内の一部に立ち入つたばあい

【92】「原判決の認定した事実は、被告人は西日本重工業株式会社長崎造船所の工員をしていたもので、昭和二十五年十月二十六日同会社から同月三十日までに退職するよう勧告を受け同時に同月二十七日以降同造船所構内に立入ることを禁止する旨の通告を受けたにかかわらず、そのことを諒知しながら同月二十八日同造船所銅工場二階の小細工部屋に故なく侵入したというのである」

「被告人が右会社から長崎造船所構内に立入ることを禁止する旨の通告を受けながら、その構内の一部である銅工場二階の小細工部屋に立入つたことは同工場の管理者たる同会社の意思に反することはいうまでもない。しかしその立入行為に違法性があるか否かが問題となるわけである。被告人は同会社から退職の勧告は受けたけれども、小細工部屋に立入つた当時はなお同会社長崎造船所の工員であり且つ同造船所労働組合の組合員であつて、被告人は当日小細工部屋で開かれた同労働組合の職場大会に出席し且つ友人知己に挨拶する目的でその部屋に立入つたものであることは、原判決にも判示しているとおりであるが、それらの事実は、被告人の小細工部屋への立入が何人の制止も受けず極めて平穏になされた事実とともに原判決挙示の証拠によつて明瞭である」

「同会社が被告人に対し退職を勧告するに際し、その未だ退職又は解雇に至らない前から、何等正当の理由なくして被告人の同造船所構内への立入を禁止し以てその就労を拒否したことは不当であるのみならず、被告人の所属する労働組合が同造船所構内の工場の一部である小細工部屋を職場大会の会場に使用することが同会社の意思に反せず不法の使用といい得ない以上は被告人がその職場大会に出席する目的で何人の制止も受けず平穏にその会場に当てられた小細工部屋に立入ることを工場管理者たる同会社において拒否すべき理由もないわけであるから被告人の小細工部屋への立入行為を以て違法の行為と目することはできない。たとい被告人に、職場大会に出席する目的以外に友人知己に挨拶する目的もあつたとしても、その挨拶が同会社にとつて特に危険有害なものであれば格別、挨拶目的を兼ねたがため、もともと違法性を有しない立入行為が違法となるべき理由はない」（福岡高判昭二六・一一・二九特一九・四五）。

(2) 監禁状態におかれている女子組合員を激励あるいはその事態を解決するため、組合員および外部応援団体の者が会社構内に侵入したばあい

【93】（事実）「昭和二九年四月二六日、当日太陽堂では従業員の給料日であつたが、会社側は午後三時前頃になつて突如給料の遅配を掲示した。組合はこれを不満とし午後三時より時限ストに入り、会社側に給料の支払について団体交渉を申入れたが、会社側は「金がないから待つてくれ」というのみで、午後四時すぎまで押問答をくりかえしていた。午後四時すぎ頃、会社側は同工場発送課前と営業所前広場との間に設置せられていたシャッターをおろし、非組合員を営業所内を通して帰宅させたため、女子組合員ら約一〇〇名は作業衣のまま発送課前荷物置場附近（右シャッターのうち側）に集合したが、時限ストに入つて以来組合長辺保義家が同工場正門前に来つて柵ごしに女子組合員幹部に連絡指揮をしており、また応援団体の者も正門前に集りつつあつたので、女子組合員らは午後六時頃にいたり右シャッターを持上げて営業所前広場に出た。会社側は女子組合員らが広場に移つた後、右シャッターを固定し、その内側に木箱等を積み、さらに営業所横通路のシャッターをも閉鎖するにいたつた。右のように二カ所のシャッターが閉鎖せられたため工場内部に移ることもできず、一方正門並に通用門はすでに閉鎖され守衛がこれを監守している状態で、女子組合員らは作業衣のまま降り出した小雨のなかで事実上監禁状態におかれ、便所にも行けないことになつた。このようにして女子組合員は帰るに帰れず、辺保組合長は正門の柵ごしに門内の女子組合員幹部に対しこのような監禁状態を解くよう会社側に交渉するよう命じたが、会社側はこれに応じなかつた。組合員らは食事もできなかつたので辺保組合長はパンを購入して門外から配給し、通行人のうちにも組合員に同情してパン等の差入れをする者もあつた。午後七時半頃になつて漸く会社側は組合員らが便所に行くために営業所横通路のシャッターをあけたが、通路には会社側職員が監視し、組合員らを二人一組で用便に行かせ、その者が帰来しなければ他の者を行かせないという方法をとつたため、組合員らとしては用便の機会に帰宅することもできなかつた。正門前に集つた外部応援団体や通行人らは女子組合員らのおかれている状態に同情し、組合員らを激励していたが、午後八時すぎ頃

門内の女子組合員らは門外の応援団体並に通行人らと内外から正門を揺り動かし正門門の受止金を破壊して正門をねじあけるにいたつた。」その後、被告人等六名は、あるいは、ねじあけられた正門から正門内の広場に入り、あるいは守衛があけた通用門から、あるいは正門南側煉瓦塀を乗りこえて広場に立ち入つたものである。

（判旨）「被告人六名については正門内広場に立入つた方法、経過においてそれぞれ差異はあるが、いずれも管理者の意思に反して立入つたものであるから各被告人について建造物侵入罪の外形的事実はこれを認めざるを得ない。しかし被告人ら六名が正門内広場に立入つたについては、すでに判示した通り、あるいは太陽堂組合の組合長または書記長、あるいは応援の外部団体の組合員、あるいはまた一般通行人としていずれも女子組合員たちが前示のような状況で正門内広場に事実上監禁されているのを激励し、あるいはその事態を収拾するために、それぞれ前示のような方法で正門内広場に立入つたものである。女子組合員らが正門前広場に事実上監禁されるにいたつた経過についてはこれまた前示の通りであるが、女子組合員らが正門前広場に移つた後、二ケ所のシャッターを閉鎖して前示のような状況のもとで女子組合員らを広場に監禁し、事態解決のための組合側の申込を拒絶し、このような状態で数時間放置した会社側の措置は、それが法律上不法監禁罪にならないにしても、ことに相手が女子組合員であるだけ、きわめて非人間的で甚しく妥当をかいたものといわなければならない。こうした会社側の非道な措置によつて監禁の状態にあつた女子組合員等を激励しあるいはその事態を解決するために正門内広場に立入つた各被告人らの所為は、被告人らの属性には前示のようにそれぞれ差異はあるにしても、各被告人を通じて刑法第三五条の正当な行為であると考えるので、右被告人六名の行為はいずれも罪とならないものと当裁判所は認定する」（大阪地判昭三三・一〇・二一第一審刑集一・一〇・一六七二）。

（三）　不退去を違法としたもの

組合大会応援のため工場構内に入つていた他の団体の組合員が、工場管理者の退去要求にもかかわらず構内に踏み止まつていたばあい

【94】（事実）「被告人両名が原判示の如く昭和二五年一〇月二七日東京都大田区糀谷町四丁目三〇一七番地所在の株式会社電業社電動機製作所において同製作所の労働組合大会開催に当り、これを応援する為の他の労働団体員等と共に同日午前八時頃同工場構内に立ち入つた後構内を占拠する態勢をととのえた上気勢を上げたところ、同日午前九時頃に至り、右会社の秘書課長津坂秀雄から工場構内から退去するよう要求をうけ更に治安維持の為に右工場表門前に出動してた蒲田警察署長小橋幸からも津坂秘書課長の右要求を伝達されたにも拘らずこれに応ぜず、同日午前一一時頃まで同工場構内に踏み止まつていたものである」

（判旨）「或る労働組合の正当な組合大会がその組合員所属の工場構内で開催される際に、これを応援する他の労働団体員がその工場構内に入ることは組合活動の範囲内として許されることである。しかし乍ら原判決が認めるように大会員一同が工場構内を占拠する態勢をととのえた上構内で気勢を上げるようなことがあり、なお原審証人津坂秀雄の原審公判供述によつて認めうるような職場作業の妨げとなる如き状況にあつた為に工場管理者から部外者の工場構内からの退去を要求された以上は、爾後部外者はここを占拠することは適法な行為とは認められないのであるから応援団体員の右占拠はもとより違法というべきものである。

又右の如き事態の生じた以上工場管理者としてその退去を求めるのは当然のことであるから、所論の如き慣習法があるとしても、津坂秘書課長の為した本件退去要求をもつてこの慣習法に反する違法のものとは認められないのである」（東京高判昭三一・一一・一三一刑集九・一・五〇）。

四　責任——期待可能性

（一）　期待可能性がないとされた事例

【95】（事実）「被告人岡田は当時国鉄労働組合福島支部福島分会執行委員会書記長をしており、昭和二十四年七月四日午後四時頃右福島支部事務所に約六百名の労働組合員とともに集合し、午後五時頃、定員法に基く首切反対の陳情ならびに団体交渉支援の目的で福島管理部庁舎に向け出発した労働組合員より一足遅れて同

庁舎に赴いたが、管理部正門前で門が閉鎖されていたため立往生していた組合員の一団と一緒になり、正門脇の小門を通つて同庁舎玄関前広場に入り同所で約五・六百名の組合員とともに、さきに管理部長のもとに団体交渉および組合員の集団陳情に応じて貰いたい旨の接渉に赴いた被告人斎藤や鈴木の交渉経過を待つていた。労働組合員の大多数は支部福島分会の組合員によつて占められていたので、同分会の書記長である被告人岡田は自然その場の指導的地位に立つことになり、その立場において庁舎二階管理部長室西側入口附近と玄関前との間をしばしば往復し、部長室の外側廊下からうかがい知つた被告人斎藤らと管理部長との間の交渉の経過等を逐一組合員に報告していたが、午後七時三十分過部長室では、管理部長が組合側と行政整理について交渉はしない、また組合員に会う必要はないとの態度を固執し、被告人斎藤らに退室を要求したので、同被告人らは、部長室を退出して玄関前の組合員に対し、右交渉の結果ならびに支部執行委員梅津五郎から被告人斎藤が聞知した、同日午後八時頃首切発表がなされる予定であるということを報告した。この頃、玄関に待つていた多数の組合員は階段上り口に控えていた本間文書係長や公安係に対し口々に『部長に会わせろ』『部長に会わせろ』と要求し、これが拒絶されるや労働歌を歌いながら階段の踊場附近まで押し上り、階段で組合員を阻止していた右係長が、階段下の玄関前まで引きずり下されるという騒ぎが起り、このとき二階廊下にいた被告人岡田は階段中途まで降りて来てこの騒ぎを制止した。しかし組合員はなお部長に面会を要求して玄関前に集つていたが、午後十時三十分頃になつても管理部長が組合側の交渉または集団陳情に応ずる様子が見えないので、組合員はそのまま待機するのに堪えられなくなり、交渉を組合の幹部に任しておけない、皆で行つてしまえ、というような雰囲気が組合員の間に充溢し、しかもこの雰囲気は、もしこのまま国鉄当局が組合員の声を聞くことなく行政整理を押し進めるならば、職場から解雇され明日からも生計の途を奪われてしまうという悲痛な状況に立たされた者達の叫びによつて一層昂奮の度を加え、組合員が玄関から押し入ろうとするに至つたので、被告人岡田は管理部長と面会できる見通しのもとに他の二・三の組合員とともに玄関前の組合員の自重を促し庁舎に入らせないよう制止に努めたが、この場の空気は到底このままおさまらないものと見てとり、踊場下階段中程にいた本間係長に対し、『こういう状態だから是非部長に会わせてくれ。面会を拒否すれば皆は上るかもしれない。そのときの責任はお前にある』という意味のことを言つたところ、同係長は部長は会わないと答えてこの要求を拒否したので、同被告人は玄関口に戻つて労働組合員にこのことを報告した。ところが組合員のうちから組合幹部は手ぬるい、何をしているのだ、というような声が挙がり、同被告人はもう少し待つように宥めたが、組合員の要求と昂奮は高潮する一方であつたので、午後十一時過いまはもうどうすることもできないという気持になつてそれ以上組合員達を抑制することをしなくなつたすきに、約二・三百名の組合員がどつとばかりに玄関口から階段を駆け上り、先頭の者達が部長室西側入口に至り入口扉を『開けろ』『開けろ』と叫びながら押し叩いたすえ、約百名の者が部長室に侵入したので同被告人も今ここで自分一人だけが組合員と行動を共にしないわけにはゆかないという気になり、部長の承諾のないことを知りながら、組合員等に続いて、断りなしに前記入口から同室内に立ち入つた」

（判旨）「前記証拠によれば、(1)すでに認定したように被告人岡田は当時右福島支部福島分会執行委員会書記長であり、同日集合した組合員の大多数は福島分会の組合員によつて占められていたため、玄関前に集合していた組合員約五・六百名の事実上の指導者として、組合幹部と管理部長との交渉経過を組合員に報告したり、組合員の事実上の意思代表者として文書係長本間に対し、管理部長が組合員に会つてくれるよう同部長への取次ぎを依頼したり、あるいは、昂奮して管理部玄関口から二階へ上ろうとする組合員を宥めたり制止したりすることによつて組合員を統率し、辛うじて組合員を秩序ある状態においていたこと、(2)集合した組合員は行政整理によつて自分が解雇され生計の手段を失つてしまうかもしれないという深刻な不安に襲われながら、僅かに希望を管理部長と面会して話合うことにつなぎ、自分達の声を直接部長に聞いてもらいたいと切望していたこと、(3)前記認定のように午後十一時頃被告人岡田から、管理部長が組合員に会わないという態度は決定的だという報告を聞いて組合員の昂奮は、最高潮に達し、同被告人も自分一人では到底この場の収拾はつかないと観念し制止をやめたすきに、約二・三百名の組合員が二階にどつとばかりに駆け上り、その中約百名が管理部長室に侵入してしまつたことが認められる。このような状態の下においては何人であれ、労働組合の役員として事実上組合員を統率する立場に置かれていた者に対して、すでに約百名の組合員が侵入してしまつている管理部長室に続いて立ち入ることを回避するのを期待することは到底不可能であるといわなければならない。このように適法行為の期待可能性が存在しない場合には、当該行為者に対して社会的非難を加えることが全くできないのであるから、刑法第三十八条によつて規定される責任の本質にかんがみ、その行為は罪とならないものと解するのが相当である。従つて被告人岡田の前記部長室に立ち入つた行為は罪とならないものである」（福島地判昭三三・三・三一第一審刑集一・三・四七三）。

（二）　期待可能性があるとされた事例

【96】「原判決挙示の証拠によれば、被告人森は組合員でもないのに他の相被告人等と共に原判示第三に摘示するように当時会社が同製作所の各出入口に立入禁止の標札を掲げているのを知り乍らこれを無視し守衛等の制止を排して混乱に乗じ同構内に入門し且つ入門後も会社側より要求を受け乍ら退去しなかつた事実を認めることができる。……（中略）……そして被告人は団体交渉のためというけれども、当時の状況は前々日来よりの多数の組合員以外の応援者が続々と詰めかけ構内は一層混乱を増大するばかりであり、構内に入つた被告人等も『一度退場すれば血を流さねば再び入場はできぬ、工場を死守せよ』などと絶叫して退場せんとする者を阻止するの言動に出ていたものであつて、当時の情況の下においては到底平穏な団体交渉の如きは期待し得ず、右は単にその名を藉るに過ぎないものであつたことが窺われる。なお所論は本件のような異常な状況の下においては被告人等にかかる行為に出るの外他に執るべき方法はなかつたものであるからいわゆる行為の期待可能性を欠き責任はない旨主張するけれども、記録に現われた諸般の証拠を検討し、当時の情勢を考慮に入れても、情状としてはとも角、本件のような行為に出ないことは何人からも期待できないことを理由として犯罪の成立を否定することはできない」（広島高判昭三〇・七・九高裁特報二・一五・七五九）。

なお、責任については、錯誤に関し、家屋明渡契約が無効であるから、一旦明け渡した家屋に立ち入っても差支えないという弁護士の言葉を信じて、住居に侵入した事案において、被告人の錯誤は、違法性に関する錯誤（いわゆる法律の錯誤）であるとする判例（大判昭九・九・二八刑集一三・一二三〇、「研究」滝川・批評一巻六五頁以下、草野・研究二巻五三頁以下、木村・志林三七巻五号九五頁）がある（この判例については、福田・事実の錯誤と法律の錯誤（綜合判例研究叢書⒃）九三頁以下、一一二頁以下参照）。

五　罪　数

一　住居侵入罪と不退去罪

住居侵入罪と不退去罪との関係について、判例が、住居侵入罪は、住居に侵入したときに成立し退去するまで継続する犯罪（継続犯）であって、住居侵入罪が成立すれば不退去罪は成立しないとしていることは前述した（【77】）。なお、【97】は、住居侵入罪と不退去罪とは態様をことにする同じ犯罪であるとする。

【97】「刑法一三〇条は、所論のように二つの罪名を規定したものではなく、その前段後段は、態様を異にするだけで、何れも同じ犯罪であつて、同じ法定刑を科せられるものであるから、前段後段を区別しないで概括的に同条を適用しても、法律の適用を誤つたとはいえない」（最判昭二五・九・二七刑集四・九・一七八三）。

二　住居侵入罪の個数

他人の住居に侵入し、一旦これを退去してから、その後再び同所ないし同一敷地内の建物に侵入したばあいについて

【98】「住居侵入罪は人が不法に他人の住居に侵入することによつて成立し、若し一旦同所を退去すればその状態は消滅して、その後に再び同所に侵入すれば別個の住居侵入罪を構成するものであつて、侵入した人が一旦退去すれば初めに侵入した時にその所持品をそのまま同所に置いていたとしてもその侵入の状態が引続き存在するものとはいえない。殊に本件記録によると、被告人は昭和二十四年十二月六日本件家屋に侵入し、同月八日荷物を置いたまゝ退去したが、同月十六日函館地方裁判所同年（ヨ）第一八一号事件について被告人が右家屋に立入りその他耕一の右家屋の占有を妨害してはならない旨の仮処分がなされているのであるから、被告人が昭和二十五年四月四日前記のような事情にある右家屋に耕一が制止するのも聴かずに入つたことによつて住居侵入罪が成立することは明らかである」（札幌高函館支判昭二五・一一・二二特一四・二二二）。

【99】「原判示四個の建造物が、いずれも、日本国有鉄道宇都宮駅構内にあること及び被告人が昭和二十六年六月二十七日午前七時四十分頃から同日午前八時三十分頃迄の間に右四個の建造物に順次立ち入つたことは所論のとおりである。しかし、建造物侵入罪は故なく他人の看守する建造物に立ち入ることによつて直ちに成立し、若し一旦これより退去すればその状態は消滅するものであるから、右退去後、再び該建造物或は更に別個の建造物に立ち入れば前の罪とは別に新たな建造物侵入罪が成立することは疑のないところである。それ故、犯人が相次いで多数の建造物に立ち入つたような場合はその各行為が極めて短時間内に為され、且つその各建造物が鉄道の駅の構内のような一定の敷地内に比較的近接して存在する場合でも、犯人に対する建造物侵入罪の罪数は犯人が右各建造物に立ち入つた回数と一致するものといわなければならない。されば、原判決が被告人において原判示四個の建造物に相次いで立ち入つた所為を目して四個の建造物侵入罪が成立するものとし、これに対し、刑法第四十五条前段その他の併合罪の各規定を適用したのはもとより相当である」（東京高判昭二七・四・一六特二九・一三八）。

右の判例は、住居侵入罪は不法に他人の住居に侵入することによつて直ちに成立し、一旦これから退去すればその状態は消滅するものであるという理由から、再度の侵入のばあいないし同一敷地内の数個の建物に順次立ち入つたばあいに別個の住居侵入罪の成立をみとめている。しかし、この理由からでは、いわゆる接続犯を否定する理由づけとはならないであろう。というのは、接続犯は、各別にみてもそれぞれ構成要件を充足するような数個の行為が包括的に評価されて構成要件を一回充足するにすぎないとみとめられるばあいをいうのであつて、このばあいにも、接続して行われた数個の行為は、それぞれ構成要件を充足しているからである。もっとも、具体的事案からみて、【98】のばあい、最初に住居に侵入して退去してから、再び同じ住居に侵入するまでに、約四ヶ月の時間的間隔があるから、このばあい、最初の住居侵入罪とは別個の住居侵入罪が成立することに疑問の余地はなく、最初に侵入した時に所持品を住居内に置いていたとしても、それが右の評価に影響を及ぼさないこともちろんである。これに反して、【99】のばあいは、約五十分というきわめて短時間の間に、同一敷地内にあつて比較的近接して存在する建造物に順次侵入したものであるから、判旨からは明白ではないが、もしこれらの建物が同一の管理に属し、さらに被告人が一旦、敷地内に入つてから、その外に出ることなく、敷地内に存在する四個の建造物に順次侵入したものであるとすれば、被害法益の同一、同種類の行為の主観的、客観的な継続性、時間的、場所的近接性といった接続犯の判断基準からみて、接続犯として、一罪として評価しうるのではなかろうか。

三　他罪との関係における罪数

（一）　観念的競合

(1)　騒擾罪との関係　判例は、騒擾罪の行為は、他の罪名に触れない程度の暴行・脅迫で足りるから、その暴行脅迫が他の罪名に触れるときは、観念的競合になるとして、騒擾罪と住居侵入罪とが観念的競合の関係に立つことをみとめている（大判大一一・一二・一一刑集一・七四一、同旨大判大八・五・二三刑録二五・六七三）。しかし、学説では、住居侵入罪は騒擾罪に吸収されると解する見解が有力である（木村・各論一八二―三頁、江家・各論八三―四頁、柏木・各論上一七〇頁、宮内・各論二〇八頁、福田・各論七二頁）。

(2)　殺人予備罪、強盗予備罪との関係　左の判例は、ほぼ同じ理由から、住居侵入罪が殺人予備罪（〔100〕）、強盗予備罪（〔101〕）と観念的競合の関係に立つとしたもので、正当である。

〔100〕「刑法第二百一条ニ於テ処罰スル殺人ノ目的ヲ以テ其予備行為ヲ為シタル罪ニシテ家宅侵入ヲ以テ同罪ノ構成要件ト為スモノナラハ殺人ノ目的ヲ以テ他人ノ家宅ニ侵入シタル場合ニ於テハ右家宅侵入行為ハ殺人予備罪ノ構成要件ニ該当スルヲ以テ別箇ノ罪名ニ触ルルモノニ非ス単純ノ殺人予備罪ノミヲ構成スヘキコト論旨ノ如クナルヘシト雖モ同罪ハ殺人ノ目的ヲ以テ為シタル予備行為ノ一切ヲ包含シ特ニ其態様ヲ限定セサルヲ以テ其行為ニシテ他ノ罪名ニ触ルルトキハ当然刑法第五十四条第一項前段ニ所謂一箇ノ行為ニシテ数個ノ罪名ニ触ルル場合ニ該当スルモノトス」（大判明四四・一二・二五刑録一七・二三二八）。

〔101〕「強盗予備罪は場合によつては、他人の家に強盗に押入る目的を以て短刀を購入する等の行為によつて成立するものであつて、常に必ずしも住居侵入を伴うものではない。原審は被告人が他二名と強盗をしようと共謀し、拳銃一挺を携えて安藤仁三郎方の塀を乗り越えて同人の看守する同邸宅に侵入した事実を認定し、右被告人等の行為を一面強盗予備罪に該当すると同時に他面住居侵入に当るものと認定したものであつて、正当であると云わねばならない。もし所論の如く住居侵入が常に必ず強盗予備の中に吸収されるものとすれば、強盗予備罪の法定刑は二年以下の懲役であるのに住居侵入罪の法定刑は三年以下の懲役又は五十円以下の罰金であつて、法定刑の軽い強盗予備罪が法定刑の重い住居侵入罪を吸収するということになり、結果から見て妥

当を欠くことになるのである」（東京高判昭二五・四・一七特一二・一四）。

(3)　特別法との関係　特別法との関係については、鉄道営業法三七条違反罪と住居侵入罪とは観念的競合の関係に立つとする判例（札幌高判昭三三・六・一〇高裁特報五・七・二七一）、盗犯防止法二条四号の常習特殊窃盗罪に関し盗犯防止法は刑法の特別法であり、同罪の構成要件は住居侵入罪の構成要件を当然含むから、住居侵入罪は常習特殊窃盗罪に吸収されるとする判例（大判昭七・三・一八刑集一一・二五三）がある。

(二)　牽連犯

数個の犯罪行為が通常一般的に手段結果の関係に立つときは、これら数個の犯罪は牽連犯であるとするのが判例、通説の立場である。ところで、住居侵入は他の犯罪の手段として用いられるばあいが多い。それでは、住居侵入罪は、どのような犯罪と牽連関係がみとめられるであろうか。判例は、住居侵入罪と、放火罪（大判明四三・二・二八刑録一六・三四九、大判昭五・一一・二二刑集九・八二三、大判昭五・一二・二三刑集九・九五五、大判昭七・五・二五刑集一一・六八〇等。もっとも、失火罪とは牽連犯にならない。この点につき「住居侵入と失火との間……にはその性質上通常用いらるべき手段又は当然生ずる結果たる関係があるものとは到底認むるを得ない」から牽連犯にならないとする仙台高判昭二九・九・二八高裁特報一・六・二七〇がある）、暴行罪（名古屋高金沢支判昭二九・一二・七高裁特報一・一一・五一九）、傷害罪（大判明四三・八・三〇刑録一六・一四八五、大判明四四・一一・一六刑録一七・一九八九、大判大四・四・二九刑録二一・四四四等）、殺人罪（大判明四三・六・一七刑録一六・一二二〇、大判明四四・一二・二一刑録一七・二二七三、大判明四五・三・二八刑録一八・三八三、大判大六・一〇・一刑録二三・一〇四〇、大判大一二・一一・一〇刑集二・七五五、大判昭五・一・二七刑集九・一六、最決昭二九・五・二七判タ四一・四五〇等）、窃盗罪（大判明四五・五・二三刑録一八・六五八、大判大六・二・二六刑録二三・一三四、大判昭五・一二・二三刑集九・九五五、大判昭六・一二・二三新聞三三六七・一六、大判昭九・一〇・一九刑集一三・一四七三、〔研究〕滝川・批評一巻三四三頁以下、草野・研究二巻一五二頁以下、大判昭一一・四・一一新聞三九七七・一五、仙台高判昭二七・六・二八特二二・一四二等）、強盗罪（大判大二・一二・六新聞九一三・二五、大判大五・一〇・二四刑録二二・一五八九、大判昭五・一一・二二刑集九・八二三、最判昭二三・一二・二四刑集二・一四・一九一六、最判昭二五・九・二一刑集四・九・一七三五等）、準強盗致死傷罪（致傷のばあい、大判大五・八・二八刑録二二・一三二六、致死のばあい、大判大一五・三・二三評論一五刑法一五九）、強盗致死傷罪（最判昭二五・二・二八判例体系三二巻五四七頁）との間に牽連関係をみとめている。以下、若干の判例をあげることとしよう。

(1) 建物に侵入して放火したばあい

【102】「人ノ看守スル建造物ニ侵入シタル行為ハ之ニ放火シタル行為ニ対シ通常用ヒラルヘキ手段ナルト同時ニ右放火行為トハ異別ノ行為ニシテ其ノ一部ヲ成スモノニアラサルヲ以テ右両行為ノ関係ハ刑法第五十四条第一項後段ヲ適用スヘキモノトス」（大判昭七・五・二五刑集一一・六八〇）。

(2) 退去しないで傷害を加えたばあい——不退去罪と傷害罪は牽連犯となる

【103】「人ノ住居ヲ侵害シテ其者ニ傷害ヲ加フルニ於テハ住居侵害ハ傷害ノ手段ニ属シ独立ノ犯罪ヲ構成セス住居ノ侵害カ侵入ニ在ルト不退去ニ在ルトニ依リ異同アルコトナシ原判決判示第二事実ハ論旨ノ起端ニ挙示スル所ノ如シ之ニ依レハ被告三九郎等ハ津田長兵衛ヨリ退去ノ要求ヲ受ケナカラ其場所ヨリ退去セスシテ住居ノ安寧ヲ侵害シナカラ同人ノ身体ニ傷害ヲ加フルニ至リタルモノナルヲ以テ右不退去ニ依ル住居侵害ハ傷害ノ手段ニシテ刑法第五十四条第一項後段ノ適用アルモノトス」（大判大四・四・二九刑録二一・四四四）。

(3) 住居に侵入して人を殺害したばあい

【104】「被告楠吉ハ妻子ヲ殺害セント決意シ重太郎方ニ到リ天窓ヨリ屋内ニ侵入シ殺害シタル事実ヲ認メ……所掲ノ場合ニ於ケル家宅侵入ノ行為ハ殺人罪ノ構成要素ヲ為スモノニ非サルカ故ニ殺人罪ノ外尚ホ家宅侵入罪ヲモ構成スルコト勿論ナルヲ以テ原審ニ於テ所論ノ事実ニ対シ二罪ノ成立ヲ認メ刑法第五十四条ヲ適用シ右家宅侵入ノ所為ハ右殺人行為ノ手段ナリト為シ判示ノ如ク処分シタリシハ相当ナリ」（大判明四三・六・一七刑録一六・一二二〇）。

【105】「住居侵入ハ屋内ニ於ケル殺人ノ手段トシテ普通ニ用ヒラルル行為ナルヲ以テ被告人ニ於テ当初ヨリ殺人ノ為ノ手段ト為スノ意思アリタルト否トヲ問ハス苟モ住居侵入行為アリテ然ル後殺人ノ行ハレタル以上ハ該住居侵入ヲ目シテ殺人ノ手段タリト云フヲ妨ケス（大正六年二月二十六日当院判例参照）何トナレハ刑法第五十四条後段ノ牽連罪ハ同条前段ノ想像上ノ競合犯ト均シク客観的ニ犯罪行為ノ性質ヲ基準トシ法律上之ヲ一箇ノ犯罪ト為シタルモノナレハナリ」（大判昭五・一・二七刑集九・一六）。

【105】は、笑談半分で強盗をよそおい知人宅に侵入し、その後、偶発的事情から家人を殺害するに至つた事案に関するものであるが（前出【74】と同じ事件であるので、具体的事実については同事件の事実の項参照）、このばあいにも住居侵入罪と殺人罪とは牽連犯であるとして、牽連犯の成立には、行為者の主観（牽連させる意思）は不必要である旨をあきらかにしている（なお、朝鮮高判昭八・七・二〇評論二三刑法二四七は、同様の理由から、姦淫の目的で住居に侵入し、その後、人を殺害した事案につき、殺人罪と住居侵入罪は牽連犯の関係に立つとしている）。

(4) 住居に侵入して窃盗をしたばあい

【106】「家宅侵入ノ行為カ盗罪ノ要素ヲ為スモノナランカ其行為ハ盗罪中ニ包容セラレ別ニ犯罪ヲ為サヽル可シト雖モ盗罪ヲ犯スニハ必スシモ家宅ニ侵入スルヲ要セス家宅ニ侵入スルハ盗罪遂行ノ手段ニ外ナラサレハ盗罪ノ既遂タルト未遂タルトヲ問ハス別ニ家宅侵入罪を構成スルコト論ヲ竢タス故ニ原院カ本件家宅侵入ノ行為ト窃取行為トヲ牽連ノ一罪ナリト認メタルハ正当ニシテ」（大判明四五・五・二三刑録一八・六五八）。

【107】「刑法第五十四条ニ所謂犯罪ノ手段トハ或犯罪ノ性質上其手段トシテ普通ニ用ヰラルヘキ行為ヲ指称スルコトハ当院判例ノ示ス所ナリ故ニ或犯罪ノ性質上普通ニ其手段トシテ用ヰラルヘキ行為ナル以上ハ犯人カ当初ヨリ之ヲ手段ト為スノ意思アリタルト否トヲ問ハス該行為ハ犯罪ノ手段ニ該当スルモノトス原審ノ認定スル所ニ依レハ被告ハ夜這ノ目的ヲ以テ擅ニ渋谷庄吉方ニ侵入シタル後同所ニ於テ財物ヲ窃取シタルモノニシテ右家宅侵入ノ所為ハ窃盗行為ノ手段トシテ普通ニ用ヰラルヘキモノナレハ前段説示ノ理由ニ依リ被告ノ所為ハ牽連罪ヲ組成シ同条第一項ニ依リ処断スヘキモノトス」（大判大六・二・二六刑録二三・一三四）。

【108】「家宅侵入ノ行為は窃盗罪ノ構成要件ニ属セス而モ其ノ性質上同罪ノ手段トシテ普通ニ用ヒラルルモノナレハ窃盗罪ノ成立シタル場合ニハ別ニ家宅侵入罪ヲ構成シ刑法第五十四条第一項ニ依リ牽連一罪トシテ処断セラルヘキモノトス」（大判昭六・一二・二三新聞三三六七・一六）。

【107】は、夜這の目的で住居に侵入した後、同所で財物を窃取した事案につき、住居侵入罪と窃盗罪

の牽連犯をみとめたものであるが、この判例は、牽連関係は通常一般的に手段結果の関係にあるかどうかによつて決定さるべきで、行為者の主観（牽連させる意思）に依存するものでないことをあきらかにしている。

なお、判例は、このように、住居に侵入して窃盗をしたばあい、住居侵入罪と窃盗罪とを牽連犯と解しているが、そこでは、住居侵入行為が窃盗罪の構成要素に属するものではないことが前提されている（大判昭六・一二・二三新聞三三六七・一六、大判昭九・一〇・一九刑集一三・一四七三）。ところが、これに対しては、このばあい、住居侵入は窃盗罪に吸収されるとする有力な反対がある。反対説は、日常の見解上住居侵入は窃盗に吸収さるべきであるとか（牧野・日本刑法上巻五一八、五一九頁）、住居侵入窃盗は一つの社会学的な行為類型であり、窃盗罪の構成要件はこれを包括した事実を予想したものと考えられるとか（小野・各論二四七頁）、述べている。たしかに、この理由づけは相当の理由があるが、しかし、住居侵入窃盗が社会学的な行為類型だといつても、住居侵入と窃盗との間に、窃盗罪の構成要件が住居侵入窃盗を予想したものであるといえる程、高度な結びつきがあるとも思われないし、また、住居の平穏は、それ自体独立の法益として無視できない価値をもつているものであるから、右の理由から直ちに住居侵入と窃盗との間に吸収関係をみとめることは妥当でなかろう。さらに、反対説によると、犯人が窃盗の目的で他人の住居に侵入した後、その意思を変更して屋内で強姦したばあい、窃盗未遂と強姦既遂との併合罪をみとめなければならないこととなろうが、これは、あきらかに不合理な結論といえよう。そこで、他人の住居に侵入して盗みを働くということが多いという社会的事実に着目して、住居侵入は、その性質上、窃盗の手段として普通一般に用いられるものであるとして、両者が牽連犯の関係に立つことをみとめた判例の立場が妥当であると考える（なお、この問題は、窃盗の着手時期の問題に関連する。この点については、大塚仁・実行の着手（綜合判例研究叢書(3)）三三頁以下参照）。

(5)　住居侵入罪と強盗罪

【109】「住居侵入罪と強盗罪とは、その被害法益及び犯罪の構成要件を異にし、住居侵入の行為は強盗罪の要素に属せず別個独立の行為であり、しかも通常右両罪の間には手段結果の関係のあることが認められるから、原判決が右両罪を刑法第五四条第一項後段の所謂牽連犯として擬律しているのは正当である」（最判昭二三・一二・二四刑集二・一四・一九一六）。

(6)　建造物に侵入して窃盗した者が逮捕を免れるため人を傷つけたばあい

【110】「建造物侵入ノ所為ハ其性質上窃盗行為ノ手段トシテ行ハルルモノナルコト普通ノ事例ニ属スルコト論ヲ竢タス而シテ窃盗ヲ為シタルモノカ逮捕ヲ免ルル目的ヲ以テ他人ヲ傷害シタル場合ニ於テハ法律上強盗傷人罪ノ一罪ヲ構成スルニ過キス故ニ其強盗傷人罪ノ構成ノ一要素タル窃盗ノ所為ニ手段トシテ行ハレタル建造物侵入ノ所為ハ其窃盗ノ所為ヲ包含スル強盗傷人罪ノ手段ナリト論断スヘキモノナルヲ以テ原審カ本件ニ付キ刑法第五十四条第一項後段ヲ適用シテ処断シタルハ正当ナルニヨリ本論旨ハ理由ナシ」（大判大五・八・二八刑録二二・一三二六）。

(7)　住居侵入罪と強盗致死傷罪

【111】「住宅侵入罪と強盗致死罪並に強盗傷人罪とは、その被害法益及び犯罪の構成要件をそれぞれ異にし、住居侵入の行為は強盗致死及び強盗傷人罪の要素に属せず別個独立の行為であるから、前者が後者に処罰上吸収せられると做す所論は理由がない。しかも右の両者の間には通常手段結果の関係のあることが認められるから、原判決が判示住居侵入と強盗致死並に強盗傷人の各所為をそれぞれ刑法第五四条第一項後段の所謂牽連犯として処断したことは相当である」（最判昭二五・二・二八判例体系三二巻五四七頁）。

地方裁判所判例

最高裁判所判例

控訴院判例

高等裁判所判例

判例索引

大審院判例

著者紹介

高橋(たかはし)敏雄(としお)　大阪市立大学教授
福田(ふくだ)　平(たいら)　神戸大学教授

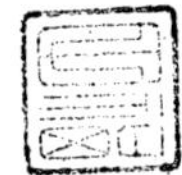

総合判例研究叢書　刑　法(24)

昭和39年4月25日　初版第1刷印刷
昭和39年4月30日　初版第1刷発行

著作者　高橋敏雄
　　　　福田　平

発行者　江草四郎

東京都千代田区神田神保町2～17
発行所　株式会社　有斐閣
電話（261）0323・0344
振替口座東京370番

秀好堂印刷・稲村製本

総合判例研究叢書 刑法(24)
(オンデマンド版)

2013年2月15日　発行

著　者　高橋　敏雄・福田　平
発行者　江草　貞治
発行所　株式会社 有斐閣
〒101-0051　東京都千代田区神田神保町2-17
TEL　03(3264)1314(編集)　03(3265)6811(営業)
URL　http://www.yuhikaku.co.jp/

印刷・製本　株式会社 デジタルパブリッシングサービス
URL　http://www.d-pub.co.jp/

AG524

ISBN4-641-91050-2　Printed in Japan